大学入試シリーズ
216

青山学院大学
法学部・国際政治経済学部―個別学部日程

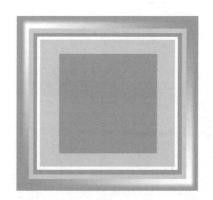

教学社

はしがき

入力した質問に対して，まるで人間が答えているかのような自然な文章で，しかも人間よりもはるかに速いスピードで回答することができるという，自然言語による対話型の AI（人工知能）の登場は，社会に大きな衝撃を与えました。回答の内容の信憑性については依然として課題があると言われるものの，AI 技術の目覚ましい進歩に驚かされ，人間の活動を助けるさまざまな可能性が期待される一方で，悪用される危険性や，将来人間を脅かす存在になるのではないかという危惧を覚える人もいるのではないでしょうか。

大学教育においても，本来は学生本人が作成すべきレポートや論文などが，AI のみに頼って作成されることが懸念されており，AI の使用についての注意点などを発表している大学もあります。たとえば東京大学では，「回答を批判的に確認し，適宜修正することが必要」，「人間自身が勉強や研究を怠ることはできない」といったことが述べられています。

16 〜 17 世紀のイギリスの哲学者フランシス・ベーコンは，『随筆集』の中で，「悪賢い人は勉強を軽蔑し，単純な人は勉強を称賛し，賢い人は勉強を利用する」と記しています。これは勉強や学問に取り組む姿勢について述べたものですが，このような新たな技術に対しても，侮ったり，反対に盲信したりするのではなく，その利点と欠点を十分に検討し，特性をよく理解した上で賢く利用していくことが必要といえるでしょう。

受験勉強においても，単にテクニックを覚えるのではなく，基礎的な知識を習得することを目指して正攻法で取り組み，大学で教養や専門知識を学ぶための確固とした土台を作り，こうした大きな変革の時代にあっても自分を見失わず，揺るぎない力を身につけてほしいと願っています。

* * *

本書刊行に際しまして，入試問題や資料をご提供いただいた大学関係者各位，掲載許可をいただいた著作権者の皆様，各科目の解答や対策の執筆にあたられた先生方に，心より御礼を申し上げます。

編者しるす

赤本の使い方

そもそも 赤本とは…

受験生のための大学入試の過去問題集!

60年以上の歴史を誇る赤本は,600点を超える刊行点数で全都道府県の370大学以上を網羅しており,過去問の代名詞として受験生の必須アイテムとなっています。

Q. なぜ受験に過去問が必要なの?

A. 大学入試は大学によって問題形式や頻出分野が大きく異なるからです。

マーク式か記述式か,試験時間に対する問題量はどうか,基本問題中心か応用問題中心か,論述問題や計算問題は出るのか――これらの出題形式や頻出分野などの傾向は大学によって違うので,とるべき対策も大学によって違ってきます。
出題傾向をつかみ,その大学にあわせた対策をとるために過去問が必要なのです。

赤本の掲載内容

傾向と対策
これまでの出題内容から，問題の**「傾向」**を分析し，来年度の入試にむけて具体的な**「対策」**の方法を紹介しています。

問題編・解答編
年度ごとに問題とその解答を掲載しています。
「問題編」ではその年度の試験概要を確認したうえで，実際に出題された過去問に取り組むことができます。
「解答編」には高校・予備校の先生方による解答が載っています。

ページの見方

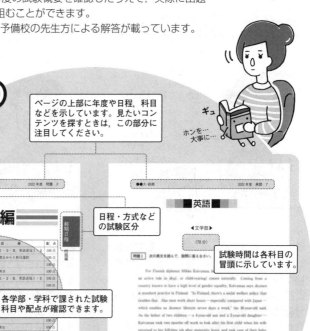

ページの上部に年度や日程，科目などを示しています。見たいコンテンツを探すときは，この部分に注目してください。

日程・方式などの試験区分

各学部・学科で課された試験科目や配点が確認できます。

試験時間は各科目の冒頭に示しています。

問題編冒頭　　**各科目の問題**

他にも赤本によって，大学の基本情報や，先輩受験生の合格体験記，在学生からのメッセージなどが載っています。

● 掲載内容について ●

著作権上の理由やその他編集上の都合により問題や解答の一部を割愛している場合があります。なお，指定校推薦入試，社会人入試，編入学試験，帰国生入試などの特別入試，英語以外の外国語科目，商業・工業科目は，原則として掲載しておりません。また試験科目は変更される場合がありますので，あらかじめご了承ください。

赤本の使い方

受験勉強は過去問に始まり，過去問に終わる。

STEP 1 なにはともあれ　まずは解いてみる

STEP 2 じっくり具体的に　弱点を分析する

過去問をいつから解いたらいいか悩むかもしれませんが，まずは一度，**できるだけ早いうちに解いてみましょう。実際に解くことで，出題の傾向，問題のレベル，今の自分の実力がつかめます。**
赤本の「傾向と対策」にも，詳しい傾向分析が載っています。必ず目を通しましょう。

解いた後は，ノートなどを使って自己分析をしましょう。**間違いは自分の弱点を教えてくれる貴重な情報源です。**
弱点を分析することで，今の自分に足りない力や苦手な分野などが見えてくるはずです。合格点を取るためには，こうした弱点をなくしていくのが近道です。

合格者があかす赤本の使い方

傾向と対策を熟読
（Fさん／国立大合格）

大学の出題傾向を調べることが大事だと思ったので，赤本に載っている「傾向と対策」を熟読しました。解答・解説もすべて目を通し，自分と違う解き方を学びました。

目標点を決める
（Yさん／私立大合格）

赤本によっては合格者最低点が載っているものもあるので，まずその点数を超えられるように目標を決めるのもいいかもしれません。

時間配分を確認
（Kさん／公立大合格）

過去問を本番の試験と同様の時間内に解くことで，どのような時間配分にするか，どの設問から解くかを決めました。

過去問を解いてみて，まずは自分のレベルとのギャップを知りましょう。
それを克服できるように学習計画を立て，苦手分野の対策をします。
そして，また過去問を解いてみる，というサイクルを繰り返すことで効果的に学習ができます。

STEP 3 志望校にあわせて 重点対策をする

STEP 1▶2▶3… サイクルが大事！ 実践を繰り返す

分析した結果をもとに，参考書や問題集を活用して**苦手な分野の重点対策**をしていきます。赤本を指針にして，何をどんな方法で強化すればよいかを考え，**具体的な学習計画を立てましょう**。
「傾向と対策」のアドバイスも参考にしてください。

ステップ1〜3を繰り返し，足りない知識の補強や，よりよい解き方を研究して，実力アップにつなげましょう。
繰り返し解いて**出題形式に慣れること**や，試験時間に合わせて**実戦演習を行うこと**も大切です。

添削してもらう
(Sさん／国立大合格)

記述式の問題は自分で採点しにくいので，先生に添削してもらうとよいです。人に見てもらうことで自分の弱点に気づきやすくなると思います。

繰り返し解く
(Tさん／国立大合格)

1周目は問題のレベル確認程度に使い，2周目は復習兼頻出事項の見極めとして，3周目はしっかり得点できる状態を目指して使いました。

他学部の過去問も活用
(Kさん／私立大合格)

自分の志望学部の問題はもちろん，同じ大学の他の学部の過去問も解くようにしました。同じ大学であれば，傾向が似ていることが多いので，これはオススメです。

青山学院大-法・国際政治経済◀目次▶

目　次

大 学 情 報 ………………………………………………………………… 1

◆ 在学生メッセージ　24
◆ 合格体験記　27

傾向と対策 ……………………………………………………………… 31

2023年度
問 題 と 解 答

■一般選抜（個別学部日程）：法学部
総合問題 ……………………… 5 ／ 解答 39

■一般選抜（個別学部日程）：国際政治経済学部
論述・総合問題 ……………… 60 ／ 解答 92

2022年度
問 題 と 解 答

■一般選抜（個別学部日程）：法学部
総合問題 ……………………… 5 ／ 解答 39

■一般選抜（個別学部日程）：国際政治経済学部
論述・総合問題 ……………… 56 ／ 解答 94

2021年度
問 題 と 解 答

■一般選抜（個別学部日程）：法学部
総合問題 ……………………… 5 ／ 解答 34

■一般選抜（個別学部日程）：国際政治経済学部
論　　述 ……………………… 53 ／ 解答 83
総合問題 ……………………… 67 ／ 解答 92

　下記の問題に使用されている著作物は，2023 年 6 月 6 日に著作権法第 67 条の 2 第 1
項の規定に基づく申請を行い，同条同項の規定の適用を受けて掲載しているものです。
　2023 年度：国際政治経済学部国際コミュニケーション学科〔Ⅰ〕D

University Guide

大学情報

大学の基本情報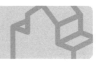

沿革

1874（明治 7）		ドーラ・E・スクーンメーカーが東京麻布に女子小学校を創立。のちに東京築地に移転し海岸女学校となる
1878（明治 11）		ジュリアス・ソーパーが東京築地に耕教学舎を創立。のちに東京英学校となる
1879（明治 12）		ロバート・S・マクレイが横浜山手町に美會神学校を創立
1882（明治 15）		美會神学校が東京英学校に統合
1883（明治 16）		東京英学校が東京青山に移転し東京英和学校と改称
1888（明治 21）		海岸女学校の上級生を青山に移し東京英和女学校として開校
1894（明治 27）		東京英和学校は青山学院と改称。海岸女学校が東京英和女学校に統合
1895（明治 28）		東京英和女学校は青山女学院と改称
1904（明治 37）		青山学院と青山女学院が専門学校の認可を受ける
1927（昭和 2）		青山女学院を青山学院に統合
1949（昭和 24）		新制大学として青山学院大学を開校（文・商・工の3学部。工学部は1950年関東学院大学に統合）
1953（昭和 28）		商学部を経済学部に改組
1959（昭和 34）		法学部を設置
1965（昭和 40）		理工学部を設置
1966（昭和 41）		経営学部を設置
1982（昭和 57）		国際政治経済学部を設置
2008（平成 20）		総合文化政策学部および社会情報学部を設置
2009（平成 21）		教育人間科学部を設置
2015（平成 27）		地球社会共生学部を設置
2019（平成 31）		コミュニティ人間科学部を設置

校章

1952年，図案を学生から公募して決定しました。盾は「信仰を盾として」（新約聖書　エフェソの信徒への手紙6章16節）からきたもので，信仰の象徴を示しています。山形のAとGは青山と学院の頭文字。その下に，Univ.（大学）があります。盾の発案は青山学院大学校友によるもので，「中央および左右の先端は尖って高峰のごとく，側面の弧は豊かな頬を思わせるふくらみを持ち，全体が均整のとれた4つの弧で囲まれているようなもの」を正しい形状と定めています。

学部・学科の構成

大 学

文学部 青山キャンパス
　英米文学科（イギリス文学・文化コース，アメリカ文学・文化コース，グローバル文学・文化コース，英語学コース，コミュニケーションコース，英語教育学コース）
　フランス文学科（文学分野，語学分野，文化分野）
　日本文学科（日本文学コース，日本語・日本語教育コース）
　史学科（日本史コース，東洋史コース，西洋史コース，考古学コース）
　比較芸術学科（美術領域，音楽領域，演劇映像領域）

教育人間科学部 青山キャンパス
　教育学科（人間形成探究コース，臨床教育・生涯発達コース，教育情報・メディアコース，幼児教育学コース，児童教育学コース）
　心理学科（一般心理コース，臨床心理コース）

経済学部 青山キャンパス
　経済学科（理論・数量コース，応用経済コース，歴史・思想コース）
　現代経済デザイン学科（公共コース〈パブリック・デザイン〉，地域コース〈リージョナル・デザイン〉）

法学部 青山キャンパス
　法学科
　ヒューマンライツ学科

経営学部 青山キャンパス
　経営学科
　マーケティング学科

国際政治経済学部 青山キャンパス
　国際政治学科（政治外交・安全保障コース，グローバル・ガバナンスコース）
　国際経済学科（国際経済政策コース，国際ビジネスコース）
　国際コミュニケーション学科（国際コミュニケーションコース）

4　青山学院大／大学情報

総合文化政策学部　青山キャンパス

　総合文化政策学科（メディア文化分野，都市・国際文化分野，アート・デザイン分野）

理工学部　相模原キャンパス

　物理科学科

　数理サイエンス学科

　化学・生命科学科

　電気電子工学科

　機械創造工学科

　経営システム工学科

　情報テクノロジー学科

社会情報学部　相模原キャンパス

　社会情報学科（社会・情報コース，社会・人間コース，人間・情報コース）

地球社会共生学部　相模原キャンパス

　地球社会共生学科（メディア／空間情報領域，コラボレーション領域，経済・ビジネス領域，ソシオロジー領域）

コミュニティ人間科学部　相模原キャンパス

　コミュニティ人間科学科

（備考）コース等に分属する年次はそれぞれで異なる。

大学院

文学研究科／教育人間科学研究科／経済学研究科／法学研究科／経営学研究科／国際政治経済学研究科／総合文化政策学研究科／理工学研究科／社会情報学研究科／国際マネジメント研究科／会計プロフェッション研究科

大学所在地

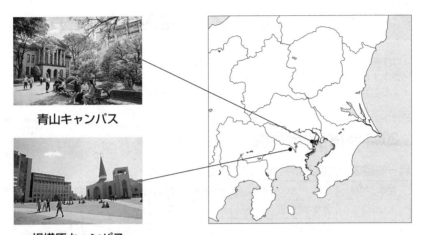

青山キャンパス
相模原キャンパス

青山キャンパス　　〒150-8366　東京都渋谷区渋谷 4-4-25
相模原キャンパス　〒252-5258　神奈川県相模原市中央区淵野辺 5-10-1

入試データ

 入試状況（競争率・合格最低点など）

- 法学部ヒューマンライツ学科は 2022 年 4 月に開設。
- 競争率は受験者数÷合格者数で算出。
- 合格者数および合格最低点には補欠合格者を含む（※印で表示）。

2023 年度 入試状況

■■一般選抜・大学入学共通テスト利用入学者選抜

学部・学科		方式	募集人員	志願者数	受験者数	合格者数	競争率	合格最低点/満点
文	英米文	全学部日程	約5	143	138	17	8.1	279.0/350.0
		個別学部日程 A 方式	約70	432	418	※215	1.9	346.0/500.0
		個別学部日程 B 方式	約40	448	415	※120	3.5	196.0/300.0
		個別学部日程 C 方式	約40	511	476	※112	4.3	208.0/300.0
		共通テスト利用	約15	407	403	136	3.0	321.0/400.0
	フランス文	全学部日程	約15	195	192	70	2.7	253.0/350.0
		個別学部日程 A 方式	約40	271	252	※120	2.1	#1/500.0
		個別学部日程 B 方式	約10	73	63	24	2.6	#2/400.0
		共通テスト利用	約10	174	173	80	2.2	374.0/500.0
	日本文	全学部日程	約8	180	167	30	5.6	309.0/400.0
		個別学部日程 A 方式	約55	397	349	143	2.4	272.0/350.0
		個別学部日程 B 方式	約10	157	152	29	5.2	192.0/250.0
		共通テスト利用	約5	158	157	30	5.2	494.0/600.0

（表つづく）

青山学院大／大学情報　7

学部・学科		方　式	募集人員	志願者数	受験者数	合格者数	競争率	合格最低点/満点
文	史	全学部日程	約20	293	280	※77	3.6	304.0/400.0
		個別学部日程	約52	586	541	※221	2.4	309.0/450.0
		共通テスト利用 （3科目型）	約5	204	204	83	2.5	465.0/600.0
		共通テスト利用 （6科目型）	約5	68	66	20	3.3	642.0/800.0
	比較芸術	全学部日程	約5	218	202	22	9.2	312.0/400.0
		個別学部日程	約45	241	216	※105	2.1	299.0/450.0
		共通テスト利用	約5	171	170	28	6.1	516.0/600.0
教育人間科	教　育	全学部日程	約70	1,147	1,117	※241	4.6	266.0/350.0
		個別学部日程	約20	379	352	63	5.6	#3/300.0
		共通テスト利用	約10	575	575	102	5.6	408.0/500.0
	心　理	全学部日程	約58	635	622	141	4.4	268.0/350.0
		個別学部日程	約15	215	181	※74	2.4	#4/300.0
		共通テスト利用	約10	402	400	56	7.1	373.0/450.0
経済	経　済	全学部日程	約30	792	751	101	7.4	278.0/350.0
		個別学部日程 Ａ方式	約180	3,250	2,735	394	6.9	158.0/250.0
		個別学部日程 Ｂ方式	約100	1,792	1,481	217	6.8	162.0/250.0
		共通テスト利用	約10	685	548	161	3.4	404.0/500.0
	現代経済デザイン	全学部日程	約10	93	88	15	5.9	267.0/350.0
		個別学部日程 Ａ方式	約50	828	703	115	6.1	153.0/250.0
		個別学部日程 Ｂ方式	約25	396	341	58	5.9	154.0/250.0
		共通テスト利用	約10	58	41	15	2.7	391.0/500.0
法	法	全学部日程	約80	1,354	1,302	379	3.4	265.0/350.0
		個別学部日程 Ａ方式	約80	589	445	※180	2.5	286.0/400.0
		個別学部日程 Ｂ方式	約25	282	190	※107	1.8	262.0/400.0
		共通テスト利用 （3科目型）	約10	920	920	196	4.7	282.0/350.0
		共通テスト利用 （5科目型）		260	259	99	2.6	542.0/700.0

（表つづく）

8 青山学院大／大学情報

学部・学科		方　式	募集人員	志願者数	受験者数	合格者数	競争率	合格最低点/満点
法	ヒューマンライツ	全学部日程	約25	287	281	112	2.5	256.0/350.0
		個別学部日程 Ａ　方　式	約20	142	107	40	2.7	282.0/400.0
		個別学部日程 Ｂ　方　式	約10	73	44	22	2.0	262.0/400.0
		共通テスト利用 （３科目型）	約5	142	142	55	2.6	267.0/350.0
		共通テスト利用 （５科目型）		28	28	14	2.0	533.0/700.0
経営	経　　営	全学部日程	約25	696	664	※108	6.1	273.0/350.0
		個別学部日程 Ａ　方　式	約160	1,150	965	※459	2.1	278.3/400.0
		個別学部日程 Ｂ　方　式	約40	355	307	※162	1.9	275.0/400.0
		共通テスト利用	約10	709	707	169	4.2	241.0/300.0
	マーケティング	全学部日程	約15	517	498	※50	10.0	279.0/350.0
		個別学部日程 Ａ　方　式	約80	652	578	※197	2.9	291.5/400.0
		個別学部日程 Ｂ　方　式	約20	267	225	※61	3.7	281.5/400.0
		共通テスト利用	約5	311	310	53	5.8	243.0/300.0
国際政治経済	国際政治	全学部日程	約5	146	134	27	5.0	283.0/350.0
		個別学部日程 Ａ　方　式	約64	331	277	※137	2.0	147.6/200.0
		個別学部日程 Ｂ　方　式	約6	35	28	9	3.1	157.5/200.0
		共通テスト利用 （３科目型）	約10	302	300	87	3.4	335.0/400.0
		共通テスト利用 （４科目型）	約10	211	211	62	3.4	495.0/600.0
	国際経済	全学部日程	約5	94	88	16	5.5	283.0/350.0
		個別学部日程	約70	443	390	※112	3.5	145.8/200.0
		共通テスト利用 （３科目型）	約10	222	221	58	3.8	331.0/400.0
		共通テスト利用 （４科目型）	約10	129	126	51	2.5	484.0/600.0

（表つづく）

青山学院大／大学情報　9

学部・学科		方式	募集人員	志願者数	受験者数	合格者数	競争率	合格最低点/満点
国際政治経済	国際コミュニケーション	全学部日程	約5	124	116	17	6.8	283.0/350.0
		個別学部日程A方式	約27	268	213	※84	2.5	145.3/200.0
		個別学部日程B方式	約20	88	76	26	2.9	156.8/200.0
		共通テスト利用	約10	201	200	45	4.4	341.0/400.0
	総合文化政策	全学部日程	約55	758	734	※156	4.7	272.0/350.0
		個別学部日程A方式	約70	296	268	83	3.2	227.0/300.0
		個別学部日程B方式	約50	369	308	※95	3.2	259.0/350.0
		共通テスト利用（3科目型）	約10	378	373	96	3.9	332.0/400.0
		共通テスト利用（4科目型）		12	12	2	6.0	426.0/500.0
		共通テスト利用（5科目型）		54	54	20	2.7	501.0/600.0
理工	物理科	全学部日程	約12	143	139	45	3.1	270.0/400.0
		個別学部日程A方式	約35	471	450	215	2.1	255.0/450.0
		個別学部日程B方式	約28	218	207	105	2.0	344.5/500.0
		共通テスト利用	約8	407	404	200	2.0	467.0/600.0
	数理サイエンス	全学部日程	約6	166	164	53	3.1	265.0/400.0
		個別学部日程A方式	約20	350	331	※121	2.7	257.0/450.0
		個別学部日程B方式	約13	135	129	※55	2.3	309.0/500.0
		共通テスト利用	約4	209	207	56	3.7	491.0/600.0
	化学・生命科	全学部日程	約13	119	112	19	5.9	286.0/400.0
		個別学部日程A方式	約50	808	765	307	2.5	261.0/450.0
		個別学部日程B方式	約20	338	318	128	2.5	321.0/500.0
		共通テスト利用	約10	504	504	83	6.1	510.0/600.0

（表つづく）

10 青山学院大／大学情報

学部・学科		方　式	募集人員	志願者数	受験者数	合格者数	競争率	合格最低点/満点
理 工	電気電子工	全学部日程	約13	136	128	※38	3.4	258.0/400.0
		個別学部日程 A 方 式	約40	479	457	※155	2.9	261.0/450.0
		個別学部日程 B 方 式	約20	220	206	※76	2.7	307.0/500.0
		共通テスト利用	約10	249	248	58	4.3	491.0/600.0
	機械創造工	全学部日程	約15	189	178	28	6.4	274.0/400.0
		個別学部日程 A 方 式	約40	973	936	※272	3.4	264.0/450.0
		個別学部日程 B 方 式	約20	354	343	※116	3.0	311.5/500.0
		共通テスト利用	約10	620	620	104	6.0	500.0/600.0
	経 営 システム工	全学部日程	約10	144	136	22	6.2	292.0/400.0
		個別学部日程 A 方 式	約35	560	534	172	3.1	265.0/450.0
		個別学部日程 B 方 式	約23	220	206	55	3.7	337.0/500.0
		共通テスト利用	約10	336	336	52	6.5	419.0/500.0
	情 報 テクノロジー	全学部日程	約10	160	148	14	10.6	296.0/400.0
		個別学部日程 A 方 式	約35	810	760	※195	3.9	278.0/450.0
		個別学部日程 B 方 式	約20	358	342	※111	3.1	327.0/500.0
		共通テスト利用	約10	436	432	48	9.0	442.0/500.0
社 会 情 報		全学部日程 A 方 式	約17	272	259	※47	5.5	266.0/350.0
		全学部日程 B 方 式	約10	117	112	※26	4.3	279.0/400.0
		個別学部日程 A 方 式	約45	367	330	※122	2.7	280.0/400.0
		個別学部日程 B 方 式	約25	276	253	※65	3.9	300.0/400.0
		個別学部日程 C 方 式	約35	278	270	※82	3.3	262.0/400.0
		個別学部日程 D 方 式	約15	212	203	※51	4.0	308.0/400.0

（表つづく）

青山学院大／大学情報　11

学部・学科	方　式	募集人員	志願者数	受験者数	合格者数	競争率	合格最低点/満点
社　会　情　報	共通テスト利用（3科目型）	約15	187	185	19	9.7	256.0/300.0
	共通テスト利用（4科目A型）		58	58	6	9.7	334.5/400.0
	共通テスト利用（4科目B型）		41	41	5	8.2	350.0/400.0
	共通テスト利用（5科目型）		27	20	3	6.7	419.0/500.0
地球社会共生	全学部日程	約45	364	348	109	3.2	256.0/350.0
	個別学部日程	約30	321	250	※66	3.8	218.6/300.0
	共通テスト利用	約20	230	228	61	3.7	320.0/400.0
コミュニティ人　間　科	全学部日程	約50	692	669	※164	4.1	256.0/350.0
	個別学部日程	約34	266	245	※127	1.9	200.0/300.0
	共通テスト利用（3科目型）	約12	246	246	57	4.3	389.0/500.0
	共通テスト利用（4科目型）		47	47	10	4.7	389.0/500.0
	共通テスト利用（5科目型）		66	64	13	4.9	389.0/500.0

（備考）
• 合格最低点について #1 ～ 4 は以下参照。
　#1　総合点 360.0 点以上で「総合問題」130.0 点以上かつ「外国語」140.0 点以上。
　#2　「総合問題」101.0 点以上かつ「外国語」141.0 点以上。
　#3　大学入学共通テストの「英語」,「国語」の点数をそれぞれ 50%に圧縮した合計点が
　　　125.0 点以上かつ「小論文」の点数が 57.0 点以上。
　#4　大学入学共通テストの「英語」の点数を 50%に圧縮したものが 68.0 点以上かつ総合点
　　　が 201.5 点以上。

12 青山学院大／大学情報

2022年度 入試状況

■■一般選抜・大学入学共通テスト利用入学者選抜

学部・学科		方　式	募集人員	志願者数	受験者数	合格者数	競争率	合格最低点/満点
文	英　米　文	全学部日程	約5	285	269	15	17.9	297.0/350
		個別学部日程 A　方　式	約70	549	517	※238	2.2	345.5/500
		個別学部日程 B　方　式	約40	431	385	※124	3.1	271.0/400
		個別学部日程 C　方　式	約40	710	623	※96	6.5	200.0/300
		共通テスト利用	約15	506	505	150	3.4	330.5/400
	フランス文	全学部日程	約15	488	470	67	7.0	282.0/350
		個別学部日程 A　方　式	約40	278	235	※97	2.4	#1/500
		個別学部日程 B　方　式	約10	84	68	※21	3.2	#2/400
		共通テスト利用	約10	667	666	150	4.4	401.0/500
	日　本　文	全学部日程	約8	135	129	31	4.2	321.0/400
		個別学部日程 A　方　式	約55	508	452	165	2.7	276.0/350
		個別学部日程 B　方　式	約10	151	143	32	4.5	167.0/250
		共通テスト利用	約5	203	202	46	4.4	500.0/600
	史	全学部日程	約20	219	214	※66	3.2	312.0/400
		個別学部日程	約55	656	570	※184	3.1	315.0/450
		共通テスト利用	約5	505	504	96	5.3	507.0/600
	比較芸術	全学部日程	約5	150	150	23	6.5	323.0/400
		個別学部日程	約45	231	202	※88	2.3	315.0/450
		共通テスト利用	約5	202	201	35	5.7	517.0/600
教育人間科	教　　育	全学部日程	約70	1,013	989	※236	4.2	276.0/350
		個別学部日程	約20	439	404	※76	5.3	#3/300
		共通テスト利用	約10	492	492	103	4.8	403.0/500
	心　　理	全学部日程	約58	705	685	129	5.3	283.0/350
		個別学部日程	約15	287	245	※51	4.8	#4/300
		共通テスト利用	約10	331	331	67	4.9	370.0/450

（表つづく）

青山学院大／大学情報　13

学部・学科		方　式	募集人員	志願者数	受験者数	合格者数	競争率	合格最低点/満点
経済	経済	全学部日程	約30	590	555	93	6.0	283.0/350
		個別学部日程 A 方式	約180	3,453	2,921	※487	6.0	#5/250
		個別学部日程 B 方式	約100	1,856	1,494	※227	6.6	143.0/250
		共通テスト利用	約10	711	578	157	3.7	399.0/500
	現代経済デザイン	全学部日程	約10	179	170	20	8.5	283.0/350
		個別学部日程 A 方式	約50	1,164	1,038	※113	9.2	169.0/250
		個別学部日程 B 方式	約25	381	321	51	6.3	138.0/250
		共通テスト利用	約10	182	143	20	7.2	398.0/500
法	法	全学部日程	約80	1,624	1,550	※390	4.0	280.0/350
		個別学部日程 A 方式	約80	682	548	※201	2.7	291.0/400
		個別学部日程 B 方式	約25	211	145	※69	2.1	270.0/400
		共通テスト利用	約10	676	675	198	3.4	280.0/350
	ヒューマンライツ	全学部日程	約25	742	717	※128	5.6	282.0/350
		個別学部日程 A 方式	約20	272	239	※52	4.6	299.0/400
		個別学部日程 B 方式	約10	154	132	※39	3.4	285.3/400
		共通テスト利用	約5	265	265	54	4.9	280.0/350
経営	経営	全学部日程	約25	974	932	※76	12.3	293.0/350
		個別学部日程 A 方式	約160	1,364	1,125	※473	2.4	283.5/400
		個別学部日程 B 方式	約40	263	212	※114	1.9	247.3/400
		共通テスト利用	約10	931	928	104	8.9	252.5/300
	マーケティング	全学部日程	約15	460	444	※54	8.2	292.0/350
		個別学部日程 A 方式	約80	538	447	※192	2.3	285.5/400
		個別学部日程 B 方式	約20	85	70	※45	1.6	238.0/400
		共通テスト利用	約5	366	365	33	11.1	256.0/300

（表つづく）

14 青山学院大／大学情報

学部・学科		方　式	募集人員	志願者数	受験者数	合格者数	競争率	合格最低点/満点
国際政治経済	国際政治	全学部日程	約5	199	189	23	8.2	296.0/350
		個別学部日程 Ａ　方　式	約64	419	346	※116	3.0	127.8/200
		個別学部日程 Ｂ　方　式	約6	22	19	8	2.4	119.8/200
		共通テスト利用 （3教科型）	約10	326	323	89	3.6	345.0/400
		共通テスト利用 （4教科型）	約10	129	128	51	2.5	460.0/600
	国際経済	全学部日程	約5	129	120	16	7.5	297.0/350
		個別学部日程 Ａ　方　式	約70	272	236	※130	1.8	127.8/200
		共通テスト利用 （3教科型）	約10	267	264	52	5.1	345.0/400
		共通テスト利用 （4教科型）	約10	123	123	38	3.2	470.0/600
	国際コミュニケーション	全学部日程	約5	168	161	16	10.1	297.0/350
		個別学部日程 Ａ　方　式	約27	348	273	※71	3.8	149.3/200
		個別学部日程 Ｂ　方　式	約20	175	144	25	5.8	159.9/200
		共通テスト利用	約10	241	238	46	5.2	351.0/400
総合文化政策		全学部日程	約55	948	922	※156	5.9	290.0/350
		個別学部日程 Ａ　方　式	約70	441	406	※86	4.7	250.0/300
		個別学部日程 Ｂ　方　式	約50	499	432	※100	4.3	275.5/350
		共通テスト利用	約10	605	602	58	10.4	352.0/400
理工	物理科	全学部日程	約12	231	221	※71	3.1	275.0/400
		個別学部日程 Ａ　方　式	約35	762	723	※190	3.8	278.0/450
		個別学部日程 Ｂ　方　式	約28	237	224	※87	2.6	326.8/500
		共通テスト利用	約8	785	783	172	4.6	442.0/600

（表つづく）

青山学院大／大学情報　15

学部・学科		方　式	募集人員	志願者数	受験者数	合格者数	競争率	合格最低点/満点
理工	数理サイエンス	全学部日程	約6	155	149	※56	2.7	244.0/400
		個別学部日程A方式	約20	288	271	※122	2.2	252.0/450
		個別学部日程B方式	約13	97	94	42	2.2	289.8/500
		共通テスト利用	約4	212	212	56	3.8	443.0/600
	化学・生命科	全学部日程	約13	136	128	28	4.6	274.0/400
		個別学部日程A方式	約50	836	795	※348	2.3	250.0/450
		個別学部日程B方式	約20	209	190	109	1.7	311.0/500
		共通テスト利用	約10	291	289	60	4.8	456.0/600
	電気電子工	全学部日程	約13	182	165	※41	4.0	269.0/400
		個別学部日程A方式	約40	608	579	※177	3.3	267.0/450
		個別学部日程B方式	約20	174	161	※70	2.3	295.2/500
		共通テスト利用	約10	239	238	56	4.3	450.0/600
	機械創造工	全学部日程	約15	148	141	30	4.7	270.0/400
		個別学部日程A方式	約40	749	717	299	2.4	252.0/450
		個別学部日程B方式	約20	148	132	69	1.9	291.1/500
		共通テスト利用	約10	270	270	99	2.7	432.0/600
	経営システム工	全学部日程	約10	188	183	34	5.4	290.0/400
		個別学部日程A方式	約35	649	620	207	3.0	273.0/450
		個別学部日程B方式	約23	174	162	58	2.8	316.7/500
		共通テスト利用	約10	264	264	51	5.2	379.0/500
	情報テクノロジー	全学部日程	約10	188	175	19	9.2	294.0/400
		個別学部日程A方式	約35	769	717	177	4.1	280.0/450
		個別学部日程B方式	約20	206	185	86	2.2	312.0/500
		共通テスト利用	約10	477	477	49	9.7	396.0/500

（表つづく）

16 青山学院大／大学情報

学部・学科	方　式	募集人員	志願者数	受験者数	合格者数	競争率	合格最低点/満点
社　会　情　報	全学部日程 Ａ　方　式	約 17	239	228	※ 43	5.3	276.0/350
	全学部日程 Ｂ　方　式	約 10	164	154	※ 29	5.3	300.0/400
	個別学部日程 Ａ　方　式	約 45	413	378	※ 111	3.4	299.0/400
	個別学部日程 Ｂ　方　式	約 25	314	307	※ 67	4.6	302.5/400
	個別学部日程 Ｃ　方　式	約 35	311	293	※ 80	3.7	273.5/400
	個別学部日程 Ｄ　方　式	約 15	190	178	※ 42	4.2	310.5/400
	共通テスト利用	約 15	539	538	44	12.2	260.0/300
地球社会共生	全学部日程	約 45	440	429	※ 140	3.1	272.0/350
	個別学部日程	約 30	323	291	※ 101	2.9	224.0/300
	共通テスト利用	約 20	390	390	85	4.6	337.0/400
コミュニティ 人　間　科	全学部日程	約 50	879	845	※ 197	4.3	269.0/350
	個別学部日程	約 34	179	154	※ 104	1.5	197.0/300
	共通テスト利用	約 12	127	126	24	5.3	391.0/500

（備考）

• 合格最低点について #1 ～ 5 は以下参照。

　#1　総合点 328.0 点以上で「総合問題」114.0 点以上かつ「外国語」144.0 点以上。

　#2　「総合問題」103.0 点以上かつ「外国語」158.0 点以上。

　#3　大学入学共通テストの「英語」，「国語」を各々 50％に圧縮した合計点が 127.5 点以上，
　　　かつ「小論文」56 点以上。

　#4　大学入学共通テストの「英語」を 50％に圧縮した点数が 70 点以上，かつ総合点 221.0
　　　点以上。

　#5　総合点 168 点以上および総合点 167 点かつ「英語」111 点以上。

2021年度 入試状況

■■一般選抜・大学入学共通テスト利用入学者選抜

学部・学科		方　式	募集人員	志願者数	受験者数	合格者数	競争率	合格最低点/満点
文	英 米 文	全 学 部 日 程	約5	168	161	18	8.9	283.0/350
		個別学部日程 Ａ　方　式	約70	514	483	208	2.3	361.0/500
		個別学部日程 Ｂ　方　式	約40	472	442	86	5.1	296.0/400
		個別学部日程 Ｃ　方　式	約40	556	513	102	5.0	205.0/300
		共通テスト利用	約15	425	424	140	3.0	333.0/400
	フランス文	全 学 部 日 程	約10	176	171	67	2.6	263.0/350
		個別学部日程 Ａ　方　式	約45	161	152	※66	2.3	#1/600
		個別学部日程 Ｂ　方　式	約10	79	67	※28	2.4	#2/400
		共通テスト利用	約10	134	134	50	2.7	394.0/500
	日 本 文	全 学 部 日 程	約8	122	120	18	6.7	321.0/400
		個別学部日程 Ａ　方　式	約55	556	506	※161	3.1	274.0/350
		個別学部日程 Ｂ　方　式	約10	124	113	※35	3.2	201.3/250
		共通テスト利用	約5	189	188	41	4.6	510.0/600
	史	全 学 部 日 程	約20	214	209	36	5.8	315.0/400
		個別学部日程	約55	597	537	※213	2.5	314.0/450
		共通テスト利用	約5	239	238	89	2.7	492.0/600
	比 較 芸 術	全 学 部 日 程	約5	138	131	18	7.3	319.0/400
		個別学部日程	約43	259	227	※85	2.7	328.0/450
		共通テスト利用	約5	186	186	34	5.5	512.0/600
教育人間科	教　　育	全 学 部 日 程	約70	1,185	1,163	137	8.5	279.0/350
		個別学部日程	約20	335	297	※113	2.6	#3/300
		共通テスト利用	約10	695	691	99	7.0	423.0/500
	心　　理	全 学 部 日 程	約58	688	674	113	6.0	275.0/350
		個別学部日程	約15	179	144	※79	1.8	#4/300
		共通テスト利用	約10	350	348	45	7.7	390.0/450

(表つづく)

18　青山学院大／大学情報

学部・学科		方　式	募集人員	志願者数	受験者数	合格者数	競争率	合格最低点/満点
経済	経済	全学部日程	約30	831	781	84	9.3	283.0/350
		個別学部日程A方式	約180	3,588	3,115	※532	5.9	#5/250
		個別学部日程B方式	約100	1,896	1,590	※232	6.9	174.0/250
		共通テスト利用	約10	727	510	159	3.2	410.0/500
	現代経済デザイン	全学部日程	約10	144	139	19	7.3	272.0/350
		個別学部日程A方式	約50	847	733	※111	6.6	185.0/250
		個別学部日程B方式	約25	238	206	41	5.0	167.0/250
		共通テスト利用	約10	98	56	20	2.8	410.0/500
法	法	全学部日程	約70	968	915	292	3.1	270.0/350
		個別学部日程A方式	約100	803	655	※344	1.9	331.3/500
		個別学部日程B方式	約80	340	247	※123	2.0	353.0/500
		共通テスト利用	約20	769	769	206	3.7	291.0/350
経営	経営	全学部日程	約25	488	466	64	7.3	279.0/350
		個別学部日程A方式	約160	1,433	1,274	※496	2.6	308.5/400
		個別学部日程B方式	約40	144	125	※87	1.4	282.8/400
		共通テスト利用	約10	840	838	128	6.5	255.0/300
	マーケティング	全学部日程	約15	264	255	30	8.5	283.0/350
		個別学部日程A方式	約80	555	506	※200	2.5	313.0/400
		個別学部日程B方式	約20	69	64	※40	1.6	296.6/400
		共通テスト利用	約5	257	257	54	4.8	252.5/300
国際政治経済	国際政治	全学部日程	約5	131	124	23	5.4	284.0/350
		個別学部日程A方式	約64	374	336	※164	2.0	119.0/200
		個別学部日程B方式	約6	28	24	7	3.4	126.7/200
		共通テスト利用（3教科型）	約10	323	323	65	5.0	350.0/400
		共通テスト利用（4教科型）	約10	111	111	39	2.8	500.0/600

（表つづく）

青山学院大／大学情報　19

学部・学科		方式	募集人員	志願者数	受験者数	合格者数	競争率	合格最低点/満点
国際政治経済	国際経済	全学部日程	約5	116	108	15	7.2	289.0/350
		個別学部日程	約70	250	209	※103	2.0	132.6/200
		共通テスト利用（3教科型）	約10	297	297	52	5.7	350.0/400
		共通テスト利用（4教科型）	約10	169	169	40	4.2	517.0/600
	国際コミュニケーション	全学部日程	約5	97	95	13	7.3	282.0/350
		個別学部日程A方式	約27	175	151	※69	2.2	129.1/200
		個別学部日程B方式	約20	92	81	25	3.2	136.7/200
		共通テスト利用	約10	209	208	30	6.9	354.0/400
総合文化政策		全学部日程	約55	989	964	114	8.5	283.0/350
		個別学部日程A方式	約70	471	443	※87	5.1	238.5/300
		個別学部日程B方式	約50	470	413	※101	4.1	261.0/350
		共通テスト利用	約10	472	469	49	9.6	440.0/500
理工	物理科	全学部日程	約12	115	111	40	2.8	252.0/400
		個別学部日程A方式	約35	528	499	※218	2.3	261.0/450
		個別学部日程B方式	約28	170	163	※100	1.6	298.8/500
		共通テスト利用	約8	329	327	153	2.1	450.0/600
	数理サイエンス	全学部日程	約6	80	76	34	2.2	244.0/400
		個別学部日程A方式	約20	311	301	※112	2.7	263.0/450
		個別学部日程B方式	約13	107	99	※43	2.3	309.6/500
		共通テスト利用	約4	184	182	51	3.6	478.0/600
	化学・生命科	全学部日程	約13	99	91	17	5.4	271.0/400
		個別学部日程A方式	約50	702	670	※313	2.1	247.0/450
		個別学部日程B方式	約20	191	175	※90	1.9	303.2/500
		共通テスト利用	約10	315	314	49	6.4	519.0/600

（表つづく）

20 青山学院大／大学情報

学部・学科		方　式	募集人員	志願者数	受験者数	合格者数	競争率	合格最低点/満点
理工	電気電子工	全学部日程	約13	121	107	23	4.7	270.0/400
		個別学部日程 Ａ　方　式	約40	518	495	※172	2.9	268.0/450
		個別学部日程 Ｂ　方　式	約20	139	128	※70	1.8	291.3/500
		共通テスト利用	約10	272	269	55	4.9	496.0/600
	機械創造工	全学部日程	約15	100	92	22	4.2	267.0/400
		個別学部日程 Ａ　方　式	約40	528	505	※301	1.7	241.0/450
		個別学部日程 Ｂ　方　式	約20	109	99	※61	1.6	282.2/500
		共通テスト利用	約10	302	302	80	3.8	501.0/600
	経営 システム工	全学部日程	約10	134	123	19	6.5	281.0/400
		個別学部日程 Ａ　方　式	約35	571	545	※196	2.8	275.0/450
		個別学部日程 Ｂ　方　式	約23	177	164	※59	2.8	311.6/500
		共通テスト利用	約10	255	252	42	6.0	418.0/500
	情報 テクノロジー	全学部日程	約10	163	153	20	7.7	289.0/400
		個別学部日程 Ａ　方　式	約35	762	724	※146	5.0	302.0/450
		個別学部日程 Ｂ　方　式	約20	224	203	70	2.9	327.7/500
		共通テスト利用	約10	435	433	101	4.3	418.0/500
社　会　情　報		全学部日程 Ａ　方　式	約17	166	156	31	5.0	274.0/350
		全学部日程 Ｂ　方　式	約10	105	99	18	5.5	272.0/400
		個別学部日程 Ａ　方　式	約45	450	396	※129	3.1	303.0/400
		個別学部日程 Ｂ　方　式	約25	244	228	※62	3.7	304.0/400
		個別学部日程 Ｃ　方　式	約35	226	213	※81	2.6	255.5/400
		個別学部日程 Ｄ　方　式	約15	174	159	※40	4.0	345.5/400
		共通テスト利用	約15	400	393	47	8.4	261.0/300

（表つづく）

学部・学科	方式	募集人員	志願者数	受験者数	合格者数	競争率	合格最低点/満点
地球社会共生	全学部日程	約45	325	318	96	3.3	265.0/350
	個別学部日程	約30	176	154	※76	2.0	203.0/300
	共通テスト利用	約20	314	313	73	4.3	336.0/400
コミュニティ人間科	全学部日程	約50	412	396	188	2.1	245.0/350
	個別学部日程	約34	203	186	34	5.5	226.0/300
	共通テスト利用	約12	173	171	13	13.2	436.0/500

(備考)
- 合格最低点について #1〜5 は以下参照。
  - #1 「総合問題」130.0 点以上で総合点 427.5 点以上。
  - #2 「総合問題」132.0 点以上で外国語 179.0 点以上。
  - #3 大学入学共通テストの「英語」,「国語」を各々50%に圧縮した合計点が 117 点以上,かつ「小論文」40 点以上。
  - #4 大学入学共通テストの「英語」を50%に圧縮した点数が 65 点以上,かつ総合点 194.5 点以上。
  - #5 総合点 185 点,かつ「英語」131 点以上。

募集要項(出願書類)の入手方法

　一般選抜および大学入学共通テスト利用入学者選抜は Web 出願です。出願に関する詳細は，11 月中旬以降に大学公式ウェブサイトに公表する入学者選抜要項で各自ご確認ください。

問い合わせ先

　青山学院大学　入学広報部
　　〒150-8366　東京都渋谷区渋谷 4-4-25
　　　　☎ (03)3409-0135
　公式ウェブサイト　https://www.aoyama.ac.jp/

 青山学院大学のテレメールによる資料請求方法

| スマートフォンから | QRコードからアクセスしガイダンスに従ってご請求ください。 |
| パソコンから | 教学社 赤本ウェブサイト(akahon.net)から請求できます。 |

合格体験記 募集

　2024年春に入学される方を対象に，本大学の「合格体験記」を募集します。お寄せいただいた合格体験記は，編集部で選考の上，小社刊行物やウェブサイト等に掲載いたします。お寄せいただいた方には小社規定の謝礼を進呈いたしますので，ふるってご応募ください。

応募方法

下記 URL または QR コードより応募サイトにアクセスできます。
ウェブフォームに必要事項をご記入の上，ご応募ください。
折り返し執筆要領をメールにてお送りします。
(※入学が決まっている一大学のみ応募できます)

⇨ http://akahon.net/exp/

応募の締め切り

総合型選抜・学校推薦型選抜	2024年2月23日
私立大学の一般選抜	2024年3月10日
国公立大学の一般選抜	2024年3月24日

受験川柳 募集

応募方法

受験にまつわる川柳を募集します。
入選者には賞品を進呈！　ふるってご応募ください。

http://akahon.net/senryu/ にアクセス！

在学生メッセージ

　大学ってどんなところ？　大学生活ってどんな感じ？ちょっと気になることを，在学生に聞いてみました。

（注）以下の内容は 2020・2021 年度入学生のアンケート回答に基づくものです。ここで触れられている内容は今後変更となる場合もありますのでご注意ください。

 大学生になったと実感！

　通学する洋服が自由で，化粧 OK，髪型が自由など，全体的に自由度が増しました。また，空きコマに友達とカフェに行ったり，授業終了後に自由に好きな場所に寄って帰ることができるなど，高校生の時に比べたらできることが増えたと思います。(A. M. さん)

　自由な時間が圧倒的に増えたことと，自分の学びに余裕ができたことが大学生になったなと実感したことです。今までは受験のために勉強しなきゃ！急がないと受験までに間に合わない！という気持ちでとにかく詰め込む勉強をしていましたが，今は自分のペースでやりたい勉強がしっかり深く学べているので勉強が楽しいです。(杉浦さん)

　自分の責任で行動しなければならないことが多く，大学生になったなと感じます。自由な時間が増えるので，自分の好きなように予定を入れることができますが，その分課題を計画的に終わらせなければならないので，勉強と自由時間をうまく調節して効率よくこなすのが大変だなと思います。(K. N. さん)

──────メッセージを書いてくれた先輩方──────
- ●青山キャンパス　　：《文学部》杉浦玲花さん／Y. H. さん　《教育人間科学部》A. T. さん
　　　　　　　　　　　《法学部》A. M. さん　《経営学部》R. M. さん
- ●相模原キャンパス：《理工学部》K. N. さん　《コミュニティ人間科学部》A. B. さん

大学の学びで困ったこと&対処法

　先生が書く板書もなければ暗記をすればいいということでもないので，自分の中に取り込んだ知識をどうアウトプットすればよいかわかりませんでした。そこで私は先生のレジュメに重要なことをメモするだけでなく，その話を聞いてどう感じたか，どう考えるかなども書くようにして，当時の自分がどんな気持ちで授業を受けていたのか見直すことができるノート作りを心掛けました。（杉浦さん）

いま「これ」を頑張っています

　オンライン授業で自由な時間ができたためアルバイトに多くの時間を使うことができています。大学生になった今だからこそできる社会勉強だと考えています。大学に通えず，人との関わりが少なくなってしまいましたが，アルバイトを通して人とコミュニケーションをとる機会が増えました。（A. T. さん）

　経営学部公認の学生団体に所属して，学校のために，学生のために，地域のために，様々な点に目を向けて活動しています。高校の生徒会などとは規模が圧倒的に違う場所で活動できることがおもしろくて，いま熱中してなにかができないかなと思考してます。（R. M. さん）

普段の生活で気をつけていることや心掛けていること

　毎朝ランニングを1時間半しています。ランニングをすると目も覚めますし，課題の効率も上がるのでかなりおすすめです。体力もつきますし，免疫もつくと思います。僕は毎朝のランニングで性格が明るくなった気もします。外見だけではなく内面をも変えてくれると思うので，おすすめです。（Y. H. さん）

　運動不足に陥りがちなので，健康を維持するためにスマホに万歩計のアプリを入れて1日5000歩を目標に歩くようにしている。（A. B. さん）

おススメ・お気に入りスポット

　表参道がお気に入りです。インスタグラムなどで有名なカフェがたくさんありますが，まだあまり紹介されていないけれど良いお店もたくさんあります。そのようなお店を空きコマなどで巡ることができます！（A.M.さん）

 ## 入学してよかった！

　自分の将来をしっかり考えて努力している人がとても多いところです。自分が勉強を怠けてしまっているとき，同級生の努力している姿を見ると自分も頑張らなければという気持ちにさせてもらえます。また，大学の周りにおしゃれなお店がたくさんあるところもよいです！（A.M.さん）

 ## 高校生のときに「これ」をやっておけばよかった

　ボランティア活動と英語の勉強です。大学に入ったらボランティアをしようと思っていましたが，コロナのためほぼできませんでした。英語の勉強は毎年TOEICがあるのと，1年生は英語の授業が週に3コマはあるので，英語ができるに越したことはないと痛感しています。（A.M.さん）

合格体験記

　みごと合格を手にした先輩に，入試突破のためのカギを伺いました。入試までの限られた時間を有効に活用するために，ぜひ役立ててください。

（注）ここでの内容は，先輩が受験された当時のものです。2024 年度入試では当てはまらないこともありますのでご注意ください。

アドバイスをお寄せいただいた先輩

A. M. さん　法学部（法学科）
個別学部日程 B 方式 2021 年度合格，神奈川県出身

　いかにリラックスして取り組めるかが大切だと思います。楽しんで試験を受ければ，どんな結果になっても後悔なく受験生生活を終われるし，合格に近づくポイントでもあると思います。頑張ってください。

その他の合格大学　日本女子大（文〈学校推薦型選抜〉）

入試なんでもQ&A

受験生のみなさんからよく寄せられる，入試に関する疑問・質問に答えていただきました。

Q どのように学習計画を立て，受験勉強を進めていましたか？

A 毎日，寝る直前に次の日の計画を決めていました。もともとは週ごとに計画を立てていたのですが，私は計画をやり切れることが少なかったため，週ごとから日ごとに計画を立てることに変えました。その日にやってできなかったところの復習を組み込んだり，自分の必要な勉強をすぐに計画に反映して組み込むことができるのが，1日ごとに計画を立てることのいいところだと思います。日ごとに計画を立てるようになってから，計画をやり切れないことがとても減りました。

Q 青山学院大学を攻略するうえで，特に重要な科目は何ですか？ また，どのような勉強をしましたか？

A 英語だと思います。英語の青学といわれるくらい青学は英語に力を入れているらしいです。B方式は英語の問題がすごく多いし，共通テストの英語の配点も高いです。また，全学部日程の試験方式でも英語の配点が高いです。この科目はいかに楽しく勉強できるか，そして自分の日常生活の一部に組み込むかが大事だと思います。英語に慣れるため英語の映画を字幕で見たり，洋楽を聴いて歌ったり，英語の本を読んだりして，日頃から英語に親しむようにしていました。

青山学院大-法・国際政治経済／合格体験記　29

Q スランプに陥ったとき，どのように抜け出しましたか？

A　私は共通テストの週にスランプになっていました。このときは勉強していても変に焦って全然集中できないし，今までできていた問題もできなくなったり，ネガティブになっていました。それを見た父が夜に私を車で海に連れて行ってくれました。それまで家にひたすらこもって勉強漬けだったのでとてもいいリフレッシュになり，次の日からはリラックスして勉強でき，スランプも抜けられたと思います。それ以降はひたすらポジティブにいられるように自分をほめたりしていました。

Q 普段の生活のなかで気をつけていたことを教えてください。

A　私は睡眠時間が少ないと全然集中できないし，勉強の効率も悪くなってしまうので，睡眠は必ず8時間は確保できるようにしていました。お布団に入っても全然眠れず，次の朝寝不足みたいになってしまったときは，シャワーを浴びたり，少し散歩していました。エナジードリンクやコーヒーなどは極力摂らないようにもしていました。食べ物は1日3食好き嫌いをしないで，果物も野菜もお肉も魚も食べていました。毎日バランスのよい食事を作ってくれた母には感謝してもしきれません。

Q 受験生へアドバイスをお願いします。

A　勉強はどれだけ楽しんで行えるかが大切だと思います。嫌々やっていては効率も悪くなってしまうと思います。自分が大学受験をして，大学に入って何をしたいのか，どうなりたいのかをはっきりイメージして，そうなるには今何をしなければならないのかをしっかり考えてみると，勉強しなきゃ！と思えるのではないでしょうか。試験当日は，落ち着いて，ここまで頑張った自分に自信をもって臨んでほしいと思います。試験が終わったとき，どんな結果になろうと「楽しかった。やり切った」と思えるように頑張ってください。

科目別攻略アドバイス

　みごと入試を突破された先輩に，独自の攻略法やおすすめの参考書・問題集を，科目ごとに紹介していただきました。

■■総合問題（法学部 B 方式）

> 　英作文があるので英単語のスペリングをしっかり覚えておくこと。英作文の書き方の型があると思うので，それもしっかり頭に入れておく。社会情勢的な話題について自分の意見を書かせる問題もあるので，新聞やテレビのニュース，新聞の社説を日頃から読んでおく。

Trend & Steps

傾向と対策

32　青山学院大-法・国際政治経済／傾向と対策

傾向と対策を読む前に

　科目ごとに問題の「傾向」を分析し，具体的にどのような「対策」をすればよいか紹介しています。まずは出題内容をまとめた分析表を見て，試験の概要を把握しましょう。

■注意

　「傾向と対策」で示している，出題科目・出題範囲・試験時間等については，2023 年度までに実施された入試の内容に基づいています。2024 年度入試の選抜方法については，各大学が発表する学生募集要項を必ずご確認ください。

　また，新型コロナウイルスの感染拡大の状況によっては，募集期間や選抜方法が変更される可能性もあります。各大学のホームページで最新の情報をご確認ください。

分析表の記号について
　☆印は全問，★印は一部マークシート法採用であることを表す。

青山学院大-法・国際政治経済／傾向と対策　33

■法学部

総合問題

▶A方式

年度	番号	内　　　　　　　　容
★ **2023**	〔1〕	日本における民法典編纂と法観念 選択，語意，空所補充，内容説明（100字2問），読み，主旨
	〔2〕	近代市民社会の社会的領域と「プライバシー」　　　　　　　＜統計表＞ 空所補充，文整序，指示内容，内容説明（100字2問他），表の読み取り，選択
	〔3〕	古典的自由主義 選択，空所補充
★ **2022**	〔1〕	国家と権威との関係性 選択，語意，空所補充，文整序，要約（100字），内容説明（100字）
	〔2〕	社会運動と民主主義 選択，空所補充，読み，計算，語意，内容説明（200字）
	〔3〕	夫婦別姓をめぐる最高裁判決　　　　　　　　　　　　　　　＜グラフ＞ 選択，空所補充，読み
★ **2021**	〔1〕	「法の支配」の理想を実現するために 語意，読み，空所補充，内容説明，要約（400字）
	〔2〕	選挙制度　　　　　　　　　　　　　　　　　　　　　　　＜統計表＞ 正文・誤文選択，語意
	〔3〕	議会制民主主義 正誤，語意

傾　向　国語と社会を組み合わせて，専攻内容に必要な知識と素養を問う

1 出題形式は？

　2021年度より，A方式では，独自問題として「総合問題」が課されている。試験時間は90分。2022年度より出題範囲から古文・漢文が除かれ，「国語総合」（「古文，漢文」を除く）と「日本史B」（17世紀以降），「世界史B」（17世紀以降），「政治・経済」との総合問題となった。

　大問3題で，いずれにおいても法学や政治学に関係する内容の課題文が用いられている。設問はマークシート法による選択式が中心であるが，記述式の要約問題や内容説明もみられる。選択式の解答個数は32個，

記述式の総字数は 400 字となっている。

2 出題内容はどうか？

〔1〕は，課題文の内容読解とともに知識・理解を試す出題で，「国語」と「社会科」の横断的出題である。法にかかわる文章を読み，考察する内容で，選択式としては接続詞の空所補充，語意，文整序，内容説明などが問われている。また，記述式では，2021 年度は要約問題（400字）が，2022 年度は要約問題（100 字）と内容説明（100 字）が，2023年度は内容説明（100 字）が 2 問出題された。

〔2〕〔3〕は，提示された課題文をもとに知識・理解を試す出題で，例年「社会科」寄りの内容であるが，2023 年度の〔2〕は〔1〕と同様の教科横断的出題であった。2021 年度は「一票の格差」「議会制民主主義」，2022 年度は「社会運動と民主主義」「夫婦別姓」，2023 年度は「アーレントの公／私」概念，古典的自由主義をテーマに，戦後の国内政治，司法，国際政治，民主主義の歴史から時事的内容まで，政治・経済分野を中心に幅広い知識が問われている。国語的な設問や社会科の知識問題のほか，計算問題，考察問題，内容説明（200 字）など，バラエティに富んだ設問構成となっている。2023 年度〔2〕では表の読み取りや本文から考察して説明する問題が出題された。

3 難易度は？

一部で難度の高い出題もみられるが，おおむね基本的な内容で構成されており，設問の分量も試験時間に対して適当であるといえる。ただし，課題文を論理的に読みこなすためには，日頃から法学や政治学に関する話題や文章に触れ，知識を蓄えつつ考察を重ねておく必要がある。

対 策

1 国語力の養成

「国語」が出題範囲となっており，国語力の養成は対策の基本となる。文と文（段落と段落）の関係に注意し，順接か逆接かを意識して文章を読む習慣をつけよう。例年，専攻内容に直結する文章が出題されているので，新書や新聞記事などで可能なかぎりそうした分野の文章に触れておきたい。

また，難読語の読みと意味を学習し，要約の訓練もしておきたい。2021 年度は 400 字程度，2022 年度は 100 字程度の要約が出題された。文章を要約するには，段落ごとに言葉をつないでいくのではなく，まず筆者が最も述べたいことをとらえ，そこに至る論理展開を説明していくようにしたい。要約の練習は，内容説明問題の対策としても有効である。

2 歴史と政治・経済の知識をおさえる

17 世紀以降の「日本史」「世界史」と，「政治・経済」が出題範囲となっている。特に「政治・経済」については，政治分野を中心にしっかりと学習しておく必要がある。問題集や参考書を用いて知識を整理しておこう。また，それらの時代背景について問われることもあるので，近現代の政治史については基本的な流れを理解しておきたい。各科目の知識をつなげていく意識をもつことが大切である。高校生向けに書かれた法学の入門書などを読むことは，その意味でも有効といえよう。

36 青山学院大-法・国際政治経済／傾向と対策

▶B方式

年度	番号	内　　　　　容
★ 2023	〔1〕	日本人男性が抱える複雑な男女平等観　〈英文〉 内容説明
	〔2〕	今なお多くの人々が苦しむ貧困の状況と原因　〈英文〉 空所補充
	〔3〕	空所補充　〈英文〉
	〔4〕	今後5年間の世界が置かれている状況は楽観的なものか，悲観的なものか テーマ英作文（50語）
	〔5〕	1930年代の日本政治から学ぶ教訓　〈地図〉 空所補充，選択，位置指摘，内容説明（20字），書き取り
	〔6〕	NIMBY問題 意見論述（400字）
★ 2022	〔1〕	津田梅子の人生　〈英文〉 内容真偽，空所補充，内容説明
	〔2〕	経済学の最初のレッスン　〈英文〉 空所補充
	〔3〕	空所補充　〈英文〉
	〔4〕	20世紀の影響力のある政治家 テーマ英作文（50語）
	〔5〕	日本の高等教育における奨学金事情　〈グラフ・図〉 空所補充，選択
	〔6〕	20世紀のドイツと現代の比較 空所補充，選択，読み，意見論述（350字）
★ 2021	〔1〕	これまでのEUの歩みとその未来　〈英文〉 内容説明，内容真偽
	〔2〕	アフリカ系アメリカ人に対する差別的な法律との戦い　〈英文〉 空所補充
	〔3〕	空所補充　〈英文〉
	〔4〕	タイムマシーンがあったら戻りたい時代 テーマ英作文（50語）
	〔5〕	社会保障制度　〈グラフ〉 空所補充
	〔6〕	人種差別についての議論 意見論述（300字）

傾　向　英語と社会を組み合わせて，専攻内容に必要な知識と素養を問う

1 出題形式は？

　2021年度より，A方式と同様に，独自問題として「総合問題」が課されている。試験時間は90分。こちらは「英語（コミュニケーション英語Ⅰ・Ⅱ・Ⅲ，英語表現Ⅰ・Ⅱ）」と，「日本史B」（17世紀以降），

「世界史B」（17世紀以降），「政治・経済」との総合問題である。

大問6題で，〔1〕～〔4〕が英語の内容，〔5〕〔6〕が社会科的な内容である。マークシート法による選択式の問題が中心であるが，〔4〕は50語程度のテーマ英作文，〔6〕では300～400字程度の日本語の意見論述が課されている。

2 **出題内容はどうか？**

英語の〔1〕～〔4〕は，2022年度に続き2023年度も〔1〕〔2〕が読解，〔3〕が文法・語彙，〔4〕が英作文という構成である。〔1〕は450語程度の英文に関して，内容についての設問が5問，〔2〕は300語程度の英文に関して，単語の空所補充が6問，〔3〕の文法・語彙問題は4択の空所補充が10問という構成であった。〔4〕のテーマ英作文は，2021年度は「タイムマシーンがあり，過去に戻れるならどの時代に行きたいか」，2022年度は「20世紀の影響力のある政治家」，2023年度は「今後5年間の世界の状況が楽観的なものか，悲観的なものか」について，それぞれ50語程度で書かせるものであった。

〔5〕〔6〕は，社会科的な内容の出題となる。〔5〕は2021・2022年度は統計資料を含む課題文を用いた出題で，設問は空所補充が中心であったが，2023年度は統計資料はなく，「日本史」と「政治・経済」からの選択問題を中心に構成された。2021年度は社会保障制度，2022年度は高等教育問題，2023年度は1930年代と現代の日本政治に関する内容であった。〔6〕は，2021・2023年度はテーマ型の意見論述（300字・400字）が1問だけの構成であった。2022年度は課題文が与えられ，その内容を踏まえたうえでの意見論述（350字）が1問と，その他に空所補充や知識問題も配置された。

3 **難易度は？**

英語では読解やテーマ英作文，社会科では統計資料の読み取りや地図問題，意見論述と，バラエティに富んだ出題がなされている。設問数や記述量を考えると，90分という試験時間では決して余裕があるとはいえない。テーマ英作文や意見論述については，特に慣れておきたい。

対　策

❶ 英文読解力・作文力の養成

読解問題のテーマとして，専攻内容と関連する，歴史や経済，社会問題にかかわる英文が出題されており，専攻に関する教養や社会問題に対する意識の高さも問われているといえる。社会科学系の英文を中心に読解の練習を積みながら，語彙・熟語力の増強にも努めておきたい。過去問にも取り組んでおこう。

❷ テーマ英作文対策

50 ～ 100 語のものを中心に，テーマ英作文の形式に慣れておく必要がある。2020 年度までの「英語」でも毎年テーマ英作文が出題されていたので，これらも参考にしたい。反対論にも触れながら自説を論証することが求められることもあるので，立論の仕方，議論の展開方法などを学ぶ必要がある。近年は 50 語の出題が多いが，限られた語数で与えられたテーマをまとめる練習は必須である。英作文の問題集としては，『まよわず書ける自由英作文』（河合出版）と『[自由英作文編] 英作文のトレーニング』（Z 会）を特におすすめしたい。

❸ 歴史と政治・経済の知識をおさえる

17 世紀以降の「日本史」「世界史」と，「政治・経済」が出題範囲となっている。特に「政治・経済」は，政治分野を中心にしっかりと学習しておこう。英語問題においても，社会科学系の英文を読む際に，それらの知識があることは大きな助けとなるだろう。2020 年度までの「日本史」「世界史」も 17 世紀以降から出題されており，それらの過去問も見ておくとよい。なお，2020 年度の「世界史」「政治・経済」では英文の出題もみられる。

社会科系の意見論述については，普段からニュースなどに触れ，議論を呼ぶトピックについて自分の考えをまとめる訓練が有効である。その際，どういった視点から論じるのか（論点や根拠の設定の仕方），それに対してどのような反論がされうるのかを意識して取り組むと，応用がきくだろう。

青山学院大-法・国際政治経済／傾向と対策　39

■国際政治経済学部

論述・総合問題

▶国際政治学科

年　度		番号	内　　　　容
★ 2023		〔1〕	危機に瀕するリベラル国際主義　　　　　　　　　＜英文・表＞ 内容説明（30字2問），記述，選択，正誤，表題
		〔2〕	EU のノーベル平和賞受賞　　　　　　　　　　　　　　＜英文＞ 選択，記述，正誤
		〔3〕	欧州のリベラル・デモクラシー指数　　　　　＜英文・グラフ＞ 選択，内容説明（20・30字）
		〔4〕	日本の開国　　　　　　　　　　　　　＜英文・史料・地図＞ 配列，選択，論述（20・30字），正誤
★ 2022		〔1〕	核兵器廃絶への国際的な取り組み　　　　　　　　＜英文・表＞ 選択，記述
		〔2〕	国連における日本の核兵器廃絶決議案 　　　　　　　　　　　　＜英文・グラフ・統計表＞ 論述（25字2問）
		〔3〕	北方領土問題　　　　　　　　　　　　　　　　　　　　＜英文＞ 記述，正誤，選択，論述（25字）
		〔4〕	総領事館　　　　　　　　　　　　　　　　　＜統計表・地図＞ 論述（25字2問，40字2問），選択
2021	論述	〔1〕	日本の国連加盟　　　　　　　　　　　　　　　　　　　＜英文＞ 配列，論述（25・30字）
		〔2〕	国連加盟国数の推移　　　　　　　　　　　　　　　　＜グラフ＞ 論述（15・30字）
	☆ 総合問題	〔1〕	鉄のカーテン演説　　　　　　　　　　　　　　＜英文・地図＞ 空所補充，地図選択，正誤
		〔2〕	各国の原油輸入先　　　　　　　　　　　　　＜統計表・地図＞ 国名選択，正誤

（注）2021 年度は「総合問題」および「論述」としての出題。

　　　2021 年度の「総合問題」は，上記（国際政治分野）に加えて，国際経済分野か国
　　際コミュニケーション分野のいずれかを選択して解答する。

40　青山学院大-法・国際政治経済／傾向と対策

傾　向

1　出題形式は？

　2021 年度より独自問題として「論述」と「総合問題」が課されたが，2022 年度からは「論述・総合問題」として統合された。これに伴い，各 50 分（計 100 分）だった試験時間も，あわせて 70 分に圧縮された。

2　出題内容はどうか？

　出題範囲は，2022 年度までの

> 「地理歴史，公民」（「政治・経済」，17 世紀以降の「世界史」，17 世紀以降の「日本史」），読解力・論理的思考力を問う問題（問題に英文を含む）

から，2023 年度は以下に変更された。

> 国際政治分野に関する日本語・英語の文章および資料を読解した上で，論理的な思考を通じて解答する問題（解答を英語で表現する問題を含む）

　なお，2024 年度は以下となる予定である（下線は変更箇所）。

> 国際政治分野に関する日本語・英語の文章および資料を読解した上で，論理的な思考を通じて解答する問題（解答を英語で表現する問題を含む），ならびに英語読解力を問う問題

　2022・2023 年度は大問 4 題で，各大問とも，選択式・記述式・論述式を組み合わせた設問からなり，2021 年度の「論述」「総合問題」と似た構成であった。

　条約など国際政治分野の資料が多用され，英文が多いのが特徴である。また，グラフ，統計表，地図を使用する出題もみられる。

　テーマとしては，日本と国際社会を題材とする出題，核軍縮に向けた世界の取り組み，冷戦終結後の国際秩序などが問われている。

　論述式は，2021 ～ 2023 年度で 11 ～ 40 字程度の問題が 4 ～ 7 問出題されている。また 2022 年度以降，キーワードや大問のタイトルを 2 ～ 8 ワードの英語で答える形式も追加された。

青山学院大-法・国際政治経済／傾向と対策　41

〔参考〕2021 年度：論述

　大問 2 題の出題で，〔1〕は 4 つの政治的な公的資料が提示され，資料のうち 2 つは英文となっており，日本と国際社会が題材となっている。設問は 3 問で，資料の年代順を答えるものや論述問題（25・30 字）を中心に構成された。〔2〕では〔1〕に関連したグラフを用いて，論述式の問題（15・30 字）が出題された。いずれも資料文だけを頼りに答えることは難しく，時代背景や歴史的な流れを押さえている必要がある。

〔参考〕2021 年度：総合問題（国際政治分野）

　全問マークシート法で，〔1〕が英文の大問（小問 3 問），〔2〕が統計表と地図を使った大問（小問 4 問）で構成された。〔1〕は，冷戦期におけるヨーロッパの分断状況が地図で問われ，地理，世界史，国際政治の知識，英文読解を絡めた複合的な問題であった。〔2〕は，国際比較の統計表に国名を当てはめる問題で，原油の輸入状況をテーマとする出題であり，なかには地理的な知識がないと答えにくい出題もみられた。

3　難易度は？

　英文読解，世界史・国際政治の知識を絡めた複合的な問題で構成され，難度の高い問題も散見される。また，論述式は，資料文だけを頼りに答えることは難しい問題もあり，歴史的な流れや政治情勢の理解が求められる。参照すべき資料の量が多く，試験時間が 70 分になったことを考えると，時間的な余裕はあまりないといえる。

対　策

1　英文読解

　英文資料が出題されているので，長文読解用の参考書などを利用して，英文を読み解く力を養うとよい。また，歴史や社会問題など専攻内容と関連するテーマの英文が多いため，専攻内容と関連する英単語を習得するなど，語彙，熟語力の増強にも時間をかけておきたい。外交文書で使用される英語に触れておくのも有効だろう。英語の実力だけではなく，専攻に関する教養や社会問題に対する意識の高さも問われているといえるだろう。

2 現代史や地理の知識を身につけよう

国際政治分野の資料やグラフを読み解くためには，社会科の知識を身につけておく必要がある。「政治・経済」の教科書を中心に，資料集や年表も参照して，主要な事項を押さえておくとよい。地図上での各国の位置関係や，地誌学的な出題もみられるので，「地理」についても教科書・資料集などによく目を通しておこう。

3 グラフ・統計資料の読み取り

グラフや表などの資料が出題されている。図表の示す数値の意味をざっと把握した上で，全体と部分をともにとらえるよう心がけよう。全体的な傾向を踏まえることなしに部分の微細な変化を論じても，意味づけが希薄なものとなってしまう。グラフや表の読み取りには，全体的な傾向の中で異質な動きをみせる要素や，変化・推移の契機をとらえることが肝心である。また，複数の図表が与えられている場合は，相互の関連を考えることも大切である。

4 コンパクトにまとめる力をつける

論述問題では15〜40字といった，簡潔な解答が求められている。字数が限られているため，設問の要求を読み間違えずに，正確に解答する練習をしておこう。たとえば，設問の要求や条件など，言及しなければならないポイントをピックアップしながら，箇条書きで整理し，その中から答えの核心にあたるものを取り出すといった練習が可能だろう。日頃から設問を丁寧に読み，簡潔に解答することを意識したい。

5 過去問の活用

他の大学・学部とは出題形式や傾向が異なるので，本書を活用して過去問に当たり，出題形式，傾向，難易度などをあらかじめ把握しておこう。2021年度の「論述」と「総合問題」も出題形式や出題内容の点で参考になるだろう。実際にどのような内容が問われたのか必ず確認しておきたい。

青山学院大-法・国際政治経済／傾向と対策　43

▶国際経済学科

年　度	番号	内　　　　容
★ 2023	〔1〕	民族主義の台頭 選択　　　　　　　　　　　　　＜英文＞
	〔2〕	移民と GDP の相関関係 論述（100 字）　　　　　　＜英文・グラフ＞
	〔3〕	経済的豊かさの統計 論述（100 字）　　　　　　　　　＜グラフ＞
	〔4〕	金利差と円安ドル高 論述（150 字）　　　　　　　　　＜グラフ＞
	〔5〕	医療統計 論述（100 字）
★ 2022	〔1〕	効率的な組織管理の方法 選択　　　　　　　　　　　　　＜英文＞
	〔2〕	19 世紀以降の国際情勢 選択，配列
	〔3〕	再犯者率の分析 論述（150 字）　　　　　　　　　＜グラフ＞
	〔4〕	物価上昇率と失業率の相関関係 選択，論述（100 字），計算　＜グラフ＞
	〔5〕	産業革命による英印綿布貿易の変化 選択，論述（100 字）　　　　　＜グラフ＞
2021 論述	〔1〕	指数化された統計データの読み取り 正誤，計算，論述（100 字）　＜グラフ＞
	〔2〕	GDP と物価上昇率 論述（120 字）　　　　　　　　　＜グラフ＞
	〔3〕	ジニ係数と年齢別世帯構成の関係 論述（120 字）　　　　　　　　＜統計表＞
2021 ☆総合問題	〔1〕	インセンティブの効果 空所補充，内容説明　　　　　　　＜英文＞
	〔2〕	イギリスの内政・外交 空所補充
	〔3〕	国際協調の動き 選択
	〔4〕	戦後日本のインフレ対応 選択，空所補充
	〔5〕	GOTO トラベル 計算

(注) 2021 年度は「総合問題」および「論述」としての出題。

　　　2021 年度の「総合問題」は，上記（国際経済分野）に加えて，国際政治分野か国際コミュニケーション分野のいずれかを選択する。

44　青山学院大-法・国際政治経済／傾向と対策

傾　向

1　出題形式は？

　2021年度より独自問題として「論述」と「総合問題」が課されたが，2022年度からは「論述・総合問題」として統合された。これに伴い，各50分（計100分）だった試験時間も，あわせて70分に圧縮された。

2　出題内容はどうか？

　出題範囲は，2022年度までの

> 「地理歴史，公民」（「政治・経済」，17世紀以降の「世界史」，17世紀以降の「日本史」），数量的理解および読解力・論理的思考力を問う問題（問題に英文を含む）

から，2023年度は以下に変更された。

> 数量的理解および読解力・論理的思考力を問う問題（問題に英文を含む）

　なお，2024年度は以下となる予定である（下線は変更箇所）。

> 数量的理解（グラフや表などからデータの意味を読み解く力）および読解力・論理的思考力を問う問題（問題に英文を含む），ならびに英語読解力を問う問題

　2022・2023年度は大問5題で，論述式を軸に選択式も若干出題され，2021年度の「論述」「総合問題」と似た構成であった。

　〔1〕〔2〕で英文，〔2〕～〔5〕でグラフが使用され，経済関連のさまざまな内容がとりあげられている。グラフや統計表の内容は，経済データ（物価上昇率，失業率，GDP，為替と金利など）を扱うものが大半を占める。2022年度は〔2〕で近現代の国際情勢に関する基礎的な知識が問われたが，2023年度は知識問題はみられなかった。

　論述式は，グラフやデータを題材に統計的な思考を試す内容が中心で，100・150字以内の計3，4問となっている。また，計算問題は減少傾向にあるが，数量的な理解が必要な問題は比較的多い。

〔参考〕2021 年度：論述

　2021 年度は大問 3 題とも和文のみで，グラフと統計表が提示され，グラフの読解問題（選択式 2 問）と論述（100 〜 120 字 3 問）が出題された。いずれの大問においても経済データ（労働力，GDP，ジニ係数など）が扱われ，選択式によるグラフ読解があり，論述の中に計算の要素が組み込まれている。

〔参考〕2021 年度：総合問題（国際経済分野）

　全問マークシート法で，大問 5 題からなり，経済関連のさまざまな内容が出題された。〔1〕は経済学分野の英文読解，〔2〕〜〔4〕は政治・経済や現代社会における基本知識を問う問題，〔5〕は GOTO トラベル事業と絡めた計算問題が出題された。和文での出題の中では，時事的内容は 1 問のみで，残りは経済史的な事項が多くみられた。いずれも難解なものではない。

3　難易度は？

　2022 年度以降は試験時間が短くなり，それに伴い大問数も減っているが，論述量については増加傾向で，時間的な余裕がないことに大きな変わりはない。グラフの読み取り自体は特に難解ではないので，論述問題の形式に慣れておきたい。

対　策

1　英文読解

　英文の課題文が出題されており，出題内容は一般的な英語の試験問題に近い空所補充や内容説明のほか，グラフと絡めた文章理解が問われている。長文読解用の参考書などを利用して，英文を読み解く力を養うとよい。ただし，専攻に関する教養や社会問題に対する意識の高さも問われており，専攻内容と関連する英単語を習得するなど，語彙，熟語力の増強にも時間をかけておきたい。

2　経済分野に注意

　国際経済学科らしく，経済分野に関する知識や歴史的事実が問われている。「政治・経済」の教科書・資料集などを活用して，経済分野のグラフや資料に慣れておくこと。また，「日本史」や「世界史」の教科書

46 青山学院大-法・国際政治経済／傾向と対策

・資料集などで経済史の大まかな流れを押さえておくと有効だろう。

❸ グラフ・統計資料の読み取り

　グラフや表などの資料が出題されている。図表の示す数値の意味をざっと把握した上で，全体と部分をともにとらえるよう心がけよう。そうすると，全体的な傾向の中で異質な動きをみせる要素や，変化・推移の契機などをとらえることができるようになる。微細な差異にのみ目を向けがちになるが，全体的な傾向を踏まえることなしに部分の変化を論じても，意味づけは希薄なものとなってしまう。また，複数の図表が与えられている場合は，相互の関連を考えることも大切である。因果関係と相関関係の違いはデータ分析の問題で頻出なので必ず理解し，図表を読み取れるようにしよう。

❹ 論述力をつける

　論述問題では，100 ～ 150 字といった，比較的文字量の多い解答が求められている。主題は何か（＝何について意見を述べるのか），解答の条件は何か（＝理由を述べる，具体例を挙げるなど）を整理した上で，解答の構想に取り掛かるようにしたい。資料（課題文）の読解→要点の整理→解答の構想をたてる，という手順を意識してみよう。解答の構想は，メモ書きのような形でよい。設問の要求や条件など，解答として言及しなければならないポイントをピックアップし，箇条書きにしてみるところから始めよう。次に，それぞれのポイントで述べる内容を書き出してみて，制限字数との兼ね合いから，余分なものは削っていこう。解答全体を通して主張が一貫するように，結論と関係のない内容は外すようにしたい。論述力は一朝一夕に伸びるものではないので，時間をかけて地道にコツコツと練習を重ねていこう。

❺ 過去問の活用

　2021 年度の「論述」と「総合問題」は出題形式や出題内容の点で参考になるだろう。実際にどのような内容が問われたのかは必ず確認しておきたい。

青山学院大-法・国際政治経済／傾向と対策　47

▶国際コミュニケーション学科

年　度	番号	内　　　　　容	
★ *2023*	〔1〕	A．生活の質とは 　　内容説明	＜英文＞
		B．単なる集団ではないチームとは 　　内容説明	＜英文＞
		C．新型コロナウイルスの流行が若者に与えた影響 　　主題，内容説明	＜英文＞
		D．アメリカと日本のビジネスパーソンの違い 　　主題，内容説明	＜英文＞
		E．トランスユーラシア語族のルーツについての新発見 　　内容真偽，内容説明	＜英文＞
	〔2〕	多文化世界における異文化教育 　　主題，要約 (200 字)，テーマ英作文 (80 語)	＜英文＞
★ *2022*	〔1〕	A．交渉の手法とは 　　内容説明	＜英文＞
		B．WHO の主要な目的 　　内容説明	＜英文＞
		C．国民国家における単一言語 　　内容説明	＜英文＞
		D．「所有する」という人間の特質 　　内容真偽，内容説明	＜英文＞
		E．メディア・バイアスの原因 　　主題，内容説明	＜英文＞
	〔2〕	自由貿易協定の利点と欠点 　　主題，要約 (200 字)，テーマ英作文 (80 語)	＜英文＞
2021	論述 〔1〕	国際的な体制の変遷 　　主題，要約 (200 字)，テーマ英作文 (80 語)	＜英文＞
	☆総合問題 〔1〕	A．コンピュータを教育に利用する際の覚書 　　内容説明	＜英文＞
		B．日本の幸福度とその改善のヒント 　　内容説明	＜英文＞

(注) 2021 年度は「総合問題」および「論述」としての出題。
　　2021 年度の「総合問題」は，上記（国際コミュニケーション分野）に加えて，国際政治分野か国際経済分野のいずれかを選択する。

傾　向

1　出題形式は？

　2021 年度より独自問題として「論述」と「総合問題」が課されたが，2022 年度から「論述・総合問題」として統合された。これに伴い，各 50 分（計 100 分）だった試験時間も，あわせて 70 分に圧縮された。

48　青山学院大-法・国際政治経済／傾向と対策

2 　出題内容はどうか？

　出題範囲については，2023 年度から「英文読解力と論理的思考力・表現力を問う問題」と変更されている。

　2023 年度も大問 2 題で，〔1〕は「総合問題」的，〔2〕は「論述」的な内容であった。

　2022 年度から〔1〕は 5 つの短めの英文を読み，各文に 2 問ずつ用意された問いに答えるという形式になっている。出題は内容説明や内容真偽，文章の主題を答えさせたりするオーソドックスなものだが，2022 年度のAの2のように「別の事例が与えられ，文章を読んだ上で行動を推測する」といった形式が出題されることもある。それぞれの英文には部分的に難しい語句も含まれているが，言い換えが英文中に用意されていることもあり，全体として内容はつかみやすい。しかし，ジャンルの違う 5 つの英文が用意されているため，試験時間との兼ね合いで効率よく内容を把握していくことが求められる。TOEIC の問題に近い設定ともいえるかもしれない。

　〔2〕は比較的長めの英文を読み，3 つの設問に答える形式であった。こちらについては出題内容も主題，要約（200 字），テーマ英作文（80 語）となっており，2021 年度から大きな変化はない。他学科に比べてシンプルな問題となっているが，解答する際の記述量が多くなっている。

〔参考〕2021 年度：論述

　比較的長めの英文を読んで，3 問に答える形式であった。他学科とは異なり，シンプルな英文読解問題であるが，出題内容は主題，要約（200 字），テーマ英作文（80 語）となっており，他学科に比べると記述量が多くなっている。

〔参考〕2021 年度：総合問題（国際コミュニケーション分野）

　全問マークシート法で，大問 1 題の出題。短めの英文を 2 つ読んで，それぞれに関する内容説明 2 問の計 4 問に答える内容であった。

3 　難易度は？

　解答する問題の数は多くはないが，高度な記述力が求められる設問もあり，試験時間 70 分に対して余裕があるとはいえない。語彙・熟語のレベルも高く，総合的な英語運用能力が求められる。また，学科での学習内容に合わせた問題が出題されるため，国際関係に関する基礎知識も

求められている。

対 策

１ 論述力

論述分野では，日本語による要約問題と英語によるテーマ英作文が出題されている。いずれも，本文の内容を正確に読み取り，理解した内容をもとに適切に表現する力が問われているといえる。英語の入試問題など手頃な題材を用いて，200字程度に要約し，それに対して意見を作成する練習をしておくとよい。

２ 英文読解

読解問題のテーマとして，専攻内容と関連する国際関係にかかわる英文が出題されており，専攻に関する教養や社会問題に対する意識の高さも問われているといえる。新聞や新書を用いて，国際的に問題になっている事柄について日頃から関心を広げておくことが必要だ。英文の語彙・熟語レベルも高いので，可能なかぎり語彙・熟語力の増強にも時間をかけておきたい。

３ テーマ英作文

2020年度までの「英語」でも毎年テーマ英作文が出題されていたので，これらも参考にしたい。反対論にも触れながら自説を論証することが求められることもあるので，立論の仕方，議論の展開方法などを学ぶ必要がある。与えられているテーマに対して語数が少ないため，語数を意識しながら簡潔に文章をまとめる練習が欠かせない。英作文の問題集としては，『大学入試 すぐ書ける自由英作文』（教学社）と『［自由英作文編］英作文のトレーニング』（Z会）を特におすすめしたい。

2023 年度

問題と解答

青山学院大-法   2023 年度　問題　*3*

■一般選抜（個別学部日程）：法学部

問題編

法

問題編

▶試験科目・配点

方式	テスト区分	教　科	科目（出題範囲）	配点
A方式	大学入学共通テスト	外国語	英語（リーディング，リスニング），ドイツ語，フランス語，中国語，韓国語のうち1科目選択	65 点
		国　語	国語	100 点
		地歴・公民・数学	日本史A，日本史B，世界史A，世界史B，地理A，地理B，現代社会，倫理，政治・経済，「倫理，政治・経済」，数学Ⅰ，「数学Ⅰ・A」，数学Ⅱ，「数学Ⅱ・B」のうち1科目選択	35 点
	独自問題	総合問題	国語総合（古文・漢文を除く）と，「日本史B」（17 世紀以降），「世界史B」（17 世紀以降），「政治・経済」との総合問題とする。	200 点
B方式	大学入学共通テスト	外国語	英語（リーディング，リスニング），ドイツ語，フランス語，中国語，韓国語のうち1科目選択	100 点
		国　語	国語	65 点
		地歴・公民・数学	日本史A，日本史B，世界史A，世界史B，地理A，地理B，現代社会，倫理，政治・経済，「倫理，政治・経済」，数学Ⅰ，「数学Ⅰ・A」，数学Ⅱ，「数学Ⅱ・B」のうち1科目選択	35 点
	独自問題	総合問題	英語（コミュニケーション英語Ⅰ・Ⅱ・Ⅲ，英語表現Ⅰ・Ⅱ）と，「日本史B」（17 世紀以降），「世界史B」（17 世紀以降），「政治・経済」との総合問題とする。	200 点

▶備　考

• 合否判定は総合点による。ただし，場合により特定科目の成績・調査書を考慮することもある。

• 大学入学共通テストの得点を上記の配点に換算する。英語の得点を扱う場合には，リーディング100 点，リスニング100 点の配点比率を変えず

にそのまま合計して 200 点満点としたうえで，上記の配点に換算する。

- 大学入学共通テストの選択科目のうち複数を受験している場合は，高得点の 1 科目を合否判定に使用する。
- 試験日が異なる学部・学科・方式は併願ができ，さらに同一日に実施する試験であっても「AM」と「PM」の各々で実施される場合は併願ができる。
- 試験時間帯が同じ学部・学科・方式は併願できない。

試験日	試験時間帯	学　部	学科（方式）
2 月 18 日	AM	法	法（A） ヒューマンライツ（A）
		地域社会共生	地域社会共生
	PM	法	法（B） ヒューマンライツ（B）

総合問題

◆A 方 式▶

（90分）

Ⅰ 次の文章を読み，以下の設問（問1〜問12）に答えなさい。

　わが民法典を編纂する必要性の一つが，江戸時代に各地により多少の差異のある民事法の統一であったことは，古典的近代民法典であるフランス民法典，ドイツ民法典とほぼ同じである。それらの諸法典の編纂，いわゆる「法典編纂」事業が開始されるのは，近代国家としての統一がなされる時に，ヨーロッパ大陸諸国のどこでも同様であったといってよい。

　しかし，わが国においては，さらに特別の事情があった。

　まず直接には，条約の改正の前提とされたことである。

　安政期に徳川幕府が諸外国と締結した通商条約は，不平等条約などと呼ばれているように，わが国にとって一方的に不利なものであった。（中略）そこで，条約改正は当時の政治家の悲願であったとされている。ということは，まことに幸いなことに，欧米列強の植民地となったり，治外法権に長い間服した国と異なり，国の独立を確保すること，そのためにはそれら諸国に劣らない実力を持たなければならないことを強く考えていた政治家が当時のわが国に少なからず存在したということである。

　さらに，その一つの基礎として西欧諸国の近代法制を導入すべきことが早くから考えられていた。（中略）

　条約改正にとって，これらの諸法制の整備が相手国によって条件とされたことは，当時の外交文書からも明らかであるが，少し考えればわかるであろう。当時の日本のような後進国，まして鎖国ゆえに多くのことが知られていない国と交際するにあたっては，相手国としては三つのことが気になるはずである。第一は，私人間に紛争が起こった場合にそれを公正に判断する制度，つまり裁判制度の確立である。第二は，能

力とモラルの高い，等質の裁判官の存在である。いかに法律上裁判制度が整備されて
も，裁判官の質が低くてはこまる。第三は，裁判所で裁判官が適用する法律が整備さ
れていることである。いかに質の高い裁判官であっても，事前に定められ公にされて
いる裁判の基準がなく，事件ごとに判断するのでは，裁判の結果，したがって自分の
行為の法律上の結果が事前に明らかでないため，不安がある。(中略)

　それほど急がれた民法典編纂は，法律の統一と条約改正のためだけだったのか。こ
れこそ，わが民法典編纂の目的と，フランス民法典編纂の目的とが，大いに相違する
点である。(中略)

　ここ〔引用者注・江藤新平による司法卿の辞表〕には，当時の政治家の熱望であっ
た，各国と「並立」するという目的，そのために国の「富強」が必要であり，国の「富強」
のもとは国民生活の安定であることが明瞭に述べられ，そのためには「国民の位置を
正す」こと，つまり国民相互間の権利義務の確定されること，そのために民法，広く
私法＊の制定が必要であることが，きわめて論理的に説明されている。(中略)

　要するに，フランス民法典が人権宣言に適合すべきものとして制定されたのに対
し，日本民法典は，わが国が独立して世界諸国と対等の地位を保つために「富強」にな
ることの手段として制定されたという特色をもっている。そのために早急に起草しよ
うとしたのである。そこには，人権宣言云々はまったく出てこない。もちろんこのこ
とは，両者の具体的内容が異なることを意味するものではない。

　ここでは，江藤をはじめとする関係者の努力に驚嘆せざるをえないとともに，その
ある意味での限界ともいうべきものを認めざるをえない。　(a)　，当時としては
やむをえない，むしろ当然のことであったが，民法が人の私法的な権利義務を確保す
る法律であることは十分に認識されつつも，それが自然権(中略)の保護でもある(民
法は自然権を保護する)ことについての認識は，当時の人にはあったのかもしれない
が，そのような言葉で表明されてはいなかった。しかしこの点の認識，少なくともそ
の強調が，最近にいたるまで，わが国の民法学者，広く法学者に十分でなかったこと
は，残念である。(中略)

　このようにして，明治期の法律家の驚くべき努力によって，西欧法はわが国の法律
となった。しかし，はたしてそれがわが国民一般の意識に浸透しているかは，問題と
されている。(中略)

　ただ，原因はともあれ，権利観念，法観念において，現在の日本人には，欧米人の
みならず，アジアその他世界の多くの国民と比べても若干の違いがあることは，事実

青山学院大-法　　　　　　　　　　　　　　　　　　　　　　2023 年度　総合問題　7

として否定しにくいといえよう。(中略)わが国における基本的な社会規範として「義
理」およびこれと関係の深い「人情」があるということは，法社会学者を含む多くの学
者(法学者以外も)の認めるところである。六本教授＊＊は次のように説く。義理は，
社会規範を前提とするが，その社会規範は，内容，違反の効果等において明確なもの
でなく，より一般的な原理の形で存在する。その遵守は，規範に従わせるほうの当事
者からその内容を示して実行を要求するのでなく，従うほうの当事者から，要求され
ている行為内容を推測し，相手からの要求を待たずに自ら進んで行なうことが期待さ
れている。その違反に対する制裁が「恥」である。

　このような法観念がはたして将来も続くかは問題であるが，それと，民法典，広く
⑧
欧米法の基本をなしている権利・義務の観念との間にずれがあり，そこから多くの現
象が説明できることは，明らかである。権利とは，明治初期に「権理」と訳されたよう
　　　　　　　　　　　　　　　⑨
に，道理に従った正しいもの，自他を超えた客観的な規範に基づく主張という意味を
本来内包する。わが国においては，「利」のほうに重点が置かれ，権利主張が単に利己
的な主張と考えられ，事実そのように行使されることも少なくない。基本観念の意識
におけるギャップは，民法，広く法律の意味を減殺させる。この問題にどう向きあう
　　　　　　　　　　　　　　　　　　⑩
かは，法律家ばかりでなく，国民全体が真剣に考えるべき課題である。

＊　　私法　　民法をはじめとする私人間の関係を規律する法。
＊＊　六本教授　　六本佳平。法社会学を研究する法学者。

　　　　　　　　　　　　―― 星野英一『民法のすすめ』(岩波書店，1998 年)から抜粋して作成
　　　　　　　　　　　　なお，原文の漢字をアラビア数字に改めている

問 1　下線部①に関連して最も適当なものを，次の選択肢の中から 1 つ選び，解答用
　　紙(その 1)の解答番号 |1| にマークしなさい。
　　1　不平等条約の相手国の国民が犯罪を行った場合には，その国の領事が裁判す
　　　ることとされていた。しかし，その国の領事も裁判をするにあたって細心の注
　　　意を払っていたため，このことに対して日本国内で批判は生じなかった。
　　2　不平等条約の相手国からの輸入品に対する関税については，相手国と日本と
　　　の協議で税率が定められることにされていた。しかし，相手国が後進国の日本
　　　に人道的な配慮をしたため，日本の国内産業を維持するのに十分な税率が定め

8 2023 年度　総合問題　　　　　　　　　　　　　　　　　　　　　　青山学院大-法

られていた。

　3　治外法権を撤廃するため，明治政府は外国人判事を大審院に受け入れ，この
　　外国人判事が外国人に関する事件について実際に審理を行い，判決を下してい
　　た。

　4　日本が清と結んだ日清修好条規では，領事裁判権を相互に認めあっていた。
　　これに対して，李氏朝鮮との間に結んだ日朝修好条規では，日本は領事裁判権
　　などの不平等な取り決めを李氏朝鮮に一方的に押し付けた。

問 2　下線部②を言い換える語として**適当でないもの**を，次の選択肢の中から 1 つ選
　　び，解答用紙（その 1 ）の解答番号 $\boxed{2}$ にマークしなさい。
　　1　垂涎　　　　　　2　本懐　　　　　　3　勘案　　　　　4　渇欲

問 3　下線部③に関連して**適当でないもの**を，次の選択肢の中から 1 つ選び，解答用
　　紙（その 1 ）の解答番号 $\boxed{3}$ にマークしなさい。
　　1　オランダは，軍隊を派遣しジャワ島の支配を始めた。これに対して，ジャワ
　　　島の住民が激しく抵抗した（ジャワ戦争）。このため，オランダ領東インドの財
　　　政が悪化したので，財政再建のため，オランダは，ヨーロッパに輸出するため
　　　の商品作物（コーヒーなど）を強制的に作付けさせた。
　　2　フランスは，インドシナを清への進出の拠点とするために，アロー戦争後
　　　に，仏越戦争を開始するなどインドシナへの進出を本格的に開始した。
　　3　イギリス東インド会社は，ベンガルなどでの徴税権を獲得したことを皮切り
　　　に，マイソール王国，マラーター同盟，シク王国との戦争に勝利し，19 世紀
　　　の半ばまでにインドのほぼ全域を制圧することに成功した。
　　4　イギリス東インド会社は，大量のアヘンを清から輸入して貿易赤字になった
　　　ので，この貿易赤字を解消するために，清へ茶を大量に輸出することを考えた。
　　　そのために，インドでプランテーションを経営し，茶を大量に栽培していた。

問 4　下線部④に関する内容として最も適当なものを，次の選択肢の中から 1 つ選
　　び，解答用紙（その 1 ）の解答番号 $\boxed{4}$ にマークしなさい。
　　1　日本国憲法は，すべての事件について最高裁判所が終審にならなければなら
　　　ないと規定している。

2　日本国憲法は，特別裁判所を設けることができるかについて言及していない。

3　現在では，最高裁判所の他に，下級裁判所として，高等裁判所，地方裁判所，家庭裁判所，簡易裁判所が設けられている。

4　日本国憲法は，法令が憲法に違反するかどうかを判断する権能を最高裁判所にのみ認めている。

問5　下線部⑤の理由として**適当でないもの**を，次の選択肢の中から1つ選び，解答用紙(その1)の解答番号 5 にマークしなさい。

1　どのような行為が犯罪となるかをあらかじめ法律で明確に定めておくことにより，人々の行動の自由を保障する。

2　裁判官が自己が適当だと考えるルールを自ら定めることにより，社会の変化に柔軟に対応できるようにする。

3　取引の一方当事者が外国人であることを理由に，日本の裁判官が取引の相手方である日本人を不当に有利にすることを防ぐ。

4　外国人が日本に財産を投資した後に，日本政府が恣意的にその財産を接収することを防ぐ。

問6　下線部⑥のような明治政府の方針の内容として**適当でないもの**を，次の選択肢の中から1つ選び，解答用紙(その1)の解答番号 6 にマークしなさい。

1　貨幣，銀行などの金融制度を整備した。

2　江戸時代のように米の収穫高を課税の基準とするのではなく，地価を課税の基準とする制度を導入した。

3　総力戦を貫徹するために必要な場合には，経済活動のすべてを政府の統制下に置くことができるようにする制度を導入した。

4　小学校の普及と就学の義務化を目指した法令を制定した。

問7　下線部⑦の意味として最も適当なものを，次の選択肢の中から1つ選び，解答用紙(その1)の解答番号 7 にマークしなさい。

1　呆れる　　　　　　　　　　2　茫然自失となる

3　褒めたたえる　　　　　　　4　嘆かわしい

10 2023 年度　総合問題　　　　　　　　　　　　　　　　　　　　　青山学院大-法

問 8　　(a)　　に入る接続詞として最も適当なものを，次の選択肢の中から 1 つ選

び，解答用紙（その 1 ）の解答番号　8　にマークしなさい。

　　　1　すなわち　　　　　2　しかし　　　　　3　したがって　　　4　なぜならば

問 9　下線部⑧はどのような「法観念」か。解答用紙（その 2 ）の解答番号　Ⅰ-問 9

に，100 字程度で記述しなさい。　　　　　　　　　　　　　　　〔解答欄〕125 字

問10　下線部⑨はどのような「ずれ」か。解答用紙（その 2 ）の解答番号　Ⅰ-問10

に，100 字程度で記述しなさい。　　　　　　　　　　　　　　　〔解答欄〕125 字

問11　下線部⑩の読みがなとして最も適当なものを，次の選択肢の中から 1 つ選び，

解答用紙（その 1 ）の解答番号　9　にマークしなさい。

　　　1　へんさつ　　　　2　へんさい　　　　3　めっさつ　　　　4　げんさい

問12　筆者の主張から読み取れる内容として最も適当なものを，次の選択肢の中から

1 つ選び，解答用紙（その 1 ）の解答番号　10　にマークしなさい。

　　1　民法典の重要な役割の一つは，基本的人権を保護することである。

　　2　日本の民法典の編纂は，国内の法律の統一と不平等条約の改正を目的として

　　　おり，日本の国力を増すための手段ではなかった。

　　3　不平等条約の改正のために，明治期の法律家が民法典の制定を急いだことは

　　　不適切であった。

　　4　編纂の目的が違うことから，フランス民法典と日本民法典とはその内容が大

　　　いに異なり，この点が日本民法典の欠点である。

青山学院大-法　　　　　　　　　　　　　2023 年度　総合問題　*11*

Ⅱ　次の文章を読み，以下の設問(問 1 ～問12)に答えなさい。

　西欧世界における「公(public)／私(private)」の二分法の哲学的な意味について分析
した思想家として，ハンナ・アーレント(1906－75)を挙げることができる。彼女は，
「公／私」の二分法を，西欧的な意味での「人間性」の成立と結び付けて論じている。そ
の場合の「人間性」とは，社会的・文化的な関係性の中で後天的に獲得される性質とし
ての「人間性」である。

　アーレントは，古代ギリシアのポリスにその「人間性」のモデルがあったという前提
に立ちながら，「人間性」の 3 つの条件として，「労働」，「仕事」，「活動」を挙げ，この
うち，「活動」を，最も重要な条件とする。アーレントの言う「活動」とは，自分以外の
人間に対して，物理的・身体的な力によってではなく，言語とそれに伴う身振りなど
によって働きかける営みである。アーレントは，「　(a)　」を，「ポリス」の本質で
ある「政治」と結び付けた。ギリシアのポリス，特にアテネは，市民権を持った限られ
た人数の人々からなる民主政体によって運営されていた。人々は，討論において，自
らの存在感を示そうとして，人を説得するための様々な技術を習得し，発展させてい
くようになる。それに伴って，　(b)　によって他の人間に働きかけることが習慣
化・身体化されていく。討論を軸にして，「人間」としてあるべき姿が実体化されるよ
うになったわけである。

　　(c)　ポリスの市民たちの「家」は，経済的な営みの単位でもあった。

　「市民」たちは，それぞれの「私的領域＝家」において動物としての基本的な欲求を充
足されているので，「公的領域」では，自分の個人的な物理的利害に思い煩わされるこ
となく，ポリス全体にとっての「善」のための討論に専念することができた。しかし，
そうだとすると，すべてのヒトに「人間」としての基本的な権利を認め，基本的に全員
参加の民主主義で運営される近代国家では，「私的領域」が「公的領域」を裏から支える
という構造的前提が崩れ，近代の市民たちは「人間」の最重要の条件である「活動」を十
分習得することが困難になる。アーレントは，このような見解を示した。

　ポリスの政治と近代的市民社会における政治の違いは，前者では，「私的領域」が経
済を引き受けていたおかげで，利害関係を討論の俎上に載せる必要はなかったのに対
して，後者では，むしろ経済が主要議題になっていることである。近代においては，
　①
「家」は核家族にまで縮小し，経済的な営みの拠点は，「家」の外の資本主義的な工場，
その生産物を取引する市場へと移動した。

近代の議会では，市民たちから税金を集めて産業振興や福祉のために配分したり，市場での取引ルールを決めるための討議が行われているが，議会に集まっている代表たちは，それぞれ自分が支持を受けている集団の利害を代表して発言しており，生物的・物理的な欲求から自由になって討論しているとは言い難い。近代市民社会の公的領域では，人は純粋に言葉と演技力で互いに説得し合うのではなく，利害関係によって離合集散するようになる。

こうして，「公的領域／私的領域」の境界線は曖昧になり，生物的な欲求から完全に自由になって「活動」できる空間はなくなった。アーレントは，この2つの領域の中間ともいうべきところに，「社会的領域」が形成されたという。こうした領域の設定と分析が可能になったのは，特定の外的・物理的な刺激に対して，不特定多数の人々がほぼ同じようなリアクションをするので，そのリアクションのパターンを法則化し，統計を取って，全体の動向をある程度予想できるようになったためである。

社会的領域が公的領域を凌駕して，人々の生活全体を覆い尽くすように拡大・浸透していくと，各人は常に周りに合わせて脊髄反射しなければならないので，次第に疲れてくる。アーレントによると，刺激に反応するだけの「社会」の中に人間らしさを見い出すことができない近代市民社会の人々は，「家」の中の「私生活」に人間らしい安らぎを求めるようになる。

核家族化した近代の「家」は，経済的な機能のかなりの部分を分離しており，奴隷もいなくなっているので，暴力的な支配関係もかなり緩和されている。 (d) ，外の世界＝社会的領域の方が，経済的利害をめぐる離合集散が続き，ぎすぎすしているように思える。そこで，社会からの避難所として，「家」が理想化され，家族を中心に身近な者だけでひっそりと営まれる「私生活（プライバシー）」が，各人が人間らしさを保持していくうえでの不可欠の基盤とみなされるようになる。

「私生活」では，討論を通して相手を説得する能力よりも，「親密さ」が重要になる。アーレントは，この「親密さ」の意味を探究し社会・政治思想的に明確な意味を与えたのは，フランス革命に影響を与えたルソー（1712-78）だという。彼女の理解では，親密さに価値を置くルソーの思想がフランス革命とともに西欧近代の市民社会に浸透するようになった結果，人々は，親密圏としての「私生活」に新たな意味を見い出すようになった。親密さという観念が，画一的な行動を強いる「社会的なもの」に抵抗して，「私生活」に閉じこもる際の拠り所となったのである。

こうしたアーレントの議論が，社会史的・思想史的に妥当であるかは別として，こ

のように考えれば，近代人が「私生活＝プライバシー」を神聖視するようになった理由
はうまく説明がつく。

―― 仲正昌樹『「プライバシー」の哲学』(ソフトバンク新書，2007 年)をもとに作成

問 1 　　(a)　　に入る語句として最も適当なものを，次の選択肢の中から 1 つ選
　　　び，解答用紙(その 1)の解答番号 11 にマークしなさい。
　　　1 活動　　　　　2 労働　　　　　3 仕事　　　　　4 人間性

問 2 　　(b)　　に入る語句として最も適当なものを，次の選択肢の中から 1 つ選
　　　び，解答用紙(その 1)の解答番号 12 にマークしなさい。
　　　1 暴力　　　　　2 衝動　　　　　3 市民権　　　　4 言葉

問 3 　　(c)　　は，下記(ア)〜(ウ)の 3 つの文によって構成される。これらを正しく並
　　　び替えたとき，その順番として正しいものを，次の選択肢の中から 1 つ選び，解
　　　答用紙(その 1)の解答番号 13 にマークしなさい。
　　(ア)　「公的領域」がそのような場だとすれば，「公」性を欠く「私的領域」は，言語的
　　　　な説得によらないで，むき出しの権力・暴力，物理的脅迫による支配が行われ
　　　　る閉ざされた空間である。
　　(イ)　アーレントは，こうした「公的領域」での活動こそが「政治」であり，同時に
　　　　「人間性」の最重要な条件であると考えた。
　　(ウ)　この閉ざされた空間の中で，家族や奴隷を動員して，「市民」にとっての衣食
　　　　住や性欲などの生物的・物理的な欲求が充足される。
　　　1 (ア) → (イ) → (ウ)
　　　2 (イ) → (ア) → (ウ)
　　　3 (ウ) → (ア) → (イ)
　　　4 (ウ) → (イ) → (ア)

問 4 　下線部①の内容として最も適当なものを，次の選択肢の中から 1 つ選び，解答
　　　用紙(その 1)の解答番号 14 にマークしなさい。
　　　1 ポリス　　　　　　　　　　　2 政治

14 2023 年度　総合問題　　　　　　　　　　　　　　　　　　青山学院大-法

　　3　ポリスの政治　　　　　　　　4　近代的市民社会における政治

問 5　下線部②は，アーレントが西欧社会の古典的な理想型として設定した「ポリス」
　　の「政治」からすると，どのように評価できるか。最も適当なものを，次の選択肢
　　の中から1つ選び，解答用紙(その1)の解答番号 15 にマークしなさい。

　　1　むき出しの権力・暴力による支配が行われている。

　　2　人間性が顕著である。

　　3　ポリスの政治と同じである。

　　4　ポリスの政治からずれている。

問 6　下線部③が示す内容として最も適当なものを，次の選択肢の中から1つ選び，
　　解答用紙(その1)の解答番号 16 にマークしなさい。

　　1　人々は，活動＝演技する「人間」としての個性を失っていった。

　　2　人々は，機械とは異なり複雑な反応を示すようになった。

　　3　人々は，ポリスの政治よりもいっそう自らの存在感を示そうと，人を説得す
　　　るための技術を習得し，発展させていった。

　　4　人々は，家を核家族化させていった。

問 7　　(d)　　に入る語句として最も適当なものを，次の選択肢の中から1つ選
　　び，解答用紙(その1)の解答番号 17 にマークしなさい。

　　1　つまり　　　　　2　しかし　　　　　3　むしろ　　　　　4　たとえば

問 8　下線部④に関連して，パーソナルデータの利活用に関する消費者の意識につい
　　ての調査結果として，以下の表(1)，(2)がある。これらの資料から，**日本の消費者**
　　について読み取ることのできる内容として最も適当なものを，以下の選択肢の中
　　から1つ選び，解答用紙(その1)の解答番号 18 にマークしなさい。なお，選
　　択肢における「パーソナルデータを提供したことがある者」とは，「普段から提供
　　している」または「提供したことはある」と回答した者を指す。

表(1) プライバシーやデータ保護に関する規制やルールに関する消費者の考え方

		便利・快適性を重視すべきである	どちらかというと便利・快適性を重視すべきである	どちらかというと安心・安全性を重視すべきである	安心・安全性を重視すべきである
国	日本	6	16	41	38
	アメリカ	12	18	40	31
	ドイツ	7	26	36	31
	中国	19	30	38	13

(%)

(出典)総務省(2020)「データの流通環境等に関する消費者の意識に関する調査研究」

表(2) パーソナルデータの提供状況

		年	普段から提供している	提供したことはある	提供したことはない	よく分からない、覚えていない
国	日本	2017	18	55	17	10
		2020	23	51	14	11
	アメリカ	2017	29	58	10	3
		2020	26	50	18	7
	ドイツ	2017	21	56	19	4
		2020	26	43	23	8
	中国	2017	16	75	6	3
		2020	37	50	10	3

(%)

(出典)総務省(2020)「データの流通環境等に関する消費者の意識に関する調査研究」

1 プライバシーやデータ保護に関するルールについて安心・安全性を重視する

る。

2　プライバシーやデータ保護に関するルールについて安心・安全性を重視する
傾向が他国よりも強く，パーソナルデータを提供したことがある者の割合が増
加している。

3　パーソナルデータを提供したことがある者の割合が減少していることから，
プライバシーやデータ保護に関するルールについて安心・安全性を重視する傾
向が強くなっている。

4　パーソナルデータを提供したことがある者の割合が増加していることから，
プライバシーやデータ保護に関するルールについて利便性を重視する傾向が強
くなっている。

問 9　下線部④に関連して，問 8 の表(1)，(2)から読み取ることのできる内容として最
も適当なものを，以下の選択肢の中から 1 つ選び，解答用紙（その 1）の解答番号
19 にマークしなさい。なお，選択肢における「パーソナルデータを提供したこ
とがある者」とは，「普段から提供している」または「提供したことはある」と回答
した者を指す。

1　アメリカでは，プライバシーやデータ保護に関するルールについて消費者は
安心・安全性を重視する傾向が強く，ほとんどの消費者がパーソナルデータを
提供しなくなった。

2　ドイツでは，パーソナルデータを普段から提供していると回答した消費者の
割合が増加しており，消費者においてパーソナルデータを提供していることの
自覚が高まった。

3　中国では，消費者は，パーソナルデータの提供に対して全般に積極的であ
る。企業の側からすれば，中国にはパーソナルデータの収集・活用が進めやす
い環境があるといえる。

4　日本では，パーソナルデータを提供したことがある者の割合が増加している
ことから，パーソナルデータの保護に関する規制やルールについて，便利・快
適性が重視されているといえる。

問10　下線部⑤の人物の主著『社会契約論』の内容として最も適当なものを，次の選択

肢の中から1つ選び，解答用紙(その1)の解答番号 20 にマークしなさい。

1　自然状態では，個人の衣食住に必要な物をすべて自給することができない。社会においては，物の交換が必要であり，社会は，このような取引関係から成り立っている。

2　自然状態では，人は自由であるものの，いたるところで支配や服従が存在する。この服従が正当化されるのは，他の人間と一緒に共同体をつくって共同体の決定に従う場合である。

3　自然状態では，各個人が契約で自分自身の利益を追求する。それによって社会全体において適切な資源配分が達成される。

4　自然状態では，個人は契約するか否か，また，どのような内容の契約をするかを自由に決定することができる。これを国家が保障することで，社会が発展する。

問11　下線部⑥について，問題文によれば，近代人が「私生活＝プライバシー」を神聖視するようになった理由は何か。解答用紙(その2)の解答番号 Ⅱ－問11 に，100字程度で記述しなさい。　　〔解答欄〕125字

問12　下線部⑥に関連して，アーレントは，社会に疲れた人が「プライベート」に逃避することを否定的に評価した。彼女がそのように評価した理由を，解答用紙(その2)の解答番号 Ⅱ－問12 に，100字程度で記述しなさい。　　〔解答欄〕125字

Ⅲ 次の文章を読み，以下の設問(問1〜問12)に答えなさい。

　20世紀初めになると，古典的な自由主義は社会主義とファシズムの猛威によって
①
挟撃され，知的な生命力を失いつつあった。一方，自由主義を修正したリベラルな思
想が生まれると，その影響を受けた論者の中から，戦後秩序の基礎となる構想が登場
する。その論者とは，イギリスの経済学者ケインズ，社会政策学者ベバリッジであ
る。

　ケインズは，すでに1926年のパンフレット「自由放任の終焉」の中で，　(a)
に委ねれば私的利益と社会全体の利益が自ずと一致するという想定を，「非現実的な
空想」だと批判していた。(中略)ケインズの特徴は，道徳や人格的発展という語彙を
使わずに，経済的自由主義を内側から修正し，一定の国家介入を導く論理を提供した
ことにあった。

　ケインズによれば，資本主義市場は優れたシステムだが，常に自己調整メカニズム
が働くわけではない。不況になると，人々が将来の不安に備えてお金を使わずに貯蓄
したり，労働者が　(b)　の引き下げに抵抗したりする。　(c)　が増えなけれ
ば，景気はさらに悪化する。また労働者の　(b)　が下がらなければ，企業は労働
者を雇うことを躊躇するため，失業が増える。こうして市場に委ねるだけでは，失業
や不況がいっそう深刻化してしまう。したがって，不況の際には政府が介入し，市場
②
で流通するお金の量を増やしたり(金融政策)，公共投資によって雇用を創出したりす
る必要がある(財政政策)。政府が景気の循環に対応する金融・財政政策を行うことで
はじめて市場メカニズムは安定的に機能する。(中略)

　もう一人の論者ベバリッジは，1921年の国民保険法に影響を与えるなど，失業問
題や雇用政策に長く携わった学者だった。(中略)彼は市場への信頼を終始持ちつづけ
たが，　(a)　を機能させるためにこそ，国家による雇用政策や再分配が必要だと
考えていた。

　ベバリッジはイギリスの社会保障準備委員会の代表に就任し，1942年に『社会保険
および関連サービス』，通称「ベバリッジ報告書」を発刊する。そこでは　(a)　に
よっては根絶できない「五つの社会的な悪」として，欠乏，疾病，無知，不潔，怠惰が
あげられた。現在の言葉で言えば，貧困，病気，教育不足，不衛生，失業である。こ
れらは個人の努力だけで防げるものではなく，社会的な取組みが必要となる。「個人
が自由に生活を築く」ためにこそ，全く新しい仕組みを作り出さなければならない。

青山学院大-法 2023 年度　総合問題　*19*

具体的には，すべての国民が加入する単一の社会保険を作り，すべての人が均一のお
金を拠出し，病気，障害，失業，老齢などで所得を喪失したり，家族を扶養する必要
が生じたりしたときに，「ナショナル・ミニマム」を保障する，という仕組みが提案さ
れた。働けない人に対しては税を財源とした最低限の公的扶助を給付する。社会保険
と公的扶助による生活保障は，国民の権利となる。（中略）

　ケインズとベバリッジは，ともに資本主義を肯定し，市場への信頼を持ちつづけ
た。他方で国家が，働ける個人には就労の場とリスクへの保障を提供し，働けない個
人には最低所得を保障することで，各自が「自由に生活を築く」ための条件を整備すべ
きだと論じた。第2次世界大戦後，彼らの構想は完全雇用政策（中略）と福祉国家の組
み合わせ（中略）として，先進国で広く実現をみた。

　しかし，こうした立場は今日さまざまな形で挑戦を受けている。1つの挑戦は，グ
ローバル化に由来するものである。国境を越えた経済的なつながりが深まるにつれ
て，　(d)　と呼ばれる考え方が広がってきた。この考え方によれば，国家が弱い
立場の人を保護したり，格差を抑制したりすると，経済的な効率性が損なわれ，社会
全体が貧しくなってしまう。国家間のグローバルな競争にも後れをとってしまう。む
しろ保護を最小限にして，人々に自助努力を促すべきとされる。

　　　　　　── 田中拓道『リベラルとは何か』（中央公論新社，2020 年）をもとに作成

問 1　下線部①の説明として**適当でないもの**を，次の選択肢の中から1つ選び，解答
　　用紙（その1）の解答番号　21　にマークしなさい。

　　1　古典的な自由主義は，政府の圧政や封建制秩序から個人を解放するための改
　　　革思想として登場した。

　　2　経済学者アダム・スミスは，著書『国富論』のなかで，個人が私的利益を自由
　　　に追求することを擁護し，国家は個人の経済活動に介入すべきではないと説い
　　　た。

　　3　古典的な自由主義は，新製品の開発，新たな生産方法の導入などの技術革新
　　　（イノベーション）こそが経済発展の原動力であると説いた。

　　4　アダム・スミスの『国富論』によれば，市場においては価格を通じて需要と供
　　　給とを調整するメカニズムが働き，社会全体の利益がもたらされるとされた。

20 2023 年度　総合問題　　　　　　　　　　　　　　　　　　　　青山学院大-法

問 2　下線部①がもたらした弊害についての説明として**適当でないもの**を，次の選択
　　　肢の中から 1 つ選び，解答用紙(その 1)の解答番号 22 にマークしなさい。

　　1　19 世紀末から 20 世紀前半には，重化学工業が発展するにつれて，独占資本
　　　　主義の傾向が強まった。

　　2　激しい景気変動が生じ，深刻な不況を経験した国家が，生産物の販路を求め
　　　　て，植民地の獲得を進める動きが生じた。

　　3　激しい景気変動の過程で，貧富の格差が拡大した。

　　4　19 世紀末から 20 世紀前半には，各国の農業生産力が大きく低下した結果，
　　　　世界的な食糧不足が発生した。

問 3　日本国憲法に規定されている基本的人権の中には，下線部①の時代から認めら
　　　れていたものが含まれている。このことについての説明として**適当でないもの**
　　　を，次の選択肢の中から 1 つ選び，解答用紙(その 1)の解答番号 23 にマーク
　　　しなさい。

　　1　職業選択の自由は，古典的な自由主義の時代から認められていた。

　　2　勤労の権利は，古典的な自由主義の時代には認められていなかった。

　　3　財産権の不可侵は，古典的な自由主義の時代から認められていた。

　　4　居住・移転の自由は，古典的な自由主義の時代には認められていなかった。

問 4　　(a)　に入る語句として最も適当なものを，次の選択肢の中から 1 つ選
　　　び，解答用紙(その 1)の解答番号 24 にマークしなさい。

　　1　資本の蓄積

　　2　為替の変動

　　3　自由な市場

　　4　技術の革新

問 5　　(b)　及び　(c)　に入る語句の組み合わせとして最も適当なものを，
　　　次の選択肢の中から 1 つ選び，解答用紙(その 1)の解答番号 25 にマークしな
　　　さい。

　　1　　(b)　＝物価　　　(c)　＝年金

　　2　　(b)　＝賃金　　　(c)　＝年金

青山学院大-法 2023 年度　総合問題　*21*

3　| (b) | ＝物価　| (c) | ＝消費

4　| (b) | ＝賃金　| (c) | ＝消費

問 6　下線部②に関連して，1930 年代にアメリカでとられた政策についての説明と
して**適当でないもの**を，次の選択肢の中から 1 つ選び，解答用紙（その 1 ）の解答
番号 | 26 | にマークしなさい。

　1　ニューディール政策を推進したのは，ローズベルト大統領であった。

　2　ニューディール政策は，規制の緩和，福祉予算の削減などを通じて「小さな
政府」を目指した。

　3　ニューディール政策は，大規模な公共事業への投資を通じて雇用を創出しよ
うとした。

　4　1929 年のアメリカの株価暴落に端を発する世界恐慌が，ニューディール政
策の推進につながった。

問 7　下線部③に関連する事柄についての説明として**適当でないもの**を，次の選択肢
の中から 1 つ選び，解答用紙（その 1 ）の解答番号 | 27 | にマークしなさい。

　1　生活保障の水準がナショナル・ミニマムに設定されたのは，個人がナショナ
ル・ミニマム以上のものを自分で獲得することを推奨するためであった。

　2　1942 年に発表された報告書『社会保険および関連サービス』においては，生
涯にわたる生活保障という目標を表すスローガンとして，「ゆりかごから墓場
まで」が用いられた。

　3　日本の社会保障制度は，現在，社会保険，公的扶助，社会福祉，保健医療・
公衆衛生の 4 つの柱から成り立っている。

　4　日本の社会保険には，現在，医療保険，年金保険，雇用保険，労災保険，介
護保険があり，これらの費用は，被保険者と事業主の二者がそれぞれ一定の割
合で負担している。ただし，業務上の災害を補償するための労災保険の費用
は，事業主のみが負担している。

問 8　下線部④に関連して，日本国憲法に規定されている基本的人権の中で，福祉国
家の考え方に基づいて認められたものとして**適当でないもの**を，次の選択肢の中
から 1 つ選び，解答用紙（その 1 ）の解答番号 | 28 | にマークしなさい。

22 2023 年度　総合問題 青山学院大-法

1　法の下の平等

2　教育を受ける権利

3　生存権

4　団体交渉権

問 9　下線部④に関連して，日本国憲法第 25 条第 1 項は「すべて国民は，健康で文化
　　的な最低限度の生活を営む権利を有する。」と定めている。この権利に関連した
　　説明として**適当でないもの**を，次の選択肢の中から 1 つ選び，解答用紙(その 1)
　　の解答番号 29 にマークしなさい。

1　日本国憲法第 25 条第 1 項が保障する権利は，社会権的基本権(社会権)の 1 つ
　　である。

2　社会権的基本権(社会権)の保障を世界で初めて規定したのは，日本国憲法で
　　ある。

3　日本国憲法第 25 条第 1 項は，個人に対して裁判を通じての救済を受けるこ
　　とのできる権利を保障するものではなく，政治の努力目標を定めているにすぎ
　　ないという考え方がある。

4　日本においては，現在，日本国憲法第 25 条第 1 項が保障する権利を具体的
　　に実現することを目指して，国民皆保険・国民皆年金の制度が採用されてい
　　る。

問10　 (d) に入る語句として最も適当なものを，次の選択肢の中から 1 つ選
　　び，解答用紙(その 1)の解答番号 30 にマークしなさい。

1　第三の道

2　産業資本主義

3　新自由主義

4　社会民主主義

問11　 (d) の考え方についての説明として**適当でないもの**を，次の選択肢の中
　　から 1 つ選び，解答用紙(その 1)の解答番号 31 にマークしなさい。

1　日本においても，この考え方に立って，公共事業の民営化，政府規制の緩和
　　などの政策が推進された。

青山学院大-法　　　　　　　　　　　　2023 年度　総合問題　*23*

　　2　この考え方は，企業活動における法令遵守を徹底させ，株主，労働者，関連
　　　企業，地域社会などの利害関係者に対する企業の社会的責任を果たすことを求
　　　めた。

　　3　この考え方に対しては，政府の役割は貨幣供給量を経済成長や人口増減に合
　　　わせて一定に保つことであると説くマネタリズムが影響を与えた。

　　4　この考え方に基づく政策を推進した国の多くでは，失業の増大，格差の拡大
　　　などによる社会不安が高まると，家族，国家など個人を超える集団の権威や伝
　　　統が重視される傾向が強まった。

問12　下線部④にあるような国家のあり方は現在までに大きな変化を遂げたが，現代
　　の国家が直面する課題についての説明として**適当でないもの**を，次の選択肢の中
　　から1つ選び，解答用紙（その1）の解答番号　32　にマークしなさい。

　　1　経済のグローバル化の中で，資本移動の自由化，貿易の自由化などが進み，
　　　それにともない先進国と途上国とのあいだの経済格差は顕著に縮小している。

　　2　経済のグローバル化，情報通信技術やインターネットの発達などによる産業
　　　構造の変化にともない，先進国では，安定した職，長期間働ける職が少なくな
　　　り，不安定な労働，短時間の断片的な労働が広がっている。

　　3　グローバル化が進む現代の先進国では，移民や難民によって自らの生活が脅
　　　かされていると考える人が増加しており，移民・難民の排斥を訴える政治勢力
　　　が支持を広げている。

　　4　多くの国では，グローバル化や新しい技術の恩恵を受け，より自由な機会を
　　　得ることができる人々と，そうした恩恵を受けることができず，かつての安定
　　　した暮らしが失われつつあると考える人々とのあいだで，分断や亀裂が広がる
　　　傾向がみられる。

24 2023 年度 総合問題　　　　　　　　　　　　　　青山学院大-法

◀B　方　式▶

(90 分)

I　(Questions 1〜5)：Read the following text and answer the questions. Choose the best answer for each question, and mark the number on your answer sheet. (解答用紙その 1 を使用)

In the last few years, the Japanese government has been trying to increase the share of women in the workforce in general, and in leadership positions more specifically. This focus underscores the vital importance of women to the future of both the labor force and economy. Concurrent to this push for greater workforce equality, women's organizations across Japan have also pushed for reforming gender norms and expectations both at home and in the workplace.

Despite the enormous attention that has been paid to these issues, there is little data about how Japanese residents think about them. In February, we fielded a survey with a national sample of 2,389 Japanese residents to address this problem. In one part of the survey, we asked men and women to tell us how much they supported female equality in the workplace, the #MeToo movement, and feminism. Specifically, we asked them to rate their support on a 0-100 point scale, where higher values indicate more support.

The data provide a set of rich findings about Japanese views on gender issues. To begin with, there are no obvious differences in the extent to which men and women support female equality in the workplace. On average, men rated their level of support at 76.69/100. Perhaps surprisingly, this is not substantively or statistically different from women's level of support (i.e.,

75.89/100). If anything, men are more supportive of female equality in the workplace. At least in this one area of gender relations, Japanese men and women initially seem to see basically eye-to-eye.

When you elicit information about public attitudes in other areas, though, women and men in Japan seem to have very different views. For example, when we asked about the extent to which individuals support the #MeToo movement, we see that the patterns of replies differ across gender groups. Japanese men on average indicated 63.47/100. Women, though, rated their support at 67.43/100, or about 4 points higher. This difference is statistically significant.

It's also substantively meaningful, hinting that male support for gender equality in Japan might not extend past certain aspects of corporate life. While men might support women colleagues being treated equally in terms of hiring and promotions, for instance, they seem opposed to the idea that this equality would extend to interpersonal relationships within organizations.

We also found a similar disconnect between men and women's views on feminism; women express more support (70.65/100) than men (66.46/100). The difference is important, indicating that women support feminism about 1/5 of a standard deviation more than men. This provides additional evidence that Japanese men might accept or even support equality in the workplace but are less enthusiastic about that equality in other spheres of life.

There are two ways of looking at the findings. On the one hand, the gap between men and women might not be as large as one would think looking at the various national-level measures of gender equality in Japan. On the other hand, men continue to lag behind women in their support for movements aimed at increasing equality.

One implication of these findings is that public beliefs about women's roles outside the workplace remain more conservative than norms about their positions in the workplace. The government has spent considerable resources trying to increase gender equality in the office. Our work suggests that similar programs aimed at improving equality outside the office are also necessary. For instance, developing school-based efforts to broaden children's views about men and women — and their roles at home, in society, and in the labor force — might be a good place to start. Much more work needs to be done to assess how the views we document are created and how they can be changed.

1. What has the Japanese government been attempting to do recently?
   ① Change the system of female labor law.
   ② Improve the proportion of females in the labor force.
   ③ Put an equal number of men and women in the workforce.
   ④ Reform its gender norms and societal expectations.

2. What was the motivation behind this survey?
   ① To discover how many women are employed in high positions in Japanese companies.
   ② To explain how the Japanese government is supporting women.
   ③ To make up for a lack of information about Japanese attitudes towards gender.
   ④ To show that women are vital to the future of the economy.

3. What is the focus of the #MeToo movement?
   ① Ending poverty.
   ② Female safety.
   ③ Racial equality.

出典追記：The Japan Times, July 21, 2020

④ Workplace unions.

4. What is the inconsistency between viewpoints on feminism in Japan?

① Although feminism is a popular idea, most Japanese women see it as deviant.

② Japanese men are open to equality at work but less open in other facets of society.

③ Japanese men only pretend to be in favor of women's actions to improve equality.

④ The government appears to support gender equality but public opinion does not.

5. What conclusion can be drawn based on the findings of the survey discussed in this article?

① Beliefs about women who work are more traditional than those about women who do not.

② Further research needs to be conducted on how to publicize the views expressed here.

③ Programs in the workplace which strive to improve gender equality are no longer necessary.

④ Views about the role of women outside the workplace are not as progressive as those about their role inside it.

Ⅱ (Questions 6～11): Choose the most appropriate words from the selection below (①～⑦) to fill the gaps in the text (6～11), and mark the number on your answer sheet. One of the words (①～⑦) will not be used. (解答用紙その1を使用)

Humanity has made rapid progress in poverty reduction in recent decades, (6) more than 1 billion people out of extreme poverty between 1990 and 2015. However, today more than 700 million people, or 10% of the world's population, are still living below the extreme poverty line — currently (7) as living on less than $1.90 per day. Lack of income means lack of everything: people (8) poverty often lack clean water, safe and stable shelter, health care and basic education. They are more likely to face social exclusion and discrimination; they are also more (9) to conflicts and climate change. Every year, more than 5 million children, mostly in the Global South, die before they turn five years old. It is simply impossible to overstate the significance of this avoidable mass suffering in an affluent and hugely unequal world.

Extreme poverty is rarely just caused by domestic factors. Admittedly, often issues at home, such as corruption and weak governance, play important causal roles. However, many such domestic causes have been found to be exacerbated by international causes; for instance, (10) conditions of global trade. It is, therefore, (11) to claim that efforts to eradicate global poverty should extend beyond merely addressing domestic issues in southern countries.

① defined   ② engaging

③ experiencing   ④ lifting

⑤ uncontroversial   ⑥ unfair

⑦ vulnerable

出典追記：The Routledge Companion to Media and Poverty by Sandra L. Borden, Routledge

青山学院大-法   2023 年度　総合問題　29

III (Questions 12~21)： Choose the word that best fills the blank (　　) and mark the number (①~④) on your answer sheet.（解答用紙その 1 を使用）

12. This small piece of metal (　　) as a lock for the window.
　　① acts　　　　② becomes　　　③ resembles　　④ uses

13. I finally (　　) to connect my phone to my computer.
　　① achieved　　② attached　　　③ did　　　　　④ managed

14. My eight-year-old daughter watched that movie even though it's (　　) more for teenagers.
　　① intend　　　② making　　　③ meant　　　　④ target

15. At the end of the tour, the staff member (　　) the visitors to the exit.
　　① appeared　　② explained　　③ guided　　　④ told

16. The number 13 is (　　) unlucky in many countries.
　　① believed　　② claimed　　　③ considered　　④ said

17. I met an old friend (　　) chance when we were both on the same train to Paris.
　　① by　　　　　② in　　　　　③ of　　　　　④ on

18. I (　　) and fell over a student's bag as I tried to run out of the classroom.
　　① gargled　　　② gripped　　　③ tickled　　　④ tripped

19. I love scary films so I enjoy (　　) horror movies.
　　① almost　　　② of main　　　③ most　　　　④ most of

20. ( ) you feel hot, please open a window.

   ① Ever   ② Must   ③ Should   ④ Won't

21. The flight is expensive and isn't even direct, so you would be ( )
going by train.

   ① advised for   ② better off

   ③ faster with   ④ recommended to

Ⅳ Write a short essay (about 50 words) in English about the question below. Give reasons for your opinion. （別紙の解答用紙その 2 に記入しなさい。）

   "Are you optimistic or pessimistic about the situation in the world over the next five years?"

Ⅴ 以下の文章は，加藤陽子著『それでも，日本人は「戦争」を選んだ』（朝日出版社，2009 年）からの抜粋です。これを読んだうえで，下記の問いに答えなさい。

  私の専門は，現在の金融危機と比較されることも多い一九二九年のダイキョウ
①
コウ，そこから始まった世界的な経済危機と戦争の時代，なかでも一九三〇年代
(a)
の外交と軍事です。新聞やテレビなどは三〇年代の歴史と現在の状況をいとも簡
単にくらべてしまっていますが，三〇年代の歴史から教訓としてなにを学べるの
か，それを簡潔に答えるのは実のところ難しいのです。

  みなさんは，三〇年代の教訓とはなにかと聞かれてすぐに答えられますか。こ
こでは，二つの点から答えておきましょう。一つには，帝国議会衆議院議員選挙
や県会議員選挙の結果などから見るとわかるのですが，一九三七年の日中戦争の
②
頃まで，当時の国民は，あくまで政党政治を通じた国内の社会民主主義的な改革
（たとえば，労働者の団結権や団体交渉権を認める法律制定など，戦後，
[③] による諸改革で実現された項目を想起してください）を求めていたとい

うことです。二つには，民意が正当に反映されることによって政権交代が可能となるような新しい政治システムの創出を当時の国民もまた強く待望していたということです。

　しかし戦前の政治システムの下で，国民の生活を豊かにするはずの社会民主主義的な改革への要求が，既成政党，貴族院，<u>枢密院</u>など多くの壁に阻まれて実現
　　　　　　　　　　　　　　　　　　　　　④
できなかったことは，みなさんもよくご存知のはずです。その結果いかなる事態が起こったのか。

　社会民主主義的な改革要求は既存の政治システム下では無理だということで，擬似的な改革推進者としての軍部への国民の人気が高まっていったのです。そんな馬鹿なという顔をしていますね。しかし陸軍の改革案のなかには，自作農創設，工場法の制定，農村金融機関の改善など，項目それ自体はとてもよい社会民主主義的な改革項目が盛られていました。

　ここで私が「擬似的な」改革と呼んだ理由は想像できますね。擬似的とは本物とは違うということです。つまり陸軍であれ海軍であれ，軍という組織は国家としての安全保障を第一に考える組織ですから，ソ連との戦争が避けられない，あるいはアメリカとの戦争が必要となれば，国民生活の安定のための改革要求などは最初に放棄される運命にありました。

　ここまでで述べたかったことは，国民の正当な要求を実現しうるシステムが機能不全に陥ると，国民に，本来見てはならない夢を擬似的に見せることで国民の支持を獲得しようとする政治勢力が現れないとも限らないとの危惧であり教訓です。戦前期の陸軍のような政治勢力が再び現れるかもしれないなどというつもりは全くありません。<u>『レイテ戦記』『俘虜記』</u>の作者・大岡昇平も『戦争』（岩波現代
　　　　　　　　⑤
文庫）のなかで，歴史は単純には繰り返さない，「この道はいつか来た道」と考えること自体，敗北主義なのだと大胆なことを述べています。

　ならば現代における政治システムの機能不全とはいかなる事態をいうのでしょうか。一つに，現在の選挙制度からくる桎梏が挙げられます。衆議院議員選挙においては比例代表制も併用してはいますが，議席の六割以上は小選挙区から選ばれます。<u>一選挙区ごとに一人の当選者を選ぶ小選挙区制</u>下では，与党は，国民に
　　　　⑥
人気がないときには解散総選挙を行ないません。これは二〇〇八年から〇九年にまさに起こったことでしたが，本来ならば国民の支持を失ったときにこそ選挙が

なされなければならないはずです。しかしそれはなされない。

　政治システムの機能不全の二つ目は，小選挙区制下においては，投票に熱意を持ち，かつ人口的な集団として多数を占める世代の意見が突出して尊重されうるとの点にあります。二〇〇五年の統計では，総人口に占める六五歳以上の高齢者の割合は二割に達しました。そもそも人口の二割を占める高齢者，さらに高齢者の方々は真面目ですから投票率も高く，たとえば郵政民営化を一点突破のテーマとして自民党が大勝した〇五年の選挙では，六〇歳以上の投票率は八割を超えました。それに対して二〇歳台の投票率は四割台と低迷しました。そうであれば，小選挙区制下にあっては，確実な票をはじきだしてくれる高齢者世代の世論や意見を<u>イセイシャ</u>は絶対に無視できない構造が出来上がります。地主の支持層が多
（b）
かった戦前の政友会などが，自作農創設や小作法の制定などを実現できなかった構造とよく似ています。

　私自身あと十七年もすれば立派な高齢者ですから，これまで述べたことは天に
つば
唾する行為に他なりませんが，義務教育期間のすべての子供に対する健康保険への援助や母子家庭への生活保護加算は，なによりも優先されるべき大切な制度です。しかしこちらには予算がまわらない。その背景には子育て世代や若者の声が政治に反映されにくい構造があるからです。

　そのように考えますと，これからの日本の政治は若年層贔屓と批判されるくら
びいき
いでちょうどよいと腹をくくり，若い人々に光をあててゆく覚悟がなければ<u>公正</u>
<u>には機能しない</u>のではないかと思われるのです。教育においてもしかり。若い
⑦
人々を最優先として，早期に最良の教育メニューを多数準備することが肝心だと思います。また若い人々には，自らが国民の希望の星だとの自覚を持ち，理系も文系も区別なく，必死になって歴史，とくに近現代史を勉強してもらいたいものです。三〇年代の歴史の教訓という話からここまできました。

問1　課題文が2009年に出版された書籍からの抜粋であることを念頭におい
　　　て，下線部①「現在の金融危機」で示されている状況を説明する以下の文章を
　　　作りました。[A][B][C]の空欄を埋めなさい。2カ所ある[A][B]にはそ
　　　れぞれ同じ言葉が入ります。
　　　（別紙の解答用紙その3に記入しなさい。）

青山学院大-法 2023 年度 総合問題 *33*

　　下線部①「現在の金融危機」とは，2008 年にアメリカ合衆国の大手融資銀行
［A］・ブラザーズが経営破綻したことに端を発した世界的な金融危機，いわ
ゆる［A］・ショックを指していると考えられる。経営破綻の直接の原因は，
アメリカの住宅投資の加熱を背景に拡大した低所得者向けの住宅融資（サブ
プライムローン）の資金回収が困難になり，巨額の負債を抱えたことであっ
た。この世界金融危機は日本経済にも打撃を与え，非正規雇用契約にもとづ
いて企業に［B］された労働者が雇い止めにあういわゆる「［B］切り」や，採用
を約束されていた者がその約束を反故にされる「内定取り消し」が社会問題と
なった。一方，共通通貨［C］が導入されていたヨーロッパ諸国にも大きな影
響があり，2011 年にはギリシアなどがデフォルトの危機に陥った。

問 2　下線部②「日中戦争」に関連して，次の問いに答えなさい。（解答用紙その
　　　1 の22〜25を使用）

　22. これに先立つ 1931 年には，1930 年代の極東の軍事的危機の皮切りとな
　　　る日本の軍事行動が中国で行われました。その呼称と，その軍事行動が
　　　実行された場所について，正しい組み合わせを次の中から選びなさい。

　　　① 　支那事変，盧溝橋

　　　② 　上海事変，盧溝橋

　　　③ 　満州事変，盧溝橋

　　　④ 　上海事変，柳条湖

　　　⑤ 　満州事変，柳条湖

　23. 1931 年当時の中国の政治・軍事の最高指導者（国民政府主席かつ陸海空
　　　軍総司令官）と首都について，正しい組み合わせを次の中から選びなさ
　　　い。

　　　① 　張作霖，北京

　　　② 　張作霖，南京

　　　③ 　張学良，北京

　　　④ 　張学良，南京

⑤　蔣介石，北京

⑥　蔣介石，南京

24. 1930年代以前からすでに日本が植民地支配をしていた地域として正しいものを次の中から選びなさい。

①　台湾，インドシナ

②　台湾，朝鮮

③　朝鮮，インドシナ

④　サイパン，台湾

⑤　サイパン，朝鮮

25. 1930年代の国際情勢についての説明として，正しいものを次の中から選びなさい。

①　日本は中国に対しいわゆる対華二十一カ条要求を出し，満蒙における日本の優越的地位を認めさせた。

②　中国は，日中戦争について国際連盟に付託したが，全会一致を原則とする国際連盟理事会では，日本を支持するアメリカの反対によって，実効的な対応がとられなかった。

③　日本は，ヒトラーが政権を握りヨーロッパで戦線を開いたナチスドイツに続き，国際連盟を脱退した。

④　日中戦争では日本も中国も宣戦布告を行わなかったが，それは，宣戦布告をするとアメリカ中立法が適用され，貿易や金融取引が制限される恐れがあるためだった。

⑤　日本は，ヨーロッパ戦線で快進撃を続けるドイツに接近すべく，日独伊三国軍事同盟に調印した。

⑥　日本軍がハワイの真珠湾を奇襲攻撃した。

問3　空欄③にはもとの文章では，連合国軍最高司令官の「総司令部」を指す3文字のアルファベットの言葉が入っています。この語を答えなさい。（別紙の解答用紙その3に記入しなさい。）

青山学院大-法　　　　　　　　　　　　2023 年度　総合問題　*35*

問 4　下線部④「枢密院」は，大日本帝国憲法草案審議のために設置された天皇の
　　　諮問機関です。大日本帝国憲法について，次の①～⑤の中から間違っている
　　　ものを一つ選びなさい。（解答用紙その 1 の26を使用）

26.　①　大日本帝国憲法は天皇が定める欽定憲法のかたちをとった。

　　　②　大日本帝国憲法は明治政府に雇われたフランス人顧問が起草した。

　　　③　大日本帝国憲法では日本国民は「臣民」と呼ばれ，法律の範囲内で言
　　　　　論・著作・出版・結社の自由を得た。

　　　④　大日本帝国憲法では法律の制定と予算の成立には帝国議会の協賛が
　　　　　必要とされた。

　　　⑤　大日本帝国憲法と同時に公布された衆議院議員選挙法では，選挙人
　　　　　資格は満 25 歳以上の男性で直接国税 15 円以上を納めた者に与えら
　　　　　れた。

問 5　下線部⑤『レイテ戦記』は，レイテ島を舞台に 1944 年 10 月から終戦まで日
　　　本軍とフィリピン奪回をはかる米軍により戦われた陸上戦を題材にした戦記
　　　文学作品です。次の東南アジアを中心とする白地図において，斜線で示した
　　　①～④の中から「レイテ島」の位置を選びなさい。（解答用紙その 1 の27を使
　　　用）

27.

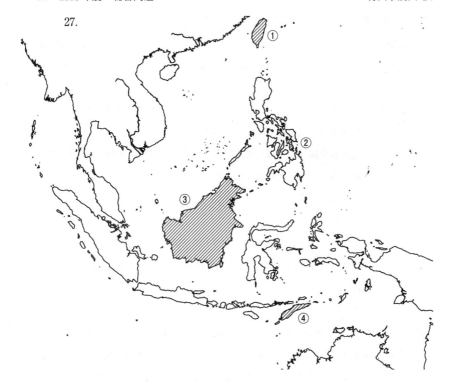

問6　下線部⑥「一選挙区ごとに一人の当選者を選ぶ小選挙区制」について，次の①〜④の中から間違っているものを一つ選びなさい。（解答用紙その1の28を使用）

28.　①　アメリカやイギリスで採用されている。
　　　②　二大政党型の政治に向かいやすいとされる。
　　　③　死票が少なく民意を正確に反映しやすいとされる。
　　　④　投票の際は政党名ではなく個人名を記入する。

問7　下線部⑦「公正には機能しない」とは，筆者の考えではどのような事態を指していますか。本文の議論をふまえて20字以内で説明しなさい。（別紙の解答用紙その3に記入しなさい。）

青山学院大-法　　　　　　　　　　　　　　　　2023 年度　総合問題　*37*

問 8　下線部 a ，下線部 b のカタカナを漢字で書きなさい。（別紙の解答用紙そ
　　　の 3 に記入しなさい。）

Ⅵ　以下の文章は，杉田敦著『政治的思考』（岩波書店，2013 年）からの抜粋です。
　これを読んだうえで，問いに答えなさい。

　国民国家の時代には，国民があらゆる事柄についての最終的な決定単位だとさ
れてきました。国民が決めるのだ，と。しかし，なぜ決定主体として国民を指定
しなければいけないのでしょうか。実際，今日，重要な事項のすべてが国民とい
う単位によって決められるようなものではないことが，誰の目にも明らかになっ
てきました。たとえば，環境問題は国境を越えてしまいます。経済のグローバル
化の中で，それぞれの国民が何を決めようと，外国の経済事情などによって大き
な影響を受けてしまいます。

　このように，誰が決めるべきかがよくわからなくなっているのが現状なのです
が，それは，ある意味では私たちが原点に戻っていると言うこともできます。と
いうのも，誰が決めるかを決めること自体，本来，重大な政治的争点だからで
す。誰が決めるかを決めたときに，結論がおおむね決まってしまうということが
多くあるのです。

　いくつかの例を挙げてみます。一つめは，ある国から特定の地域が分離独立し
たいという場合です。実際，世界では民族紛争の中で，特定の地域が分離独立を
求めることは多くあるわけですが，その場合，分離独立したがっている地域が決
定権をもって，住民投票などで決めるのか，それともその地域が所属している国
全体で決めるのか。本来はどちらでもありうるわけですが，もし前者なら，分離
独立は認められるでしょうし，後者であれば，おそらく否決されることでしょ
う。このように，実際の投票などがなされる前に，決定する単位が決まった時点
で，かなりの程度結論が出てしまう場合があるのです。

　二つめは，迷惑施設や危険施設と言われるような施設の立地や運用について，
どの単位が同意すればいいのかという問題です。原子力発電所や軍事基地，ゴミ
の処分場などをつくってもいいかどうかは，立地自治体とされている村や町や市
が決めるのか。それとも，その市町村が含まれる都道府県なのか。あるいは主権

国家なのか。さらにいえば，ヨーロッパ連合のような，国境を越えた広域の共同体のような範囲なのか。どれも可能であり，しかもどれも決め手に欠けています。

負担が及ぶのはどこまでか，あるいは逆に利益を受け取れるのはどこまでか，ということで，関係者の範囲は自ずから決まってくるという考え方もあるかもしれません。しかし，実際には，どこかで線を引くことは難しい。きれいに整理できるものではないのです。迷惑施設について，立地された地元に利益誘導が行われているとすれば，そこでは確かにリスクは大きいけれども，利益もあるでしょう。もう少し離れたところでは，リスクはあるのに利益はないかもしれない。さらにもっと遠くへ行くと，利益だけがあってリスクはないかもしれない。そういういろいろな可能性があります。簡単に言えるものではありません。

こういう例を見ると，「決めるのは誰かを決める」ということが，政治においてきわめて重要な意味をもっていることを確認できます。しかも，それに関する一般的なルールというものがあるわけではない。にもかかわらず，この点をあまり意識せずに，制度がこうなっているからとか，従来こうやってきたからという考え方で済ませてしまうことが多かったのです。

問い 下線部に関連して，「迷惑施設」や「危険施設」の必要性は認めながらも，自分の近くには置いてほしくないとする態度のために，それらの建設がうまく進まないことがあります。これは一般にＮＩＭＢＹ(Not In My Backyard)問題と呼ばれています。さて，このＮＩＭＢＹ問題を解決するには，どのような手段が望ましいですか，またそれはなぜですか。本文の議論をふまえ，具体的な事例を挙げつつ，400字以内で論述しなさい。(別紙の解答用紙その3に記入しなさい。)

解答編

総合問題

◀A 方 式▶

Ⅰ 解答 問1. 4 問2. 3 問3. 4 問4. 3 問5. 2
問6. 3 問7. 3 問8. 1

問9. 社会規範として「義理」とそれに関係の深い「人情」があり，社会
規範の違反に対する制裁である「恥」を恐れ，規範に従うほうの当事者が
要求されている行為内容を推測し，要求を待たずに自ら進んで行うという
日本の法観念。(100字程度)

問10. 欧米法では，権利は道理に従った正しいもので，客観的な規範に
基づく主張という意味を内包するが，日本においては「利」に重点があり，
権利主張が利己的な主張と捉えられ，社会規範も明確な義務でなく，義理
という一般的な原理の形で存在するというずれ。(100字程度)

問11. 4 問12. 1

━━━━━━━ ◀解 説▶ ━━━━━━━

≪日本における民法典編纂と法観念≫

問1. 4が適切。

1. 不適。前半の文は正しいが，後半の文は誤り。領事裁判権に対して，
日本国内では批判があった。

2. 不適。前半の文は正しいが，後半の文は誤り。関税自主権がないこと
は国内産業の維持の妨げとなった。

3. 不適。不平等条約改正の過程で，大隈重信が大審院での外国人判事任
用を認めようとしたが，国内で批判を受け，実現しなかった。

問2. 下線部②は，日本にとって一方的に不利な不平等条約の改正が当時
の政治家の「悲願」，つまりどうしても果たしたい願いであったという意

味。この意味として適当でないものを選ぶ。1の「垂涎」は非常にほしがること、2の「本懐」は元からの願い、4の「渇欲」は強く望む気持ちである。色々考え合わせることを意味する3の「勘案」が不適当。

問3．4が不適。イギリス東インド会社は、清から茶を大量に輸入して貿易赤字になり、その解消のために、清へアヘンを輸出することを考えた。そのために、インドでケシ（アヘンの原料）を大量に栽培した。この三角貿易における輸出入品の流れが間違っている。

問4．3が適切。

1．不適。そのような規定はない。最高裁判所まで持ち込まれる前に結審することも多い。

2．不適。日本国憲法第76条2項で特別裁判所の禁止が規定されている。

4．不適。違憲審査権は下級裁判所にも認められているというのが通説。

問5．2が不適。「裁判官が自己が適当だと考えるルールを自ら定める」のは、下線部⑤直後の文にある「事前に定められ公にされている裁判の基準」から外れる。

問6．3が不適。総力戦遂行のために、経済活動のすべてを政府の統制下に置く制度は、1938年の国家総動員法で規定された。明治時代の話ではない。

問7．下線部⑦は民法典編纂を行った江藤をはじめとする関係者の努力に「驚嘆せざるをえない」とあり、ここでの「驚嘆」は単に驚き感心するというよりも、賞賛する意味合いを含んでいると読み取れる。3の「褒めたたえる」が最適。

問8．空所(a)に接続詞を入れる問題であるが、空所後の文が長いため、どの部分と接続しているかを読み取らないと誤る問題。空所の前文の「限界ともいうべきものを認めざるをえない」に接続するのは、民法が人の私法的な権利義務を確保する法律であることは認識されつつも、それが自然権の保護でもあることについての認識が表明されてはいなかったことである。この展開から、空所後の文は限界とはどのようなことかを説明しており、前の内容を言い換えて説明する1の「すなわち」が最適な接続詞となる。

問9．「このような法観念」とは、前の段落にある日本人独特の法観念である。日本では、基本的な社会規範としての「義理」「人情」に縛られていて、規範に従わせるほうの当事者が実行を要求するのではなく、従うほ

うの当事者が要求されている行為内容を推測し，要求されなくても自ら進んで行うことが期待されている。そしてその違反に対する制裁が「恥」であり，権利や義務によってではなく，「恥」を恐れて自主的に行動するという法観念を説明する。

問10．下線部⑨の「ずれ」は，欧米法の基本をなしている権利・義務の観念と日本の法観念との間のずれである。下線部⑨の後から読み取れるように，欧米法の権利とは道理に従った正しいもの，自他を超えた客観的な規範に基づく主張という意味があるが，日本では「利」つまり個人の利益に重点が置かれ，権利の主張が利益を追い求める利己的な主張として捉えられてしまう，という「ずれ」がある。義務については，下線部⑨の前の段落の「義理」が「義務」とずれているということだが，「義理」については問9ですでに解答しているので，詳細な内容までは踏み込まず，「義務」との違いについてのみ言及する。前の段落に「義理は，社会規範を前提とするが，その社会規範は，内容，違反の効果等において明確なものでなく，より一般的な原理の形で存在する」とあり，「内容，違反の効果等において明確なもの」＝「義務」と考えられるので，この部分を利用してまとめる。

問12．筆者の主張から読み取れる内容を選択肢から選ぶ問題。この文章では日本における民法典編纂の歴史と，欧米と日本の捉え方の違いを説明しているが，「国民相互間の権利義務の確定」（第8段落），「自然権（中略）の保護」（第10段落）とあり，基本的人権の保護という1の説明が最も適当。2の「日本の国力を増すための手段ではなかった」，3の「民法典の制定を急いだことは不適切」，4のフランス民法典と内容が異なるのが欠点という内容は，本文の説明との乖離が明らかであり，誤りである。

Ⅱ　解答　問1．1　問2．4　問3．2　問4．4　問5．4
問6．1　問7．3　問8．2　問9．3　問10．2

問11．社会的領域が人々の生活全体を覆い尽くし，経済的利害をめぐる緊張を強いる領域となった近代において，社会からの避難所として身近な者だけで営まれる私生活が人間らしさを保持するために不可欠な場となったから。（100字程度）

問12．アーレントは「人間性」が，社会的・文化的関係性の中で後天的

に獲得され言葉で他者に働きかける「活動」により実体化されると考えるが，この論理では「プライベート」への逃避は人間性の放棄を意味することになるから。（100字程度）

━━━ ◀解　説▶ ━━━

≪近代市民社会の社会的領域と「プライバシー」≫

問1．空所(a)の前の文脈より，ハンナ＝アーレントは「人間性」の3つの条件「労働」，「仕事」，「活動」のうち「活動」を最も重要な条件としており，言語と身振りによって働きかける営みが「活動」だと読み取れる。それが空所(a)直後の「ポリス」の本質である政治と結び付き，討論において人を説得するための技術として発展させていくという展開から，空所(a)に入るのは1の「活動」だと判断できる。

問2．問1からつながる文脈に空所(b)があり，説得するための技術であり，「討論を軸にして」とあるので，4の「言葉」による働きかけだと読み取れる。

問3．文整序問題。(ア)は「私的領域」は説得によらない権力，暴力，物理的脅迫による閉ざされた空間である，(イ)はアーレントは「公的領域」での活動が政治であるとともに人間性の条件だと考えた，(ウ)はこの閉ざされた空間で市民にとっての欲求が充足される，という内容である。この内容から，(ア)→(ウ)の順で「私的領域」の説明がされており，「公的領域」との対比として(イ)の後に説明されているということが想定できる。2の(イ)→(ア)→(ウ)の順が妥当である。

問4．ポリスの政治と近代的市民社会の政治の違いを説明している文脈である。前者ではポリスで「私的領域」が経済を引き受けていたため利害関係を討論しなかったという展開であり，後者が指すのは4の「近代的市民社会における政治」となる。

問5．アーレントが理想型とした「ポリス」の政治からすると，下線部②はどのように評価できるかという問題。下線部②は近代の議会では代表者である議員が，自分が支持を受けている集団の利害を代表して発言しており，生物的・物理的な欲求から自由になって討論していないというものであり，利害関係が討論の俎上に載らないポリスの政治からは大きくずれているので，4が適当。むき出しの暴力による支配は古代ギリシアにおける私的領域での支配であるので，1は外れる。

問6．公的領域と私的領域の境界が曖昧になり，社会的領域が形成されたという分析が可能になったのは，人々が同じような反応をするので，そのパターンから全体の動向をある程度予測できるようになったため，というのが下線部③の内容。この読み取りを前提に選択肢を確認すると，人々が個性を失ったという1が妥当。4の「核家族化」は社会的領域の形成の結果として起こったことと読み取れ，やや外れる。

問7．空所(d)の前後の展開を読み取ると，核家族化した近代の「家」は支配関係もかなり緩和されていて，外の世界である社会的領域のほうがぎすぎすしているという展開であり，3の「むしろ」が妥当。

問8．表の読み取り問題。「日本の消費者について」という出題と，選択肢の条件を見落とさないこと。表(1)では「便利・快適性を重視すべき」が「どちらかというと…重視すべき」と合わせて22％，「安心・安全性を重視すべき」が「どちらかというと…重視すべき」と合わせて79％で，他の3ヵ国より安心・安全性を重視していることがわかる。表(2)の「パーソナルデータの提供状況」では，2017年から2020年の間で「提供したことがある者の割合」が73％から74％に増えているが，「提供したことはない」が3％減っているので，「提供したことがある者の割合」がやや増えていると言える。この読み取りに合致するのは2。

問9．問8と同じ表の読み取り問題。3が適切。中国ではデータ提供に積極的であり，企業にとってはデータを集めやすいはずである。

1．不適。アメリカでは2020年は2017年より減っているとはいうものの76％がデータの提供をしており，「提供しなくなった」は誤り。

2．不適。ドイツではデータを提供したことはあると回答した消費者は減っているので，誤り。

4．不適。データ提供が便利・快適性の重視には直接つながらないので誤り。

問10．2が適切。ルソーの社会契約説に関する問題。ルソーによれば，自然状態にある人間は自由であるが，文明の進歩とともに，人民を支配，抑圧する社会構造ができあがった。そこで，人民が契約を結んで共同体（国家）を形成し，共同体全体の意志である一般意志の決定に従うべきと考えた。

問11．下線部⑥の前の展開にあるとおり，社会的領域が人々の生活全体

を覆い尽くすようになり，各個人は周りに合わせて行動し，経済的利害をめぐる離合集散の中でぎすぎすしてストレスを感じるようになる。その社会からの避難所としての「私生活＝プライバシー」に安らぎを感じ，人間らしさを保つために不可欠な場となり，最重要なものと「神聖視」された。これが近代人が「私生活＝プライバシー」を神聖視するようになった理由である。

問12. アーレントが「プライベート」への逃避を否定的に捉えるのはなぜかを読み取り，説明する。ポイントは，アーレントが古代ギリシアのポリスに「人間性」のモデルがあったと考え，「活動」での言葉による他者への働きかけが「人間」としてあるべき姿だと考えたこと。この論理を基盤にすると，「プライベート」への逃避は，身近な者との親密さだけで，他者には働きかけないことになり，「人間性」の実現もあり得ない。これが，彼女が否定的に評価する理由である。

問1. 3　問2. 4　問3. 4　問4. 3　問5. 4
問6. 2　問7. 4　問8. 1　問9. 2　問10. 3
問11. 2　問12. 1

◀解　説▶

≪古典的自由主義≫

問1. 3が不適。イノベーションによる経済発展は20世紀前半にシュンペーターが提唱した理論である。

問2. 4が不適。消去法で考えたい。1～3は適当と考えられる。4については，古典的な自由主義の弊害として，食糧不足が発生するとは考えにくい。実際，第一次世界大戦後，機械化によって農業生産性は向上している。

問3. 4が不適。下線部①の時代とは18世紀末～19世紀を指す。大日本帝国憲法では第22条において居住・移転の自由が規定されていた。
1・2・3. 適切。職業選択の自由と財産権は自由権に属するので，古典的自由主義の時代から認められており，勤労の権利は社会権に属するので，20世紀になってから認められた。

問6. 2が不適。ニューディール政策は，政府が積極的に経済に介入し，国民の福祉の充実を図る「大きな政府」を志向するものであった。

青山学院大-法　　　　　　　　　　　2023 年度　総合問題〈解答〉　45

問7．4が不適。介護保険の保険料は被保険者のみが負担し，事業主は負担しない。また，労災保険を除く日本の社会保険の費用は国や地方自治体も財源を負担している。

問8．1が不適。

2・3・4．適切。資本主義の問題を是正すべく，福祉国家の理念に基づき認められたのは社会権で，教育を受ける権利，生存権，労働基本権（団結権，団体交渉権，団体行動権（争議権）の労働三権），勤労権が該当する。

問9．2が不適。世界で初めて社会権を規定したのは，ドイツのワイマール憲法（1919 年）である。

問11．2が不適。コンプライアンス（法令遵守）の徹底を含む企業のCSR（社会的責任）は，新自由主義と直接の関係はない。

問12．1が不適。経済のグローバル化の中で，BRICS（ブラジル，ロシア，インド，中国，南アフリカ）に代表される新興国の台頭がみられるとはいえ，先進国と発展途上国の経済格差（南北問題）が顕著に縮小したとはいえない。

46 2023 年度 総合問題〈解答〉 青山学院大-法

Ⅰ

解答 1 ─② 2 ─③ 3 ─② 4 ─② 5 ─④

◆━━◆全 訳◆━━◆

≪日本人男性が抱える複雑な男女平等観≫

　ここ数年，日本政府は労働力全般において，より具体的に言えば指導的地位において，女性の比率を増加させようとしている。この取り組みの焦点は，労働力と経済の双方の未来に向けて女性の非常に大きな重要性を強調するものである。この労働力におけるより大きな平等を推し進めると同時に，日本中の女性団体は家庭と職場の双方におけるジェンダー規範と期待値の変革もまた強く求めている。

　これらの問題に対しては大きな注目が払われているにもかかわらず，どのように日本人がそれらについて考えているのかについてのデータはほとんど存在しない。2 月に，私たちはこの問題に取り組むため，2,389 人の日本人住民の全国的なサンプルを用いて実態調査を行った。この調査の一部において，私たちは男性と女性に職場における女性の平等，#MeToo 運動，そしてフェミニズムをどのくらい支持しているかを尋ねた。具体的には，彼らに自分たちの支持を 0 から 100 点の尺度で評価するように依頼した。より高い値がより大きな支持を示している。

　このデータはジェンダーという問題に対する日本人の考え方について，一連の豊かな発見を提供している。はじめに，職場における女性の平等を支持する男性と女性の程度には目立った差はない。平均すると，男性は自分たちの支持のレベルを 76.69/100 としている。意外かもしれないが，これは女性の支持のレベル（すなわち 75.89/100）と実質的，統計的に変わらない。どちらかと言えば，職場での女性の平等については，男性のほうがより支持をしている。少なくとも，ジェンダーの関係のこの 1 つの領域においては，日本人男性と女性は当初は基本的に意見が一致しているようである。

　しかしながら，他の分野での大衆の姿勢についての情報を取り出すと，日本における女性と男性は非常に異なる考え方をもっているように思える。

たとえば，#MeToo 運動をどの程度支持するかについて尋ねた際，回答のパターンが性別グループ間で異なることがわかった。日本人男性は平均して 63.47/100 を示した。しかし女性は 67.43/100，つまり約 4 ポイント高い支持を示した。この差は統計的に有意である。

　それはまた，日本におけるジェンダー平等に対する男性の支持は，会社での生活という側面を越えてはいないかもしれないということを示しており，非常に意義深いものである。例を挙げると，男性は女性の同僚が雇用や昇進という観点においては平等に扱われることを支持しているかもしれないが，この平等が組織内での人間関係にまで及ぶという考えには反対しているように思える。

　私たちはまた，フェミニズムについての男性と女性の考え方にも同様のずれを発見した。つまり，女性（70.65/100）は男性（66.46/100）よりも大きな支持を表明しているということである。フェミニズムを支持する女性は男性よりもおよそ 5 分の 1 標準偏差が大きいということを示しており，この差は重要である。このことは日本人男性が職場における平等は受け入れ，あるいは支持しさえするかもしれないが，それ以外の生活面における平等についてはさほど熱心でないことを示すさらなる証拠を提供している。

　この発見には 2 つの見方がある。一方では，男性と女性の間の差は，日本におけるジェンダー平等についてのさまざまな国家レベルの評価基準を見れば，思うほどには大きくないかもしれないということである。他方では，男性は平等を増進するための運動に対しては，女性に対して後れをとっている状態が続いている。

　これらの発見から推測されることの 1 つには，職場外での女性の役割についての大衆の思い込みは，職場における女性の地位についての標準よりも保守的なままであるということである。政府は職場におけるジェンダー平等を増進しようとして，かなりの財源を使っている。私たちの調査は，職場外での平等を改善することを目的とした同様のプログラムもまた必要であるということを示唆している。たとえば，男性と女性について——それから彼らの家庭，社会，そして労働力における役割について——の子どもたちの考え方を広げていくための，学校を拠点とした取り組みを発展させていくことは，取りかかりとしてよいものかもしれない。私たちが記録した考え方がどのように形作られ，そしてどのようにそれらを変えること

ができるのかを評価するためには，さらに多くの取り組みが必要である。

━━━━━ ◀解　説▶ ━━━━━

1．「最近，日本政府が試みていることは何か」

　第1段第1文（In the last…）参照。「労働力全般における女性の比率を増加させる」とあり，この内容と一致するのは②の「労働力における女性の比率を改善する」である。①の「女性の労働法の仕組みを変える」は本文に記述がない。③の「同じ数の男性と女性を労働力に置く」も述べられていない。④の「ジェンダー規範と社会的に期待されていることを変革する」は第1段最終文（Concurrent to this push…）に同様の記述があるが，これは女性団体が求めていることであり，日本政府の取り組みではない。

2．「この調査の背景にある動機は何であったか」

　第2段第1・2文（Despite the enormous… this problem.）参照。「どのようにこれらの問題について考えているかのデータがほとんどない」，「この問題に取り組むための調査を実施した」とあることから判断する。この内容に一致するのは，③の「ジェンダーに対する日本人の考え方についての情報が欠けていることを埋め合わせるため」である。①の「日本企業で，高い地位で雇用されている女性が何人いるかを知るため」は本文に記述がない。②の「どのように日本政府が女性を支援しているかを説明するため」は第1段第1文（In the last…）に「日本政府が指導的地位での女性の比率を増加させようとしている」という記述はあるが，この調査の目的ではないため，誤りである。④の「経済の未来に対して女性が必須であるということを示すため」もまた第1段第2文（This focus underscores…）に「労働力と経済の未来に女性は必須」という記述があるが，これも政府の支援の目的であり，この調査の目的ではない。

3．「#MeToo運動が焦点を当てているものは何か」

　#MeToo運動の目的を直接的に述べている個所は本文にはないが，第2段第3文（In one part…）に「職場での女性の平等」，「フェミニズム」とともに調査の対象として挙げられていることから，#MeToo運動も女性に関することだと推察できる。よって，②の「女性の安全」が正解として適切である。①の「貧困を終えること」，③の「人種的平等」，④の「職場の団結」はいずれも本文に記述がない。なお，#MeTooはセクシャル

ハラスメントなどの被害体験を共有する際に SNS で用いられるハッシュタグである。日本では #MeToo 運動に含まれるため、あまりみられないが、欧米にはセクシャルハラスメントの被害撲滅を訴える Time's Up という運動も存在する。

4.「日本におけるフェミニズムに対する考え方の間にある矛盾は何か」

第6段最終文 (This provides…) 参照。「日本人男性は職場での平等は受け入れ、支持するが、他の部分での平等についてはあまり熱心ではない」とあることから判断する。この内容と②の「日本人男性は、職場の平等に対しては受け入れているが、社会の他の面に対してはさほど受け入れていない」が一致する。①の「フェミニズムは人気のある考え方であるが、ほとんどの日本人女性は社会の基準から逸脱したものだとみなしている」、③の「日本人男性は、平等を改善するための女性の行動を支持するふりをしているだけである」、④の「政府はジェンダー平等を支持しているように見えるが、世論はそうではない」は、いずれも本文に記述がない。

5.「この記事において議論されている調査での発見に基づいて、どのような結論が導き出されうるか」

最終段第1文 (One implication of…) に「女性の職場外での役割は職場での地位の規範に比べてより保守的なままである」とあり、同段第3文 (Our work suggests…) に「調査が職場外での平等を目的としたプログラムが必要だということを示唆している」とあることから判断する。④の「職場の外における女性の役割に対する考え方は、職場内の役割に対するものほど進歩的ではない」がこの内容と一致する。①の「仕事をしている女性についての思い込みは、仕事をしていない女性についてのものよりも伝統的なものである」は本文に記述がない。②の「ここで表されている考え方をどのように広めるのかについて、さらなる調査が必要である」も本文に記述はない。最終段最終文 (Much more work needs…) に「記録された考え方がどのように形作られ、どのようにそれらを変えることができるのかを評価するためにはさらに多くの取り組みが必要」とあるのみで、広めることについては言及されていない。③の「ジェンダー平等を改善しようとする職場におけるプログラムはもはや必要ではない」も誤りである。第3段第2文 (To begin with,…) に「職場における女性の平等の支持に男女間の差はない」とあり、最終段第3文 (Our work suggests…) に

「職場外での平等を改善するための同様のプログラムが必要」とあるが，「職場におけるプログラムは必要ない」という記述はみられない。

Ⅱ　解答　6─④　7─①　8─③　9─⑦　10─⑥　11─⑤

━━━━━◆全　訳◆━━━━━

≪今なお多くの人々が苦しむ貧困の状況と原因≫

　ここ数十年，人類は貧困の減少において急速な進化を遂げており，1990年から2015年の間に，10億人以上の人々を極度の貧困から救い出してきた。しかしながら，今日，7億人以上の人々，つまり世界人口の10％の人々がまだ極度の貧困線——現在は1日あたり1.9ドル以下での生活と定義されている——に満たない暮らしをしている。収入の不足はすべてのものが不足しているということを意味する。貧困を経験している人々はしばしば清潔な水，安全でしっかりとした住居，ヘルスケア，そして基本的な教育といったものが不足している。彼らは社会的な疎外や差別といったものにより直面しやすい。彼らはまた紛争や気候変動といったことに対してもより脆弱である。毎年，主にグローバルサウス（南半球の発展途上国）では，5百万人以上の子どもたちが5歳の誕生日を迎える前に命を落としている。豊かで極めて不平等な世界において，この回避可能な多くの人々が苦しんでいるということの重要性をいくら強調してもしすぎることはない。

　極度の貧困がただ国内の要因によって引き起こされているということは稀である。確かに，腐敗や統治の弱さといった国内での問題が重要な原因となる役割を果たしていることも多い。しかしながら，そうした国内における多くの原因は国際的な要因によって悪化することが判明している。たとえば，グローバルな交易の不平等な条件などだ。それゆえ，地球規模の貧困を根絶するための努力は，ただ南半球の国々の国内の問題に取り組むということをはるかに超えていくべきだということについて，議論の余地はない。

━━━━━◀解　説▶━━━━━

6．「10億人以上の人々を極度の貧困の外に」という文章の一部である。直前の内容が「近年，貧困の減少に目覚ましい進歩を遂げている」である

ことから④の lifting を選び,「極度の貧困から助け出す」といった意味にすればよい。lift A out of B で「A を B から持ち上げる,取り除く」といった意味である。

7．──以下は直前の extreme poverty line「極度の貧困線」の説明となっている。define A as B「A を B と定義する」を用いて,「現在は1日あたり1.9ドル以下で生活することと定義されている」とすればよい。

8．コロン以下が直前の「収入が不足しているということはすべてのものが不足しているということを意味する」の具体例となっている。③の experiencing を選び,「貧困を経験している人は清潔な水,安全で安定した住居,ヘルスケア,基本的な教育が不足している」という文を作ればよい。

9．直前の「社会的な疎外や差別を受けやすい」ことに加えて,貧しい生活を送る人たちが紛争や気候変動に対してどのような状態であるのかを考える。⑦の vulnerable を選び,「紛争や気候変動に対してより脆弱」とすればよい。

10．空所前に for instance「たとえば」とあることから,直前の「国内の(貧困の)原因は国際的な要因によって悪化する」ことの例となっていることがわかる。⑥の unfair を選び,「グローバルな交易の不平等な条件」とすればよい。

11．直前の「貧困の原因は国際的な要因によって悪化する」という文章を受けて,therefore「それゆえ」と文章をまとめている。「貧困を根絶するためには単に国内の問題に取り組むということを超えて努力するべき」ということに対しては,⑤の uncontroversial「議論の余地はない」となる。

12—①　13—④　14—③　15—③　16—③　17—①
18—④　19—③　20—③　21—②

◀解　説▶

12．「この小さな金属の一片は窓のロックとしての役目を果たします」
　空所の後の as に着目する。act as A で「A としての役目を務める」といった意味になる。②の become はそれだけで「～になる」という意味をもっており,as は不要であるため不適。③の resemble や④の use は金属の一片は「～に似ている」,「～に使う」という関係になってしまうので,

不可。

13.「私はついに電話をコンピュータに接続することができた」

manage to *do* で「どうにか〜する」といった意味を表す。①の achieve は不定詞ではなく，動名詞を目的語にとる。②の attach は attach *A* to *B* で「*A* を *B* に取り付ける」という意味になるため，意味を成さない。③の did は「〜した」という意味にしかならないので文意が通じない。

14.「私の8歳の娘は，その映画が10代の若者向けであるにもかかわらず，その映画を観た」

直前に be 動詞があるので，動詞の原形である①の intend や④の target は不可。②の making では it（その映画）が何かを作っていることになってしまうため，不適。be meant for *A* で「*A* 向けである」といった意味になる。

15.「ツアーの終わりに，スタッフは訪問者たちを出口まで案内した」

③の guide は「案内する，導く」という意味である。①の appear は自動詞で目的語はとらないため，不適。②の explain は explain 〜 to *A* の形で「*A* に〜を説明する」となるが，ここでは to 不定詞がないため不適。④の tell は，tell *A* to *do* の形で「*A* に〜するように言う」という意味になるが，こちらも to 不定詞をとっていないため不適。

16.「13という数字は多くの国で不吉なものだとみなされている」

③の consider は第5文型をとり，consider *A B* で「*A* を *B* とみなす」という意味になる。設問では受動態となっている。①の believed や④の said は to 不定詞を続ける必要がある。②の claim は受動態にせず，claim to *do* で「〜すると主張する」という意味になる。

17.「パリ行きの同じ列車にともに乗っていたとき，私はたまたま旧友に会った」

by chance で「偶然に」という意味のイディオムである。その他の前置詞は用いることができない。

18.「私は教室から走り出ようとした際，つまずいて学生のかばんの上に転んだ」

動詞の意味を問う問題である。④の trip は「つまずく」，①の gargle は「うがいをする」，②の grip は「つかむ」，③の tickle は「くすぐる」となり，trip 以外では文章が成り立たない。

青山学院大-法　　　　　　　　　　2023 年度　総合問題〈解答〉　*53*

19.「私は怖い映画が大好きなので，ほとんどのホラー映画を楽しむ」

「ほとんどの *A*」は most *A*，定冠詞や my などの所有格を用いて most of the *A*，almost all〔every〕*A* のように表す。①の almost は副詞なので直接名詞を修飾できないため，all などが必要である。④の most of は the があれば可である。

20.「万一暑いと感じたら，窓をお開けください」

「万一〜なら」と可能性の低い仮定を表す表現で，if の省略により倒置が起こった文章である。元の語順は If you should feel … である。②の Must や④の Won't であれば疑問文となるので，？が必要となる。

21.「このフライトは高価であるし，直行便ですらありません。よって，列車で行くほうが賢明です」

be better off *doing* で「〜するほうが賢明である」といった意味になる。①の advise は目的語を挟んで to 不定詞を続ける形が一般的である。③の faster は，主語が電車であれば使えるが，with going by train の部分が成立しないため，不適。④の recommend は動名詞を目的語にとり，recommend *doing*「〜することを勧める」という形で用いる。

Ⅳ　　**解答例**　I am pessimistic about the situation in the world over the next five years because the COVID-19 pandemic and wars have divided the world, threatening world order. The gap between the rich and the poor has also grown wider. These problems won't be solved within five years, so I can't help but be pessimistic. (about 50 words)

━━━━━━━━ ◀解　説▶ ━━━━━━━━

≪今後 5 年間の世界が置かれている状況は楽観的なものか，悲観的なものか≫

今後 5 年間の世界が置かれている状況について楽観的か，悲観的かを理由とともに書くという問題である。〔解答例〕では，悲観的に感じる理由として新型コロナウイルスの流行や戦争，広がる貧富の差について取り上げた。

「50 語」という語数は理由を含めた意見の記述としては少ない。日頃からシンプルな表現で語数を意識した練習が必要である。

解答

問1．[A] リーマン　[B] 派遣　[C] ユーロ
問2．22―⑤　23―⑥　24―②　25―④
問3．GHQ　問4．②　問5．②　問6．③
問7．若者世代の政治的意見が優先されない事態。(20字以内)
問8．a．大恐慌　b．為政者

◀解　説▶

≪1930年代の日本政治から学ぶ教訓≫

問2．22．⑤が適切。満州事変は1931年の柳条湖事件を皮切りに，支那事変（当時の呼称，現在は「日中戦争」と呼ぶ）は1937年の盧溝橋事件を皮切りに始まった。

25．④が適切。
①不適。日本が中国に対華二十一カ条要求を突きつけたのは，第一次世界大戦中の1915年。
②不適。アメリカは国際連盟に加盟しておらず，したがって国際連盟理事会の議決にも参加していなかった。
③不適。日本が1933年3月に国際連盟に脱退を通告したのに続いて，ドイツが同年10月に脱退した。
⑤不適。日独伊三国軍事同盟が調印されたのは1940年。
⑥不適。日本が真珠湾を奇襲攻撃したのは1941年。

問4．②誤文。大日本帝国憲法は伊藤博文らによって起草された。その過程でドイツ人顧問のロエスレルが影響を与えた。

問6．③誤文。小選挙区制では，当選者以外への投票がすべて死票となる。死票が少ないのは，得票率に応じて議席が配分される比例代表制である。

問7．下線部⑦「公正には機能しない」について，筆者がどのような事態を指しているかを説明する。下線部⑦を含んで「若い人々に光をあててゆく覚悟がなければ（日本の政治は）公正には機能しない」とある。裏を返せば，若い人々に光をあてれば，政治は公正に機能する。なぜなら，現状は世代間の投票率の差によって，高齢者世代の意見が尊重される仕組みとなっているが（第8段落），筆者によれば，本来「なによりも優先されるべき大切な制度」（下線部⑦の前の第9段落第1文）は，子供関連の援助であるからだ。指定字数が少ないので，要点のみを端的に記述する。

青山学院大-法　　　　　　　　　　　　　　　2023 年度　総合問題〈解答〉　55

Ⅵ　解答

〈解答例〉NIMBY 問題の解決に関連して，本文では，決定主体を決めることの重要性が指摘されている。一般的に，この種の問題では利害対立が激化し，交渉が決裂しやすい。あるいは，声を上げた者に対して，不当な圧力が加わるおそれもある。

　そこで「核のゴミ」の処分場誘致問題を例に，当事者・決定主体を定め，決定方法を考える。第 1 に，直接的な受益者かつ運営者である電力会社等の事業者の参加は欠かせない。第 2 に，誘致自治体の住民である。ただし，将来を見据えて若年層の意見に重みをもたせるべきである。第 3 に，核のゴミがそもそも公益事業である原子力発電の副産物と考えれば，広域都道府県の住民が当事者意識をもち，関与すべきだろう。裁判員裁判のように，無作為抽出で選ばれた住民が専門家とともに審議会を構成し，事業者と自治体住民の意見を公平に評価する。可能な限り公正な形で決定するには，多様な住民が参加する審議の活用が望ましいと考える。（400 字以内）

◀解　説▶

≪NIMBY 問題≫

　NIMBY 問題の望ましい解決手段を，課題文の内容を踏まえながら，具体的事例および理由とともに論述する。課題文では，政治においては「決めるのは誰かを決める」のが重要な争点だと指摘されている。よって，この争点を意識した構成が順当であろう。

　次に，各自が思いついた具体的な事例に「誰が決めるか」という視点を当てはめてみる。決定主体の候補としては，周辺住民以外にどのような関係者が存在するかは事例によって異なるが，できるだけ多角的に想定しておくと論述の説得力が増す。加えて，解決手段を書くことが求められているので，「決め方」にも言及しておく。民主主義で想定される手続きとして，合議や投票，公正な審議などが適当と考えられる。

　具体例に関して，〔解答例〕では，原発問題と関連してたびたび報道される「核のゴミ」の処分場の誘致問題を取り上げた。その他の例としては，児童養護施設やホームレス救護施設，風力・太陽光を含む大規模発電施設の建設問題などが挙げられる。特に児童養護施設については，2018 年に東京の南青山を舞台に一部住民が大きく反発したケースが全国的に大きな話題となった。日頃からニュースに触れ，知識を増やしておきたい。

青山学院大-国際政治経済　　　　　　　　　　　　　　　　　2023 年度　問題　*57*

■ 一般選抜（個別学部日程）：国際政治経済学部

問題編

▶試験科目・配点

〔国際政治学科〕

方式	テスト区分	教　科	科目（出題範囲）	配点
A方式	大学入学共通テスト	外国語	英語（リーディング，リスニング）	50 点
		国　語	国語（近代以降の文章）	25 点
		地歴・公民・数学	日本史 B，世界史 B，地理 B，現代社会，倫理，政治・経済，「倫理，政治・経済」，「数学 I・A」，「数学 II・B」のうち 1 科目選択	25 点
	独自問題	論述・総合問題	国際政治分野に関する日本語・英語の文章および資料を読解した上で，論理的な思考を通じて解答する問題（解答を英語で表現する問題を含む）	100 点
B方式	英語資格・検定試験		指定する英語資格・検定試験のスコア・級を「出願資格」とする。	―
	大学入学共通テスト	外国語	英語（リーディング，リスニング）	60 点
		国　語	国語（近代以降の文章）	40 点
	独自問題	論述・総合問題	国際政治分野に関する日本語・英語の文章および資料を読解した上で，論理的な思考を通じて解答する問題（解答を英語で表現する問題を含む）	100 点

国際政治経済　問題編

〔国際経済学科〕

テスト区分	教　科	科目（出題範囲）	配点
大学入学 共通テスト	外国語	英語（リーディング，リスニング）	50点
	国　語	国語（近代以降の文章）	25点
	地歴・ 公民・ 数学	日本史B，世界史B，地理B，現代社会，倫理，政治・経済，「倫理，政治・経済」，「数学Ⅰ・A」，「数学Ⅱ・B」のうち1科目選択	25点
独自問題	論述・ 総合問題	数量的理解および読解力・論理的思考力を問う問題（問題に英文を含む）	100点

〔国際コミュニケーション学科〕

方式	テスト区分	教　科	科目（出題範囲）	配点
A方式	大学入学 共通テスト	外国語	英語（リーディング，リスニング）	50点
		国　語	国語（近代以降の文章）	25点
		地歴・ 公民・ 数学	日本史B，世界史B，地理B，現代社会，倫理，政治・経済，「倫理，政治・経済」，「数学Ⅰ・A」，「数学Ⅱ・B」のうち1科目選択	25点
	独自問題	論述・ 総合問題	英文読解力と論理的思考力・表現力を問う問題	100点
B方式	英語資格・検定試験		指定する英語資格・検定試験のスコア・級を「出願資格」とする。	—
	大学入学 共通テスト	外国語	英語（リーディング，リスニング）	60点
		国　語	国語（近代以降の文章）	40点
	独自問題	論述・ 総合問題	英文読解力と論理的思考力・表現力を問う問題	100点

青山学院大-国際政治経済　　　　　　　　　　　　　2023 年度　問題　*59*

▶備　考

• 合否判定は総合点による。ただし，場合により特定科目の成績・調査書
を考慮することもある。

• 大学入学共通テストの得点を上記の配点に換算する。英語の得点を扱う
場合には，リーディング 100 点，リスニング 100 点の配点比率を変えず
にそのまま合計して 200 点満点としたうえで，上記の配点に換算する。

• 大学入学共通テストの選択科目のうち複数を受験している場合は，高得
点の 1 科目を合否判定に使用する。

• 国際政治経済学部国際政治・国際コミュニケーション学科 B 方式の受験
を希望する者は，以下のスコア・証明書等の提出が必要※①。

実用英語技能検定	従来型，英検 S-CBT，英検 CBT，英検 2020 1day S-CBT，英検 S-Interview，英検 2020 2days S-Interview を有効とする。	準 1 級以上
IELTS※②		5.0 以上
TOEFL iBT® ※③		57 点以上

※① 出願時に提出する英語資格・検定試験は 1 種類のみとする。また，異なる実
施回の各技能のスコアを組み合わせることはできない。英語資格・検定試験
のスコアおよび級は，合否判定では使用しない。

※② Academic　Module　オーバーオール・バンド・スコアに限る。Computer-
delivered IELTS を含む。

※③ TOEFL iBT® Home Edition，TOEFL iBT® Special Home Edition を含む。
Test Date Scores のスコアに限る。
MyBest™Scores は不可。
ITP（Institutional Testing Program）は不可。

• 試験日が異なる学部・学科・方式は併願ができ，さらに同一日に実施す
る試験であっても「AM」と「PM」の各々で実施される場合は併願が
できる。

• 試験時間帯が同じ学部・学科・方式は併願できない。

試験日	試験時間帯	学　部	学科（方式）
2 月 17 日	AM	国際政治経済	国際政治（A・B）国際経済国際コミュニケーション（A・B）

論述・総合問題

◀国際政治学科▶

(70 分)

I 次の文章を読んで問いに答えなさい。

For two hundred years, the grand project of liberal internationalism has been to build a world order that is open, loosely rules-based, and oriented toward progressive ideas. As the twentieth century came to an end, that order appeared to be at hand. The democratic world was expanding. ... This global turn was marked by dramatic moments — the fall of the Berlin Wall, the collapse of Soviet communism, the peaceful end of the Cold War. As old geopolitical and ideological divides collapsed, a new global era beckoned. For most of the century, the world had been convulsed by a great contest between rival ideologies and movements — communist internationalism, revolutionary socialism, fascism, authoritarian nationalism, and liberal internationalism. In the century's last decade, it appeared the contest was over.

This global turn seemed sudden, but it had deep roots. In the aftermath of World War II, the United States and its partners built <u>a new type of international order</u>_(a), organized around open trade, cooperative security, multilateralism, democratic solidarity, and American leadership. Regional and global institutions were established to facilitate cooperation, enshrine shared norms, and bind societies together. Western Europe overcame centuries of division to launch a project of integration and political union. West Germany and Japan reinvented themselves as "civilian" powers and became

stakeholders in the postwar liberal order. ... Russia and China joined the
[*α*] . Moscow was enfeebled. Beijing had yet to emerge as an economic
superpower. Great power rivalry and ideological competition were at a low
ebb. Everything that Western liberal internationalists believed in and
promoted seemed to be on the move.

Today, this grand project is in crisis — a crisis most profoundly manifest
in a lost confidence in collective solutions to common problems. Surprisingly,
the retreat from liberal internationalism is coming from the very states that
had been the postwar order's patrons and stakeholders. The two great powers
that have done the most to give the modern international order a liberal
character — Great Britain and the United States, the world's oldest and most
venerated democracies — now seem to be pulling back from this leadership.
Britain's referendum in June 2016 to leave the European Union (EU) shocked
observers and raised troubling questions about the future of the European
project — the long-standing postwar effort, enshrined in the EU's founding
treaty, to build a "more perfect union." The EU has been the silent bulwark of
the Western liberal order. In each decade of the postwar era, it was Europe's
political advance — its efforts to bind together its liberal democracies and
diminish old geopolitical and nationalist divides — that most fully embodied the
liberal international vision. But that advance has now come to a halt, and the
wider challenges that beset the EU — refugee flows, monetary imbalances,
stagnant economies, reactionary nationalism — reinforce the sense of crisis.

In the United States, the election of Donald Trump has triggered even
more doubt about the future of the liberal international order. For the first
time since 1945, the United States found itself led by a president who is
actively hostile to the core ideas of liberal internationalism. In areas such as
trade, alliances, multilateralism, human rights, immigration, rule of law, and
democratic solidarity, the Trump administration has actively undermined the
American-led postwar order. In the name of "America First," the American
president has abandoned commitments to fight climate change, defend

democratic institutions, and uphold the multilateral agreements of an open and rules-based global system.   He presents the remarkable spectacle of an American president systematically undermining the institutions and partnerships that the United States created and has led over the past seventy years.   As Donald Tusk, the president of the European Council, put it: "The rules-based international order is being challenged, not by the usual suspects, but by its main architect and guarantor, the U.S."

(b)

問 1　下線部(a)の"a new type of international order"（新しい国際秩序）における日本と西ドイツの役割はいかなるものであったか。解答用紙（その2）に21字以上30字以内で記述しなさい。

問 2　空欄　　α　　に入る"WTO"（世界貿易機関）の正式名称を解答用紙（その2）に英語で記述しなさい。

問 3　図1はWTOとその前身であるGATT時代を含め，開催された主要なラウンド（貿易自由化交渉）の時期と参加国・地域数についてまとめたものである。ドーハ・ラウンドの交渉をまとめる難しさについて，図1と資料1から読み取れる要因は何だろうか。解答用紙（その2）に21字以上30字以内で記述しなさい。

図1

主要な交渉（ラウンド）名	交渉開始年と終結年	参加国・地域数
ケネディ・ラウンド	1964-67	62
東京ラウンド	1973-79	102
ウルグアイ・ラウンド	1986-94	123
ドーハ・ラウンド	2001-未終結*	164**

*　2022年8月現在。
**　2022年8月現在の加盟国・地域数。

資料1

Decisions in the WTO are generally taken by consensus of the entire membership.   The highest institutional body is the Ministerial Conference,

青山学院大-国際政治経済　　　　　　　　　2023 年度　論述・総合問題　*63*

which meets roughly every two years. A General Council conducts the organization's business in the intervals between Ministerial Conferences. Both of these bodies comprise all members.

出典：WTO　ホームページ

問 4　下線部(b)の "the usual suspects"（容疑者としてつねに名前が挙がる国）に該当すると思われる国の組み合わせとして最も適切なものを次の選択肢から選んで解答用紙（その 1 ）にマークしなさい。解答番号 ⎡1⎤

①　ドイツ・イタリア

②　ロシア・中国

③　日本・韓国

④　イギリス・アメリカ

⑤　ブラジル・インド

問 5　この文章から読み取れる内容として**正しいものには①，誤っているものには⓪**を解答用紙（その 1 ）にマークしなさい。

ア　トランプ政権は貿易や移民などの面でアメリカの主導する戦後秩序を弱体化させた。解答番号 ⎡2⎤

イ　イギリスとアメリカはリベラルな国際秩序においてつねに指導的役割を担っている。解答番号 ⎡3⎤

ウ　20 世紀の終わりにイデオロギーや運動の間の競争は終わったように見えた。解答番号 ⎡4⎤

エ　20 世紀終わりにおいて中国は経済超大国になっていた。解答番号 ⎡5⎤

オ　EU は域内で貿易保護主義を進める閉鎖的な取り組みである。解答番号 ⎡6⎤

問 6　この文章にタイトルをつけるとしたらどのようなものが考えられるだろうか。解答用紙（その 2 ）に liberal internationalism という語を含む英語を 4 〜 5 ワードで記述しなさい。

64 2023 年度　論述・総合問題　　　　　　　青山学院大-国際政治経済

Ⅱ　2012 年に EU がノーベル平和賞を受賞した際の理由を説明した次の資料を読んで問いに答えなさい。

The Norwegian Nobel Committee has decided that the Nobel Peace Prize for 2012 is to be awarded to the European Union (EU). The union and its forerunners have for over six decades contributed to the advancement of peace and reconciliation, democracy and [β] in Europe.
(c)

In the inter-war years, the Norwegian Nobel Committee made several
(d)
awards to persons who were seeking reconciliation between Germany and
(c)
France. Since 1945, that reconciliation has become a reality. The dreadful
(c)
suffering in World War Ⅱ demonstrated the need for a new Europe. Over a seventy-year period, Germany and France had fought three wars. Today war between Germany and France is unthinkable. This shows how, through well-aimed efforts and by building up mutual confidence, historical enemies can become close partners.

In the 1980s, Greece, Spain and Portugal joined the EU*. The introduction of democracy was a condition for their membership. The fall of the Berlin Wall made EU membership possible for several Central and Eastern European countries, thereby opening a new era in European history. The division between East and West has to a large extent been brought to an end; democracy has been strengthened; many ethnically-based national conflicts have been settled.

The admission of Croatia as a member next year, the opening of membership negotiations with Montenegro, and the granting of candidate status to Serbia all strengthen the process of reconciliation in the Balkans. In
(c)
the past decade, the possibility of EU membership for Turkey has also advanced democracy and [β] in that country.

＊　当時の EC

出典追記：The Nobel Peace Prize 2012 Press Release, The Nobel Foundation

青山学院大-国際政治経済　　　　　　　　　　　2023 年度　論述・総合問題　*65*

問 1　この文章の中には下線(c)の "reconciliation" という用語が 4 回使われている。この用語の日本語訳として最も適切と考えられるものを次の選択肢から選んで解答用紙(その 1)にマークしなさい。解答番号 7

① 再会

② 和解

③ 信頼構築

④ 統合

問 2　空欄 β に入る 2 ワードの英単語(最初の単語の頭文字は "h" で次の単語の頭文字は "r")を解答用紙(その 2)に記述しなさい。

問 3　下線(d)の "the inter-war years" を指す時期として最も適切なものを次の選択肢から選んで解答用紙(その 1)にマークしなさい。解答番号 8

① 第一次世界大戦から第二次世界大戦の間の時期

② 第一次世界大戦から朝鮮戦争の間の時期

③ 第二次世界大戦から冷戦終結の間の時期

④ 第二次世界大戦から湾岸戦争の間の時期

問 4　この資料から読み取ることのできる内容として**正しいものには①，誤っているものには⓪**を解答用紙(その 1)にマークしなさい。

ア　民主主義体制を導入することが，ギリシャ，スペイン，ポルトガルが EC に入るための条件の一つだった。解答番号 9

イ　冷戦終結によって，中・東ヨーロッパ諸国が EU に入る道が開かれた。解答番号 10

ウ　EU とモンテネグロの間の加盟交渉は始まっていない。解答番号 11

エ　EU はセルビアを加盟候補国として認定した。解答番号 12

オ　EU はトルコの加盟を決定した。解答番号 13

III ヨーロッパの中の3つの地域(西ヨーロッパ,南ヨーロッパ,中・東ヨーロッパ)の国々のリベラル・デモクラシーの水準の時系列的な推移を表した次のグラフおよび資料1～資料3を読んで問いに答えなさい。なお,リベラル・デモクラシーの国々とは,複数政党制に基づいて自由かつ公平な選挙が行われ,かつ,人々の自由や権利が守られる政治体制の国々のことである。このグラフの値が1に近いほど,その地域は平均してリベラル・デモクラシーの水準が高いことを示している。

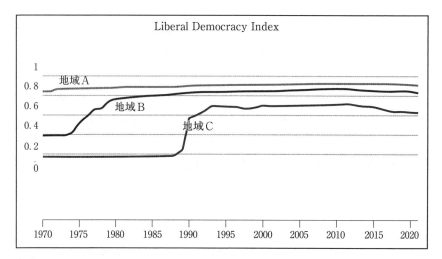

出典：V-Dem Institute

資料1

The overthrow of the Salazar regime in Portugal and the collapse of military rule in Greece in 1974, together with the death of General Franco of Spain in 1975, mark the end of these dictatorships in Europe. The three countries commit themselves to democratic government.
出典：The European Union "History of the European Union 1970-79"

資料2

The tasks facing the region in order to create liberal democracies and market economies seemed enormous. ... Several years after the collapse of

青山学院大-国際政治経済　　　2023 年度　論述・総合問題　*67*

communist rule, distinctive groups of countries with contrasting policies and accomplishments have emerged within the former Soviet bloc.　Poland, the Czech Republic, Hungary, and Slovenia have been the most successful at enacting reforms and moving forward with transition.　In contrast, progress has been much slower and more erratic in Slovakia. ... The countries with the most advanced and successful economic transformations have at the same time the most secure and effective democratic systems, as well as greater liberties.

出典：Wilson Center "Why Some Succeed and Others Fail"（原文を一部修正）

資料 3

After an initially rapid transition towards democracy in the 1990s, the Central and Eastern European region ... has, in recent years, even been diagnosed as being on the edge of an authoritarian backlash.　Recent political developments have further stoked fears about democratic backsliding in the region, even resulting in assessments that they may herald the beginning of a new, reversed wave of democratisation.

出典：Daniel Bochsler and Andreas Juon (2020) "Authoritarian footprints in Central and Eastern Europe", *East European Politics*, vol.36, no.2,（原文を一部修正）

問 1　グラフの地域Ａ, 地域Ｂ, 地域Ｃを指す組み合わせとして最も適切なものを次の選択肢から選んで解答用紙（その 1 ）にマークしなさい。解答番号 14

① 地域Ａ：西ヨーロッパ　　　地域Ｂ：中・東ヨーロッパ
　地域Ｃ：南ヨーロッパ

② 地域Ａ：西ヨーロッパ　　　地域Ｂ：南ヨーロッパ
　地域Ｃ：中・東ヨーロッパ

③ 地域Ａ：南ヨーロッパ　　　地域Ｂ：中・東ヨーロッパ
　地域Ｃ：西ヨーロッパ

④ 地域Ａ：中・東ヨーロッパ　　地域Ｂ：西ヨーロッパ

地域Ｃ：南ヨーロッパ

問2 地域Ｂでは1970年代にある政治体制が終焉を迎えた。具体的にどの国々で何が終わったのか。21字以上30字以内で解答用紙（その2）に記述しなさい。

問3 地域Ｃの複数の国々では2010年代にある変化が起きた。どのような変化が起きたのか。11字以上20字以内で解答用紙（その2）に記述しなさい。

IV 次の資料1～4を読んで問いに答えなさい。

資料1：アメリカ大統領の書簡

Great and Good Friend: I send you this public letter by Commodore Matthew C. Perry, an officer of the highest rank in the navy of the United States, and commander of the squadron now visiting your imperial majesty's dominions.

（略）

The United States of America reach from ocean to ocean, and our Territory of Oregon and State of California lie directly opposite to the
(e)　　　　　　　　　　　　(f)
dominions of your imperial majesty. Our steamships can go from California to Japan in eighteen days.

Our great State of California produces about sixty millions of dollars in gold every year, besides silver, quicksilver, precious stones, and many other valuable articles. Japan is also a rich and fertile country, and produces many very valuable articles. Your imperial majesty's subjects are skilled in many of the arts. I am desirous that our two countries should trade with each other, for the benefit both of Japan and the United States.

We know that the ancient laws of your imperial majesty's government do
(g)
not allow of foreign trade, except with ⬛ γ ⬛ and ⬛ δ ⬛ ; but as the

青山学院大-国際政治経済 　　　2023 年度　論述・総合問題　*69*

state of the world changes and new governments are formed, it seems to be wise, from time to time, to make new laws. There was a time when the ancient laws of your imperial majesty's government were first made.

About the same time America, which is sometimes called the New World, was first discovered and settled by the Europeans. For a long time there were but a few people, and they were poor. They have now become quite numerous; their commerce is very extensive; and they think that if your imperial majesty were so far to change the ancient laws as to allow a free trade between the two countries it would be extremely beneficial to both.

（略）

I have directed Commodore Perry to mention another thing to your imperial majesty. Many of our ships pass every year from California to China; and great numbers of our people pursue the whale fishery near the shores of Japan. It sometimes happens, in stormy weather, that one of our ships is wrecked on your imperial majesty's shores. In all such cases we ask, and expect, that our unfortunate people should be treated with kindness, and that their property should be protected, till we can send a vessel and bring them away. We are very much in earnest in this.

Commodore Perry is also directed by me to represent to your imperial majesty that we understand there is a great abundance of coal and provisions in the Empire of Japan. Our steamships, in crossing the great ocean, burn a great deal of coal, and it is not convenient to bring it all the way from America. We wish that our steamships and other vessels should be allowed to stop in Japan and supply themselves with coal, provisions, and water. They will pay
　　　　　　　　　　　　　(h)
for them in money, or anything else your imperial majesty's subjects may prefer; and we request your imperial majesty to appoint a convenient port, in the southern part of the Empire, where our vessels may stop for this purpose. We are very desirous of this.

These are the only objects for which I have sent Commodore Perry, with a powerful squandron, to pay a visit to your imperial majesty's renowned city

70 2023 年度　論述・総合問題　　　　　　　　　青山学院大-国際政治経済

of Yedo: friendship, commerce, a supply of coal and provisions, and protection for our shipwrecked people.

* provisions　食料

資料 2：条約 A

第三條

| (イ) | 箱館の港の外次にいふ所の場所を左の期限より開くへし |

| (ロ) | 午三月より凡十五箇月の後より　西洋紀元千八百五十九年七月四日 |

| (ハ) | 午三月より凡十五箇月の後より　西洋紀元千八百五十九年七月四日 |

新潟　午三月より凡二十箇月の後より　西洋紀元千八百六十年一月一日

兵庫　午三月より凡五十六箇月後より　西洋紀元千八百六十三年一月一日

　若し新潟港を開き難き事あらは其代りとして同所前後に於て一港を別に撰ふへし

| (ロ) | 港を開く後六箇月にして下田港は鎖すへし・・・ |

第六條

日本人に對し法を犯せる亞米利加人は | (ニ) | コンシュル裁斷所にて吟味の上 | (ホ) | の法度を以て罰すへし亞米利加人へ對し法を犯したる日本人は日本役人糺の上日本の法度を以て罰すへし・・・

資料 3：条約 B

第一條

日本國肥前 | (ハ) | の港を亞米利加船の爲に開き其地に於て其船の破損を繕ひ薪水食料或は歆乏の品を給し石炭あらは又夫をも渡すへし

第二條

| (イ) | 並箱館の港に來る亞米利加船必用の品日本に於て得難き分を辨せん爲に亞米利加人右の二港に在住せしめ且合衆國のワイス，コンシュルを箱館の港に置く事を免許す

　但此箇條は日本安政五午年六月中旬合衆國千八百五十八年七月四日より施すへし

資料4：条約C

第二條

伊豆 （イ） ，松前地箱館の兩港は，日本政府に於，亞墨利加船薪水，食料，石炭，欠乏の品を日本人にて調候丈は給し候爲め，渡來の儀差免し候。尤 （イ） 港は約條書面調印の上即時相開き，箱館は來年三月より相始候事。

問1　条約A〜Cを作成順に古いものから並べたものとして適切な選択肢を選んで解答用紙（その1）にマークしなさい。解答番号 15
　① 条約A　→　条約B　→　条約C
　② 条約B　→　条約C　→　条約A
　③ 条約C　→　条約B　→　条約A
　④ 条約B　→　条約A　→　条約C

問2　下線部(e)と(f)に関して，Territory of Oregon と State of California の位置の組み合わせとして適切なものを次の選択肢から選んで解答用紙（その1）にマークしなさい。解答番号 16

　① Territory of Oregon：i　　State of California：j

② Territory of Oregon：k   State of California：l

③ Territory of Oregon：m   State of California：n

④ Territory of Oregon：o   State of California：p

問3　下線部(g)の内容を解答用紙(その2)に20字以内で記述しなさい。

問4　空欄　γ　・　δ　に入る語句の組み合わせとして適切なものを次の選択肢から選んで解答用紙(その1)にマークしなさい。解答番号 17

① γ：the Chinese   δ：the Dutch

② γ：the American   δ：the British

③ γ：the American   δ：the Dutch

④ γ：the British   δ：the Chinese

問5　下線部(h)に関連して，アメリカが石炭の供給を求めた理由を21字以上30字以内で解答用紙(その2)に記述しなさい。

問6　資料1の書簡でアメリカが日本に求めた事項として**正しいものには①，誤っているものには⓪**を解答用紙(その1)にマークしなさい。

ア　日本におけるキリスト教の布教を認めること。解答番号 18

イ　日本との間に軍事同盟を設定すること。解答番号 19

ウ　太平洋または日本近海で遭難したアメリカ人を保護してもらうこと。解答番号 20

エ　アメリカの捕鯨船を襲撃する海賊を取り締まること。解答番号 21

問7　空欄　(イ)　・　(ロ)　・　(ハ)　に入る港の組み合わせとして適切なものを次の選択肢の中から選んで解答用紙(その1)にマークしなさい。解答番号 22

① (イ)：下田   (ロ)：神奈川   (ハ)：長崎

② (イ)：神奈川   (ロ)：下田   (ハ)：長崎

③ (イ)：長崎   (ロ)：神奈川   (ハ)：下田

青山学院大-国際政治経済　　　　　　　2023 年度　論述・総合問題　*73*

④　(イ)：長崎　　　(ロ)：下田　　　(ハ)：神奈川

問 8　空欄　(ニ)　・　(ホ)　に入る語句の組み合わせとして適切なものを
次の選択肢の中から選んで解答用紙(その 1)にマークしなさい。解答番号
23

①　(ニ)：亞米利加　　(ホ)：亞米利加

②　(ニ)：日本　　　　(ホ)：日本

③　(ニ)：亞米利加　　(ホ)：日本

④　(ニ)：日本　　　　(ホ)：亞米利加

74 2023 年度 論述・総合問題　　　　　　　　　青山学院大-国際政治経済

◀国際経済学科▶

(70 分)

I 　民族主義(民族ナショナリズム：ethnic nationalism)に関する次の文章を読み，下の問に答えなさい。(解答番号 1)

　　Global economic weakness and a rise in inequality appear to be causing a disturbing growth in ethnic nationalism.

　　Leaders today often do not openly declare themselves to be ethnic nationalists — in which identity is defined by perceived genetic, religious or linguistic heritage rather than democratic ideals or principles.　But political appeals to such forms of identity are nevertheless widespread.

　　In the United States, despite his attempts to woo(注) minority voters, Donald J. Trump appears to derive support from such sentiment.　In Moscow, Vladimir V. Putin has used Russian nationalist sentiment to inspire many of his countrymen.　And we see growing ethnic political parties inspired by national identity in other countries.

　　It is natural to ask whether something so broad might have a common cause, other than the obvious circumstantial causes like the gradual fading of memories about the horrors of ethnic conflict in World War II　or the rise in this century of forms of violent ethnic terrorism.　Economics is my specialty, and I think economic factors may explain at least part of the trend.

注：woo　(支持などを)懇願する。

出典："What's Behind a Rise in Ethnic Nationalism?　Maybe the Economy" by Shiller, Robert J. *New York Times* (Online), New York: New York Times Company.　October 14, 2016.

青山学院大-国際政治経済　　　　　　　　　　　　　2023 年度　論述・総合問題　75

問　上記の文章は新聞のコラムの一部（冒頭部分）である。この続きとして，コラ
ムに含まれていないパラグラフを選択肢①から⑤のなかから一つ選びなさい。
（解答番号 [1] ）

①　But the modest slowdown could be a big part of the explanation for the
apparent rise of ethnic nationalism, if combined with another factor: rising
inequality, along with considerable fear about future inequality.

②　Ethnic nationalism creates an ego-preserving excuse for self-perceived
personal failure: Other groups are blamed for bad behavior and
conspiracies.　Often, ethnic, racial or religious conflict follows.　Among the
horrific examples are the atrocities committed in the name of nationalism
during World War Ⅱ — not coincidentally following the Great Depression.
Mr. Friedman provides other such instances from the last two centuries in
which ethnic conflict followed slow economic growth.

③　A 2015 study published in The American Economic Review by Michael
Kumhof of the Bank of England, Romain Rancière of the International
Monetary Fund and Pablo Winant of the Bank of England found that both
the Great Depression of the 1930s and the Great Recession of 2007-9 had
their origins, in part, in rising inequality.

④　But something has to be done about the two trends of rising inequality
and weak economic growth, for if they continue we may see more
unhappiness, discontent and political disruption.　Substantial fiscal stimulus
might be helpful, but it has been blocked.　Making the tax system
progressive enough to break the trend toward ever greater income
inequality has also been beyond our grasp, yet it may be the best option
we have.

⑤　In America, as in Europe, anti-immigrant backlashes have often followed
episodes in which foreigners are blamed for crimes and other problems.
But statistical studies show that in the United States, at least, immigrants
are far more law-abiding than natives, regardless of race, class or
education.

76 2023 年度　論述・総合問題　　　　　　　　　　青山学院大-国際政治経済

出典："What's Behind a Rise in Ethnic Nationalism?　Maybe the Economy" by Shiller, Robert J. *New York Times* (Online), New York: New York Times Company. October 14, 2016.

"Data Link Immigrants to Low Rates of Crime" by Gladstone, Rick.　*New York Times*, Late Edition (East Coast), New York: New York Times Company. January 14, 2016.

論述問題の解答に際しては，句読点，記号，アルファベットは1マスに1文字，アラビア数字は1マスに2文字までとしなさい。

II　移民に関する次の資料を参照して，下の問に答えなさい。

資料

Whether to welcome or prevent immigration has been a classic topic in history. The U.S. implemented the Chinese Exclusion Act in 1882 as a result of voters feeling their jobs were being taken by newcomers.　In 1965, the Immigration Act abolished quotas and opened the door for immigrants.　Under President Donald Trump, the country is again tightening immigration.

A comparison of 53 high-income economies' share of immigrants and gross domestic product per capita shows a trend in which GDP per capita is higher where there is a higher proportion of immigrants.

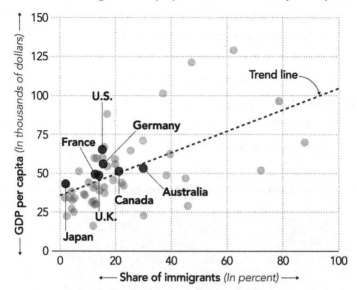

Figures are for 2019; GDP per capita is based on purchasing power parity
Source: United Nations; World Bank

出典:"Lack of immigrants risks population decline in rich countries" by KAZUYA MANABE and KAORI YOSHIDA, *NIKKEI Asia*. October 4, 2020.

注:1人当たりGDP(GDP per capita)とは,GDPを人口で割ったもの。GDPとは国内総生産(Gross Domestic Product)のこと。OECD東京センターのウェブサイトでは「国内総生産(GDP)は,ある国で財・サービスの生産を通じて一定期間内に生み出された付加価値を測定する標準的な尺度です。」と説明されている。

出典:https://www.oecd.org/tokyo/statistics/gross-domestic-product-japanese-version.htm(2022年10月15日参照)

問　上記の資料のみから「移民を積極的に受け入れて,人口に占める移民の割合が増えると1人当たりGDPが増加する。」と主張することの是非について100字以内で記述しなさい。

Ⅲ 下の図は，1985年から2019年までの世界157か国の1人当たりGDPのデータを整理し，各年の平均値と散らばりの指標（＊）を描いたものである。1人当たりGDPを国民の経済的豊かさの指標とし，その値が大きいほど豊かであるとする。一方，散らばりの指標は，その値が大きいほど一人当たりGDPの各国間でのばらつきが大きいと考える。経済的豊かさの傾向について，この図からわかること2点を100字以内で記述しなさい。

（＊） 正確には変動係数と呼ばれるもので，平均値の異なるデータの散らばり具合を比較するときに有用な指標である。

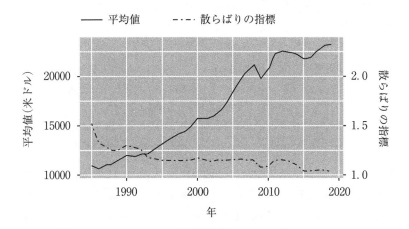

Ⅳ 日本あるいは米国どちらかでの資産運用を考えている投資家が日本のみならず世界中に多数おり，その投資家たちがどちらの国を選ぶかは日本と米国での資産運用の収益率（金利）のみを基準にして決定するものとする。下の図はドル円為替レート，米国の金利，日本の金利の動きをまとめたものである。この期間の円安ドル高について，「日米の金利差が拡大したことで円安ドル高になった」という意見がある。日米の金利差が拡大すると円安ドル高になる理由について，投資家たちの動きをふまえて150字以内で記述しなさい。

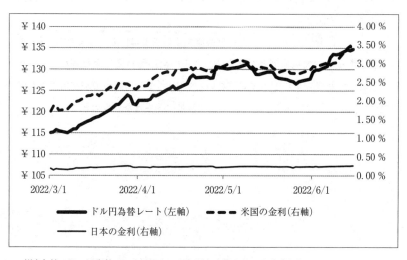

（注）左軸のドル円為替レートは1ドルが何円と交換されるかを表わしている。

V ある病気の治療において，医師Aは担当した100名の重症患者のうち20名の治療に成功し，50名の中等症患者のうち20名の治療に成功，10名の軽症患者のうち8名の治療に成功した。医師Bは担当した10名の重症患者のうち1名の治療に成功し，50名の中等症患者のうち15名の治療に成功，100名の軽症患者のうち65名の治療に成功した。

医師Aが担当した患者160名のうち，治療が成功した患者は48名，医師Bが担当した患者160名のうち，治療が成功した患者は81名なので，医師Aよりも医師Bの治療の方が優れているといってよいか。よいかどうかの判断とその理由を100字以内で記述しなさい。

但し，同一区分の症状である患者を治療する難易度は同じとする（例えば，重症患者Cさんの治療難易度と重症患者Dさんの治療難易度は変わらない。つまり，患者間で基礎疾患などの差異がないと想定）。また，両医師が使用できた医療設備，医薬品並びにスタッフなどの質や数量に差異はないものとする。

青山学院大-国際政治経済　　　　　　　　2023 年度　論述・総合問題　*81*

◀国際コミュニケーション学科▶

（70 分）

Ⅰ　次の５つのパラグラフ（A，B，C，D，E）を読んで，下記の設問の答えとして最も適切なものをそれぞれ [1]〜[3] の中から１つ選び，解答用紙（その１）の１から10にマークしてください。

A.　Quality of life is the degree to which an individual is healthy, comfortable, and able to participate in or enjoy life events.　The term *quality of life* is inherently ambiguous, as it can refer both to experience an individual has of his or her own life and to the living conditions in which individuals find themselves.　Hence, quality of life is highly subjective.　Whereas one person may define quality of life according to wealth or satisfaction with life, another person may define it in terms of capabilities (e.g., having the ability to live a good life in terms of emotional and physical well-being).　A disabled person may report a high quality of life, whereas a healthy person who recently lost a job may report a low quality of life.　Within the arena of healthcare, quality of life is viewed as multidimensional, encompassing emotional, physical, material, and social well-being.

1.　What does the passage conclude about how the expression *quality of life* might be defined?

　[1] Because quality of life is based on living conditions rather than personal experiences, it can be defined in the same way for everyone.

　[2] Ultimately quality of life cannot be defined since there is insufficient statistical data to provide a definition.

　[3] Since quality of life is influenced by how people view their situation in life, it is impossible to define it objectively.

出典追記：quality of life, Britannica, Encyclopaedia Britannica Inc

82 2023 年度 論述・総合問題　　　　青山学院大-国際政治経済

2. Which of the following statements is implied by the passage?

[1] Both people who are rich and satisfied with their lives and those who have the ability to be emotionally and physically well-off may think they have a high quality of life.

[2] While people with disabilities generally report that they have a high quality of life, people who are unemployed seldom report that they have a low quality of life.

[3] Because healthcare is far more important than other factors, such as emotional, physical, material, and social well-being, it can be said that healthcare is most closely related to quality of life.

B. Every group is not a team. Most are not, in fact, and so it's good to start with a definition. A team is a group of people who do collective work and are mutually committed to a common team purpose and challenging goals related to that purpose. Teams are more productive and innovative than mere work groups. They produce results that exceed what groups of individuals can do through simple cooperation and coordination. Such results reflect a "team effect": members perform better when they feel they're part of a team. The root of this benefit is members' strong mutual commitment to their joint work. This commitment creates compelling social and emotional bonds among members, who come to believe that "we" will all succeed or fail together and that no one can succeed if the team fails. In every team, "we" trumps "I." Unless you've been part of a team yourself, it's hard to understand the exhilaration [feeling of excitement] produced by this sense of what "we" can accomplish together.

3. According to the passage, what is a necessary condition for a group to be a team?

[1] Group members must know each other well before beginning to work together.

出典追記：Good Managers Lead Through a Team, Harvard Business Review on April 3, 2012 by Linda Hill and Kent Lineback

青山学院大-国際政治経済　　　　　　　　2023 年度　論述・総合問題　*83*

[2] The objectives of the group should be understood and shared by group members.

[3] A strong leader is needed to coordinate the members of a team effectively.

4. Which of the following statements is supported by the passage?

[1] Because of the strong ties that exist among team members, they rarely have disagreements with each other.

[2] Each individual in the team should be professional enough to accomplish the task on his or her own.

[3] A team becomes unified when its members believe that collaboration brings more benefits than working separately.

C. Young people all over the world are seriously concerned about the state of politics and education. That information comes from a survey by the Organization for Economic Cooperation and Development, or OECD. The study looked at 151 youth organizations from 72 countries. It centered on young people aged 15 to 29. The researchers noted that people between those ages have lived through two worldwide crises — the 2008 financial collapse and the coronavirus pandemic. OECD researchers say it is important to learn the effects of the pandemic on younger people. The pandemic, they said, has "affected different age groups differently and...its repercussions will be felt by many for decades to come...." Youth organizations were asked to identify three areas in which young people were finding it most difficult to deal with the effects of COVID-19. The top answers were mental health, education and employment. Other areas of concern were personal relationships, personal wealth and limits on individual freedom. The researchers said the pandemic's long-term effects on education "remain to be fully observed." The study added that the crisis has greatly "reduced international student mobility," widened educational differences across different populations and increased the risk of

84 2023 年度　論述・総合問題　　　　　　　　青山学院大-国際政治経済

students ending their education.

5. Which of the following sentences best summarizes the main idea of this passage?

　[1] The OECD is an international organization responsible for researching young people's mental health, education, and employment.

　[2] The OECD research stresses the importance of finding out what challenges young people face over time as a result of the COVID-19 pandemic.

　[3] The OECD reports that a combination of the 2008 financial collapse and the COVID-19 pandemic affected young people aged 15 to 29 the most.

6. Which of the following conclusions is supported by the passage?

　[1] It is necessary to continue to keep close watch on the long-term impact of COVID-19 on young people, especially in the area of education.

　[2] Young people are more vulnerable to the COVID-19 crisis than people of other generations.

　[3] Decreases in the number of students studying abroad due to the COVID-19 crisis vary from country to country.

D．A major difference between American and Japanese businesspeople has to do with the values they place on the qualities of individual independence versus group harmony. Americans tend to respect people who are independent, competitive, quick to show emotions, and able to argue persuasively. Japanese tend to place a higher value on group harmony, or *wa* [和]. Japanese tend to be less ready to show their true emotions — often worrying about hurting other people's feelings. More often they prefer to express a polite sense of togetherness. To Americans, not showing one's true feelings and opinions directly is often seen as a sign of weakness, or even dishonesty. Thus, Americans often seem outgoing to Japanese, whereas

出典追記：[C] Voice of America

青山学院大-国際政治経済　　　　　　　　2023 年度　論述・総合問題　*85*

Japanese may seem cool or reserved to Americans when they first meet. Americans are likely to be quick in trying to set up a friendly, personal relationship with customers. They are less concerned about formal titles and differences of status between people. They will often tell customers to call them by their first names — like an old friend — right from the first meeting. Such behavior would be rude in Japanese society and it can easily make Japanese uncomfortable in meeting foreign businesspeople.

7. What is the main point of this passage?

　[1] Despite many differences between Japanese and American businesspeople, they share at least some values in common.

　[2] Because Japanese people value harmony, they emphasize maintaining good relations with others more than Americans do.

　[3] Differences in business customs between Americans and Japanese are often related to the American tendency to be individualistic and the Japanese tendency to be group-oriented.

8. Which of the following statements best describes the author's opinion about Japanese and American people?

　[1] Even though Americans tend to be friendly in business and call people by their first names from the first meeting, while Japanese tend to be more concerned about formal titles and differences in status, the two styles are in basic harmony with each other.

　[2] Japanese people often see Americans as extroverted because Americans tend to express their feelings and opinions straightforwardly, while Americans have the impression that Japanese are cool and reserved because they tend not to show their emotions openly.

　[3] Because Americans tend to respect those who are independent, competitive, emotional, and able to make convincing arguments, they are able to get along well with their Japanese counterparts in business

86 2023 年度　論述・総合問題　　　　青山学院大-国際政治経済

situations.

E．A vast Transeurasian language family that contains the Japanese, Korean, Mongolian, Turkish and Tungusic languages has had its origins traced back 9000 years, to early farming communities in what is now north-east China. Transeurasian languages are spoken across a wide region of Europe and northern Asia. Until now, researchers assumed that they had spread from the mountains of Mongolia 3000 years ago, spoken by horse-riding nomads [people who move from place to place] who kept livestock [animals for food] but didn't farm crops. Martine Robbeets at the Max Planck Institute for the Science of Human History in Jena and her colleagues used linguistic, archaeological and genetic evidence to conclude instead that it was the onset of millet [a grain grown for food] cultivation by farmers in what is now China that led to the spread of the language family. The team did this by studying the linguistic features of the languages and using computational analysis to map their spread through space and time based on their similarities to each other. Doing so allowed Robbeets and her team to trace the proto-Transeurasian language back to the Liao river area of north-east China around 9000 years ago. This is the exact time and place that millet is known to have been domesticated, according to archaeological evidence, says Robbeets.

9．According to the passage, which of the following statements is true?

［1］Researchers originally assumed that Transeurasian languages were spoken across a wide area of Europe and northern Asia, but recent investigations by Robbeets and her colleagues have shown that the region was limited to north-east China.

［2］Researchers originally assumed that the reason for the spread of Transeurasian languages was due to a change in agricultural practices from growing crops in a single location to moving from one area to another in order to find land for keeping animals.

出典追記：Origins of Japanese and Turkish language family traced back 9000 years, New Scientist on November 10, 2021 by Carissa Wong

青山学院大-国際政治経済　2023 年度　論述・総合問題　*87*

[3] Researchers originally assumed that Transeurasian languages had spread from the mountains of Mongolia 3000 years ago, but Robbeets and her colleagues concluded that this assumption was wrong.

10. What can be inferred from the information given in the passage?

[1] The new findings about the contribution of millet cultivation to the spread of language from north-east China to other parts of the world 9000 years ago may lead to a complete change in our understanding of the history of Transeurasian languages.

[2] Since there is insufficient evidence to challenge the original assumption that the mobility of horse-riding nomads in Mongolia 3000 years ago led to the spread of Transeurasian languages, linguists are unlikely to adopt the new theory.

[3] Despite the recent research on Transeurasian languages conducted by Robbeets and her colleagues, linguists are advised not to use archaeological and genetic evidence for tracing back the history of a family of languages but to confine themselves to a study of the languages themselves.

Ⅱ 次の文章を読んで，下記の３つの設問に答えてください。解答用紙（その２）を
使ってください。

In a world experiencing rapid change, and where cultural, political,
economic and social upheaval challenges traditional ways of life, education has
a major role to play in promoting social cohesion and peaceful coexistence.
Through programmes that encourage dialogue between students of different
cultures, beliefs and religions, education can make an important and
meaningful contribution to sustainable and tolerant societies.

Intercultural education is a response to the challenge to provide quality
education for all. It is framed within a Human Rights perspective as expressed
in the Universal Declaration of Human Rights (1948):

> Education shall be directed to the full development of human personality
> and to the strengthening of respect for human rights and fundamental
> freedoms. It shall promote understanding, tolerance and friendship among
> all nations, racial and religious groups, and shall further the activities of
> the United Nations for the maintenance of peace.

The major challenge when discussing the issue of education and
multiculturalism is dealing with some of the inherent tensions that arise in
reconciling competing world views with each other. Such tensions reflect the
diversity of values which co-exist in a multicultural world. Often, they cannot
be resolved in a single 'either/or' solution. However, the dynamic interchange
between competing aspects is what lends richness to the debate on education
and multiculturalism.

One significant tension arises from the nature of Intercultural Education
itself, which accommodates both universalism and cultural pluralism. This is
particularly evident in the need to emphasize the universality of human rights,
whilst maintaining cultural difference which may challenge aspects of these

rights. Concepts of difference and diversity can also present tensions, between the practice of offering one curriculum for all children in a country, as opposed to offering curricula [plural of *curriculum*] which reflect different cultural and linguistic identities. In other words, between the general principle of equity and the tendency of any educational system to be culturally specific. The challenge for Intercultural Education is to establish and maintain the balance between conformity with its general guiding principles and the requirements of specific cultural contexts.

Culture is defined in numerous ways. As such, it has been defined as "the whole set of signs by which the members of a given society recognize...one another, while distinguishing them from people not belonging to that society." It has also been viewed as "the set of distinctive spiritual, material, intellectual and emotional features of a society or social group...(encompassing) in addition to art and literature, lifestyles, ways of living together, value systems, traditions and beliefs." Culture is at the core of individual and social identity and is a major component in the reconciliation of group identities within a framework of social cohesion. In discussing culture, reference is made to all the factors that pattern an individual's ways of thinking, believing, feeling and acting as a member of society.

Education is "the instrument both of the all-round development of the human person and of that person's participation in social life." It can take place at any age, through the actions of many institutions such as family, the community or the work environment. It can also take place through interaction with the natural environment, especially when such interaction is socially and culturally determined. From these many influences, school remains the most visible educational institution, and its role is central to the development of society. It aims at developing the potential of learners through the transmission of knowledge and the creation of competencies, attitudes and values that empower them for life in society.

Concepts of culture and education are, in essence, intertwined [connected to each other]. Culture forges [influences] educational content, operational modes [how something is done] and contexts because it shapes our frames of reference, our ways of thinking and acting, our beliefs and even our feelings. All actors involved in education — teachers and learners, curriculum developers, policy makers and community members — invest their cultural perspectives and cultural aspirations into what is taught, and how it is conveyed. Yet education is also vital to the survival of culture. As a collective and historical phenomenon, culture cannot exist without continual transmission and enrichment through education, and organized education often aims to achieve this very purpose.

The term *multicultural* describes the culturally diverse nature of human society. It not only refers to elements of ethnic or national culture, but also includes linguistic, religious and socio-economic diversity. Interculturality is a dynamic concept and refers to evolving relations between cultural groups. It has been defined as "the existence and equitable interaction of diverse cultures and the possibility of generating shared cultural expressions through dialogue and mutual respect." Interculturality presupposes multiculturalism and results from 'intercultural' exchange and dialogue on the local, regional, national or international level.

In order to strengthen democracy, education systems need to take into account the multicultural character of society, and aim at actively contributing to peaceful coexistence and positive interaction between different cultural groups. There have traditionally been two approaches: multicultural education and Intercultural Education. Multicultural education uses learning about other cultures in order to produce acceptance, or at least tolerance, of these cultures. Intercultural Education aims to go beyond passive coexistence, to achieve a developing and sustainable way of living together in multicultural societies through the creation of understanding of, respect for and dialogue between the different cultural groups.

1. Write a title for this passage in English which clearly indicates its main topic.

2. 上記の文章の要旨を150字以上200字以内（句読点を含む）の日本語でまとめてください。

3. Write a short essay of not more than 80 words in English in which you give some concrete examples of how Intercultural Education might be taught at schools and universities.

解答編

論述・総合問題

◀国際政治学科▶

I **解答** 問1．文民大国として再生した，戦後自由主義という秩序の利害当事国。（21字以上30字以内）

問2．World Trade Organization

問3．参加国・地域数が増加した複雑な利害下で全会一致を要すること。（21字以上30字以内）

問4．②

問5．ア─①　イ─⓪　ウ─①　エ─⓪　オ─⓪

問6．The crisis of liberal internationalism（4〜5ワード）

━━━━◀解　説▶━━━━

≪危機に瀕するリベラル国際主義≫

問1．下線部(a)の a new type of international order（新しい国際秩序）における日本と西ドイツの役割はいかなるものであったか，21〜30字で記述する。第2段第5文（West Germany and …）に，戦後新秩序におけるドイツと日本の役割が示されている。

問3．ドーハ・ラウンドの交渉をまとめる難しさについて，図1と資料1から読み取れる要因を21〜30字で記述する。第一に，図1からは，参加国・地域数が年を経るにつれ増加し，ドーハ・ラウンドではケネディ・ラウンドと比べて，2.5倍超に膨らんだことが読み取れる。第二に，資料1には，第1文（Decisions in the …）に consensus of the entire membership とあるように，WTOでの意思決定が基本的に全会一致で行われる旨が書かれている。以上2点から，参加国・地域数の大幅増加に伴い，利害が一致せず，合意形成がしにくくなった構図が推察できる。

問5．課題文から読み取れる内容に基づき，ア〜オの正誤を判断する。

ア．正文。最終段第3文（In areas such …）の such as trade, … immigration, … the Trump administration has actively undermined the American-led postwar order と一致する。

イ．誤文。第3段第3文（The two great …）に Great Britain and the United States, … now seem to be pulling back from this leadership とある。

ウ．正文。第1段最終文（In the century's …）に In the century's last decade, it appeared the contest was over. とある。

エ．誤文。第2段第8文（Beijing had yet …）に Beijing had yet to emerge as an economic superpower. とある。have yet to *do* が「まだ〜していない」という意味であることに注意する。

オ．誤文。「政治・経済」の知識で誤文と見当はつくが，本文に照らして確認する。EU が貿易保護主義かどうかは明記されていないが，第3段第5文（The EU has …）に The EU has been the silent bulwark of the Western liberal order. とある。そして，第2段第2文（In the aftermath …）に，米国とそのパートナーは，organized around open trade とあることから，EU が「貿易保護主義を進める」という記述は誤り。

問6．課題文に合う英語のタイトルを考える。ただし，liberal internationalism という語を含むこと。全体から読み取れる主旨としては，戦後アメリカが主導してきたリベラル（自由主義的）国際主義が岐路にさしかかっていること，つまり，既存秩序が危機に瀕していることが挙げられる。これは，第3段冒頭の this grand project is in crisis という部分に集約されている。これをヒントに，〔解答〕のほか，liberal internationalism is in crisis といった書き方も考えられる。なお，the end〔breakdown〕of liberal internationalism とするのは，課題文の内容を超えているので，不適だと考えられる。

出典追記：A World Safe for Democracy: Liberal Internationalism and the Crises of Global Order by G. John Ikenberry, Yale University Press

 問1．② 問2．human rights 問3．①
問4．ア—① イ—① ウ—⓪ エ—① オ—⓪

━━━━━━━━━━ ◀解　説▶ ━━━━━━━━━━

≪EUのノーベル平和賞受賞≫

問3．下線(d)の the inter-war years を指す時期として最も適切なものを選ぶ。一般的に，inter-war years（または inter-war period）つまり「戦間期」とは，第一次世界大戦と第二次世界大戦の間（1918〜39年頃）を指す。それを知らなかったとしても，下線(d)を含む第2段第1文（In the inter-war …）に seeking reconciliation between Germany and France とあり，続く同段第2文（Since 1945, …）で，1945年以降に，that reconciliation has become a reality と書かれている点や，独仏関係の歴史を考え合わせると推測できる。

問4．課題文から読み取ることのできる内容に基づき，ア〜オの正誤を判断する。

ア．正文。第3段第1・2文（In the 1980s, … their membership.）のGreece, Spain and Portugal, The introduction of democracy was a condition と対応する。第1文に joined the EU とあるが，注釈（＊）に「当時の EC」とあるので，この点も問題ない。

イ．正文。第3段第3文（The fall of …）と一致する。The fall of the Berlin Wall は「冷戦終結」の比喩的な表現である。

ウ．誤文。最終段第1文（The admission of …）に the opening of membership negotiations with Montenegro とあり，「加盟交渉は始まっていない」は誤り。

エ．正文。最終段第1文（The admission of …）の the granting of candidate status to Serbia と一致する。

オ．誤文。最終段最終文（In the past …）に the possibility of EU membership for Turkey とあり，「加盟を決定した」わけではない。

 解答　問1．②
問2．ポルトガル，ギリシャ，スペインで独裁政治体制が終焉した。（21字以上30字以内）
問3．民主主義の後退を想起させる政治的な変化。（11字以上20字以内）

青山学院大-国際政治経済　　　　　　2023 年度　論述・総合問題〈解答〉　95

■━━━━━━ ◀解　説▶ ━━━━━━■

≪欧州のリベラル・デモクラシー指数≫

問1．グラフの地域A〜Cの組み合わせを選ぶ。まず，グラフのリベラル・デモクラシー指数に関して，各地域の特徴を確認する。地域Aは，1970年以降一貫して高水準である。地域Bは，1975〜80年に上昇し，地域Cは1990年を境に急上昇している。

　以上を資料の記述と照らし合わせる。資料3の第1文（After an initially…）の an initially rapid transition towards democracy in the 1990s, the Central and Eastern European region から，地域Cが中・東ヨーロッパと判断できる。資料1では，ポルトガル，ギリシャ，スペインを挙げ，1975 年頃までに独裁政権が終焉し，民主的な政府に転換したことが書かれている。よって，地域Bが南ヨーロッパとなる。残る地域Aは，指数の安定性と消去法から西ヨーロッパと判断でき，②が適切。

問2．地域Bでは1970年代にある政治体制が終焉を迎えたが，具体的にどの国々で何が終わったのか，21〜30字で記述する。問1から地域Bは南ヨーロッパであり，資料1の第1文（The overthrow of…）に Portugal … Greece … Spain … mark the end of these dictatorships とある。具体的な国名と政治体制を明記してまとめる。なお，資料2で終焉を迎えた政治体制として触れてあるのは communist rule「共産主義体制」であり，旧ソビエト連邦の国々が挙げられているが，その終焉は1970年代ではないため，不適である。

問3．地域Cの複数の国々では2010年代にどのような変化が起きたのか，11〜20字で記述する。問1から地域Cは中・東ヨーロッパとわかる。3つの資料には「2010年代」を直接示す単語は登場しないため，注意深くヒントを探す必要がある。中・東ヨーロッパに言及している資料3の第1文（After an initially…）の in recent years，続く第2文の Recent political developments がいつ頃を指すのかに注目する。資料3下部の「出典」をみると，2020となっていることから，この recent が2010年代であると推測できる。また，同文に，Recent political developments … fears about democratic backsliding in the region, … may herald … reversed wave of democratisation. とある。グラフと照合すると，地域Cのリベラル・デモクラシー指数は2010年以降，緩やかな低下傾向にある

96 2023 年度　論述・総合問題〈解答〉　　　　　青山学院大-国際政治経済

ことが確認できる。よって，設問の「どのような変化」という文言を意識
しつつ，資料3の第2文を手短にまとめればよい。

Ⅳ 解答

問1．③
問2．①
問3．江戸幕府の管理・制限による対外統制政策。（20字以内）
問4．①
問5．蒸気船で太平洋を横断する際に，大量の石炭が必要になるため。
（21字以上30字以内）
問6．ア─⓪　イ─⓪　ウ─①　エ─⓪
問7．①　問8．①

◀解　説▶

≪日本の開国≫

問1．③が適切。条約Cは1854年に調印された日米和親条約である。→
条約Bは1857年に調印された日米追加条約（下田協約）である。→条約
Aは1858年に調印された日米修好通商条約である。日米和親条約と日米
修好通商条約は基本史料だが，日米追加条約はほとんどの受験生にとって
初見史料のはずである。2つの港がすでに開かれており，そこでのアメリ
カ人の居留が定められていること，第2条が「千八百五十八年七月四日」
に発効することなどを読み取り，そこから日米和親条約と日米修好通商条
約の間の時期と判断したい。

問2．①が適切。オレゴン領とカリフォルニア州の位置を知らなくても，
下線部(e)・(f)を含む文が「アメリカ合衆国は大西洋から太平洋まで広がっ
ており，我が国の領土であるオレゴン領とカリフォルニア州は貴帝国（日
本）の真向かいにある」という意味なので，西海岸に位置するiとjがふ
さわしいとわかる。オレゴン領はイギリスとアメリカの共同保有であった
が，1846年の協定によって分割され，現在のカナダとの国境線から南側
がアメリカ領となった。その後，オレゴンからワシントンが分離するため，
現在のオレゴン州はカナダとの国境に面してはいない。

問3．下線部(g)の the ancient laws は「祖法」と訳すことができるが，こ
こでは江戸幕府の外交上の祖法のことを言っているので，いわゆる鎖国政
策について説明すればよい。

青山学院大-国際政治経済　　　　　　　2023 年度　論述・総合問題〈解答〉　*97*

問4．空欄 γ・δ を含む文は「貴帝国政府の祖法が　γ　と　δ　以外との外国貿易を禁じていることは承知しているが…」という意味であり，空欄には長崎での通商を認められていた中国とオランダが入るとわかる。

問5．下線部(h)を含む文の前文（Our steamships, …）は「我が国の蒸気船は，広大な太平洋の横断により大量の石炭を消費するが，そのすべてをアメリカから運ぶのは不便である」という意味であり，アメリカが石炭の供給を求めた理由が書かれている箇所である。

問6．資料1は，アメリカ大統領フィルモアの書簡である。最後の段落に目的がまとめてあり，その内容は「私が強力な艦隊とともにペリー提督を貴帝国の名高い首府である江戸に派遣した目的は，友好関係，貿易，石炭と食料の供給，遭難者の保護，これらのみである」というものである。この内容と合致する選択肢はウのみであり，ア・イ・エについてはフィルモアが言及していない内容である。

問7．①が適切。日米和親条約が下田・箱館の開港を定めたこと，日米修好通商条約では2港に加えて神奈川・長崎・新潟・兵庫の開港を定めたこと，また神奈川開港後に下田を閉鎖すると定めたこと，などの知識があれば解答できる。

問8．①が適切。日米修好通商条約の第6条は，領事裁判権の承認に関する条文である。日本人に対して犯罪行為をしたアメリカ人は，アメリカ領事裁判所で審理を行い，アメリカの法律によって処罰すると定めている。

◀国際経済学科▶

I 解答 ⑤

━━━━◀解　説▶━━━━

≪民族主義の台頭≫

コラムの冒頭部分に続く段落として適切かどうかを判断する。まずはコラムの冒頭部分の最後の内容を確認する。民族主義台頭の原因について、第4段最終文（Economics is my …）に Economics is my specialty, … economic factors may explain … the trend. とあり、経済的要因についての記述が続くことが予想される。以下で各選択肢の要旨を順に確認していく。

①民族主義台頭の大きな原因は、modest slowdown と rising inequality である。

②歴史的には slow economic growth の後に ethnic conflict が起きてきた。

③過去の Great Depression と Great Recession は、rising inequality に端を発する側面があった。

④rising inequality と weak economic growth が続けば、さらなる不幸や混乱を招く恐れがあるため、対策を講じるべきだ。

⑤米国では、foreigners が犯罪などの原因であるとの見方があるが、データによれば、immigrants は natives よりも法を遵守している。

　以上から、⑤のみが経済成長の低迷や格差（不平等）拡大に言及のない文章となっており、コラムの続きとして不適。なお、出典のタイトルも手掛かりとなる。脚注の後に示されたコラム冒頭部分の出典と、選択肢の後に示された出典の1番目は、当然、同一のコラム記事である。選択肢5つのうち4つはこのコラム記事のもので、選択肢の後の出典の2番目に挙げられた記事に含まれる選択肢は1つのはずである。Data Link Immigrants to Low Rates of Crime という記事タイトルから、選択肢の中では⑤のみ関係が深い内容と推察できる。

青山学院大-国際政治経済　　　　　　　　　　2023 年度　論述・総合問題〈解答〉　*99*

Ⅱ　解答

資料からわかるのは，人口に占める移民の割合が高い国ほど，1 人当たり GDP が高いという相関関係のみである。高所得国に移民が多く集まってきた可能性もあり，両者の因果関係を主張するのは妥当ではない。（100 字以内）

■━━━━◀解　説▶━━━━■

≪移民と GDP の相関関係≫

　資料のみから，「移民を積極的に受け入れて，人口に占める移民の割合が増えると 1 人当たり GDP が増加する」と主張することの是非を論述する。まず，グラフを構成するデータや変数の定義を確認する。資料の第 2 段（A comparison of…）において，世界 53 の高所得国を対象に，人口に占める移民の比率と 1 人当たり GDP（国内総生産）の関係を分析した結果，両者の間に正の相関関係が認められたとしている。次にグラフを確認すると，正の相関関係を読み取ることができ，縦軸・横軸の変数も資料の第 2 段の内容と対応している。

　一方，グラフが示唆するのはあくまでも相関関係であって，因果関係ではない。設問の主張の論理展開は，〈移民受け入れ→ GDP 増加〉という因果関係を示すものであり，このグラフのみから推論できることではない。設問の主張とは逆に，高所得国であるから出稼ぎ移民が流入して割合が高くなっていると考えることもできる。〔解答〕においては，「因果関係」という用語を明記しながら，以上のような内容をまとめた。

Ⅲ　解答

第一に，1 人当たり GDP 平均値は顕著に増加し，金額で表す豊かさが世界で大きく増していること，第二に，散らばりの指標は緩やかに低下し，各国間での豊かさの格差が縮小しつつあることが読み取れる。（100 字以内）

■━━━━◀解　説▶━━━━■

≪経済的豊かさの統計≫

　経済的豊かさの傾向について，図からわかること 2 点を説明する。2 点とあるので，2 つの指標を軸に，問題文の説明を参考にしながら，傾向をまとめる。その際，あくまでも全体的な「傾向」を意識し，些末な変化にとらわれすぎないようにすると把握しやすい。

　グラフを観察すると，①平均値がほぼ右肩上がりで大きく上昇している

こと，②散らばりの指標はほぼ右肩下がりで緩やかに低下していること，などが読み取れる。以上の2要素を，どういったことを示しているかも含めてバランスよくまとめる。

Ⅳ 解答

米国金利の上昇時には米国での資産運用が有利となるが，元手の資金が必要である。グラフから，金利0％台である日本で得ていた資金を，金利2.5％前後の米国で運用すれば，いずれの国の投資家であってもおおむね2％以上の収益率が期待できる。こうした背景によって円が大量に売られ，ドルが買われるため，円安ドル高が進む。（150字以内）

◀解　説▶

≪金利差と円安ドル高≫

日米の金利差が拡大すると円安ドル高になる理由を，投資家の動きに着目して説明する。〈結果〉として示されている円安ドル高は，円が売られ，ドルが買われる現象である。これを金利差拡大という〈原因〉から説明せよ，という問題と解釈できる。留意すべきは，問題文第1文の「投資家が日本のみならず世界中に多数おり」という部分である。日本の投資家だけでなく，世界の投資家がどのように利益を上げるのかを考えなければならない。

そもそも投資には元手資金が必要である。米国の金利よりも日本の金利のほうが低ければ，日本で得た資金をドルに投資することで，高金利が得られる。日本で得た円を資金としてドルで運用しようとする際に，円を売ってドルを買うことになるため，円安ドル高になると考えられる。

このような金融実務に通じる問題は，受験生にとっては一見難解に感じられるかもしれないが，グラフを手掛かりに，具体的な数値で考えるとわかりやすい。

Ⅴ 解答

Bの方が優れているとはいえない。症状別の患者数がA・Bで異なり，症状別の治療成功率では各症状ともAの方が高いからだ。各症状で可能な限り多数で同数の患者に対するA・Bの治療を比べて判断する必要がある。（100字以内）

青山学院大-国際政治経済　　　　　　　　　2023 年度　論述・総合問題〈解答〉　*101*

◀解　説▶

≪医療統計≫

　ある病気の臨床データから，医師Ａよりも医師Ｂの治療の方が優れていると判断できるかを，理由も含めて論述する。問題文の臨床データを表にまとめると以下のようになる。患者数は医師Ａ・Ｂとも合計 160 名で統一されている。

　問題文では，合計患者数（各 160 名）に対する治療成功数（Ａ：48 名，Ｂ：81 名）のみで医師の優劣を判断してよいかの可否が問われているが，表に示す通り，全症状対象の成功率と症状別の成功率は異なる。症状別の成功率はいずれもＡの方が高い。これは，患者の構成がＡは重症に，Ｂは軽症に偏っていることに起因する。

　さらに言えば，患者数が少ない項目（Ａの軽症やＢの重症）は，サンプル数が十分と言いがたく，すべての症状である程度多く，かつ同数の患者に対する治療結果がなければ最終的には判断できない。〔解答〕においては，全症状対象と症状別での成功率の違いを指摘しながら，以上の内容をまとめた。

医師Ａ

	成功(人)	患者(人)	成功率
重症	20	100	20%
中等症	20	50	40%
軽症	8	10	80%
合計	48	160	30%

医師Ｂ

	成功(人)	患者(人)	成功率
重症	1	10	10%
中等症	15	50	30%
軽症	65	100	65%
合計	81	160	約51%

102 2023 年度　論述・総合問題〈解答〉　　　　青山学院大-国際政治経済

◀国際コミュニケーション学科▶

Ⅰ　**解答**　1－3　2－1　3－2　4－3　5－2　6－1
　　　　　　　7－3　8－2　9－3　10－1

〰〰〰〰〰〰◆全　訳◆〰〰〰〰〰〰

A．≪生活の質とは≫

　生活の質とはある人が健康で，居心地よく，そして人生における出来事に参加できる，あるいは楽しむことができる度合いである。「生活の質」という用語は，本質的に曖昧なものである。というのは，それはある個人が自身の生活や生活環境で経験すること，そして自分が暮らしている生活の状態の双方を指すためである。それゆえに，生活の質は極めて主観的なものである。ある人が生活の質を富や生活に対する満足感で定義するかもしれない一方で，ある人は能力（たとえば，感情的・身体的な幸福という観点においてよい生活を送る能力をもっていること）という観点から生活の質を定義するかもしれない。障害のある人が生活の質が高いと報告するかもしれない一方で，健康であっても最近失業した人は生活の質が低いと報告するかもしれない。ヘルスケアという領域において，生活の質は感情的，身体的，物質的，そして社会的な幸福を含む多次元的なものとみなされている。

B．≪単なる集団ではないチームとは≫

　すべての集団がチームというわけではない。実際のところ，ほとんどがそうではない。よって，定義から始めるのがよいだろう。チームとは，共同作業を行い，チームとしての共通の目的と，その目的に関係する困難な目標に対して互いに熱心に取り組む人々の集団である。チームは単に作業をする集団よりもより生産的で創造力に富んでいる。チームは個人個人が集まった集団が単純な協力と調整を通じて行うことができることを超える結果を生み出す。そのような結果は「チーム効果」を反映している。つまり，メンバーは自分たちがチームの一員だと感じるときに，よりよいパフォーマンスを見せるのである。この利点の根底には，共同作業に対するメンバーたちの強力な相互の献身がある。この献身がメンバー間での圧倒的な社会的，感情的な絆を生み出す。そこでは，メンバーたちは「私たち」

が成功，あるいは失敗するときは皆も一緒で，そしてもしもチームが失敗するときは誰も成功することはできないと信じるようになる。すべてのチームにおいて，「私たち」は「私」に勝るのである。もしもあなた自身がチームの一員になった経験がないのであれば，「私たち」がともに何かを成し遂げることができるという感覚が生み出す，この気分の高揚（わくわくする感情）を理解することは難しい。

C. ≪新型コロナウイルスの流行が若者に与えた影響≫

　世界中の若者たちが真剣に政治と教育の現状を気にかけている。この情報は経済協力開発機構，いわゆる OECD によるアンケート調査から得られたものである。この調査は 72 カ国の 151 の青年組織を調査したものである。それは 15 歳から 29 歳の若者を中心としている。研究者たちはこの年齢の人々が 2 つの世界的な危機を経験してきたことに注目している。つまり，2008 年の金融崩壊と新型コロナウイルスの大流行である。OECD の研究者たちは，このコロナ禍が若者に与える影響を知ることが重要だと述べている。コロナ禍は「異なる年齢層に対して異なる影響を与えており……多くの人がその余波をこれからの数十年にわたって感じることになるだろう」と彼らは述べている。青年組織は，若者が新型コロナウイルスの影響で最も対処することが難しいと感じている 3 つの分野を特定するよう依頼された。回答で上位にあがったのは，メンタルヘルス，教育，そして雇用であった。不安を感じる他の分野としては，人間関係，個人の財産そして個人の自由の制限があった。研究者たちは，コロナ禍が教育に及ぼす長期的な影響を「引き続きしっかりと注視していく」と述べている。この研究は，この危機が大きく「国際的な学生の流動性を減少させ」，異なる人口層において教育的な差異を広げ，学生たちが教育を終えてしまうという危険性を増加させていると付け加えている。

D. ≪アメリカと日本のビジネスパーソンの違い≫

　アメリカと日本のビジネスパーソンの主要な違いは，個人の自立か集団の調和かというどちらの資質を重視するかどうかに関係している。アメリカ人は，自立していて競争心があり，感情を即座に表し，説得力のある議論ができる人に敬意を払う傾向がある。日本人は，集団の調和，つまり「和」に，より高い価値を見出す。日本人はあまり自身の本当の感情を示したがらない傾向があるが，これは多くの場合，他人の感情を傷つけるこ

とを心配してのことである。それよりも，彼らは礼儀正しい一体感を表すほうを好む場合が多い。アメリカ人にとって，自身の本当の感情や意見を直接的に示さないのは，弱さの証であるとみなされることも多く，不誠実だと受け止められることさえある。それゆえ，アメリカ人と日本人が初めて会ったときは，日本人にとってアメリカ人は社交的に思えることが多く，アメリカ人にとって日本人は冷静で控えめに思えるかもしれない。アメリカ人は顧客と友好的で個人的な関係をすぐに築こうとする傾向がある。彼らは人々の公的な職名や地位の違いをあまり気にしない。彼らはしばしば顧客に自分たちを，最初に出会ったときから，古くからの友人のようにファーストネームで呼ぶように言う。そのような行動は日本社会では非礼であり，外国のビジネスパーソンと出会うとき，日本人を簡単に居心地悪くさせうるものである。

E．≪トランスユーラシア語族のルーツについての新発見≫

　日本語，韓国語，モンゴル語，トルコ語，ツングース語を含む広大なトランスユーラシア語族の起源は 9000 年前の，現在の中国北東部における初期の農耕コミュニティにまで遡る。トランスユーラシア語はヨーロッパとアジア北部の広域に渡って話されている。これまで研究者たちが考えていたのは，これらの言語は，家畜（食料用の動物）を飼ってはいたが穀物は栽培していなかった，馬に乗った遊牧民（ある場所からある場所へと移動する人々）の間で話されており，モンゴルの山間部から 3000 年前に広がったということだった。ドイツのイエナ州にあるマックス・プランク人類史科学研究所のマルティン＝ロッベエツと彼女の同僚たちは，言語学的，考古学的，そして遺伝子学的なエビデンスを用いて，むしろその言語族の拡大につながったのは現在の中国において農民たちがキビ（食用として育てられる穀物）の栽培を始めたことであると結論づけた。研究チームはこのことを，互いの類似性を基に，場所と時間を通してその広がりを地図に描くため，その言語の言語学的な特徴を研究し，コンピュータによる分析を用いることによって行った。そのようにすることで，ロッベエツと彼女のチームは初期のトランスユーラシア語の起源をおよそ 9000 年前の中国北東部の遼河地域にまで遡ることができた。考古学的なエビデンスによれば，キビが栽培化されたのはちょうどどこの時期と場所であったことがわかっているとロッベエツは述べている。

■━━━━━━━━━━ ◀解　説▶ ━━━━━━━━━■

A．1．「どのように『生活の質』という表現が定義されるかについて，
この文章は何を結論づけているか」

　第2・3文（The term *quality of life* … highly subjective.）に注目す
る。ここに「『生活の質』という用語は曖昧なものであり，主観的なもの
である」とあり，続く第4文（Whereas one person …）以降では，人に
よって定義が異なる例が示されている。この内容と一致するのは3の「生
活の質は，人々が自分の生活状況をどのように見ているかによって影響を
受けるため，客観的に定義することは不可能である」である。1の「生活
の質は，個人的な経験よりも生活状態に基づいているため，誰にとっても
同じような方法で定義されうる」は上述の第2・3文および第4文以降の
内容に相違しているため，誤りとなる。2の「最終的には，定義を提供す
るための統計的なデータが不十分であるため，生活の質は定義することが
できない」も上述の第2・3文と矛盾する。生活の質を定義することがで
きないのは，統計的なデータが不十分なためではなく，主観的な要素に影
響されるためである。

2．「この文章が示唆しているのは，次の記述のどれか」

　1の「お金持ちで生活に満足している人と，感情的・身体的に恵まれて
いるという能力をもつ人の双方が，高い生活の質を得ていると考えるかも
しれない」が第4文（Whereas one person …）の内容と一致する。生活
の質の定義は人によって異なる可能性があるという文章において，例示さ
れている内容である。2の「障害のある人々が一般的に自分たちは生活の
質が高いと報告している一方，失業中の人々が自分たちの生活の質が低い
と報告することは稀である」は第5文（A disabled person …）の内容と
矛盾する。人によって生活の質の定義が異なるという例において，「失業
者は生活の質が低いと報告するかもしれない」という記述がある。3の
「ヘルスケアは感情的，身体的，物質的，そして社会的な幸福といった他
の要素よりもはるかに重要なので，ヘルスケアが生活の質と最も密接な関
係があると言うことができる」は最終文（Within the arena of healthcare,
…）と矛盾する。感情的，身体的な幸福といった要素はヘルスケアという
領域の中で生活の質を考える際に挙げられており，ヘルスケアがより重要
であるという記述はない。

106 2023 年度　論述・総合問題〈解答〉　　　　青山学院大-国際政治経済

B．3．「この文章によれば，ある集団がチームとなるために必要な条件は何か」

　第 3 文（A team is a group …）参照。「チームとは，共同作業を行い，チームとしての共通の目的と，その目的に関係する困難な目標に対して互いに熱心に取り組む人々の集団である」とある。この内容に最も意味が近いのは 2 の「その集団の目的はグループのメンバーたちによって理解され，共有されるべきである」である。1 の「グループのメンバーたちは，一緒に働き始める前にお互いのことをよく知らなければならない」は本文に記述がない。メンバー個人に対しては第 6 文（Such results reflect …）で一緒に働く際の記述があるが，「働き始める前」の記述はない。3 の「チームのメンバーたちを効果的にまとめるため，強力なリーダーが必要である」も本文に記述がない。第 8・9 文（This commitment creates … trumps "I."）に「絆を生み出す」，「『私たち』は『私』に勝る」という記述があるが，リーダーが必要という記述はない。

4．「次の記述のうち，この文章によって支持されているのはどれか」

　第 4 ～ 8 文（Teams are more productive … the team fails.）に注目する。この内容と一致するのは，3 の「協力することが個別に作業をするよりもより大きな利益をもたらすということをメンバーが信じるとき，チームは団結するようになる」である。1 の「チームのメンバー間に存在する強い絆のため，お互いに対する意見の不一致を彼らがもつことは稀である」については，メンバー間の強い絆についての記述は第 8 文（This commitment creates …）にあるものの，意見の不一致に関する記述は本文にみられない。2 の「チームの各人が自身でタスクを達成させるために十分プロフェッショナルであるべきである」については，「プロフェッショナルであるべき」といった記述は本文にない。また第 8・9 文（This commitment creates … trumps "I."）においては，「各人」よりも「チーム全体」が強調されているため，不適と言えよう。

C．5．「次のどの記述がこの文章の主な考えを最もよくまとめているか」

　2 の「OECD の調査は，新型コロナウイルスの大流行の結果，時間の経過とともに，どのような問題に若者が直面するのかを明らかにすることの重要性を強調している」が第 6・7 文（OECD researchers say … to come....."）と一致する。OECD の研究者たちは「コロナ禍が若者に及ぼ

す影響を知ることが重要である」,「コロナ禍は異なる年齢層に対して異なる影響を与えており, 多くの人がその余波をこれからの数十年に渡って感じることになるだろう」と述べている。1の「OECD は若者のメンタルヘルス, 教育, そして雇用の調査を担う機関である」は本文に記述がない。第8・9文(Youth organizations were … and employment.)に「青年組織は, 若者が新型コロナウイルスの影響で最も対処することが難しいと感じている3つの分野を特定するよう依頼され, その上位の回答がメンタルヘルス, 教育, 雇用であった」という記述があるのみである。3の「OECD は 2008 年の金融崩壊と新型コロナウイルスの大流行の組み合わせが 15 歳から 29 歳の若年層に最も影響を与えたことを報告している」については, 第7文(The pandemic, …)に「年齢層によって異なる影響を与えている」とあるのみで,「若年層が最も影響を受けた」という記述はないため, 不適。

6.「以下のどの結論がこの文章によって支持されるか」

1の「とりわけ教育の分野において, 新型コロナウイルスの若者に対する長期的な影響を注視し続けていく必要がある」が, 第 11 文(The researchers said …)と一致する。2の「新型コロナウイルスの危機に対して, 若者は他の世代よりもより脆弱である」は, 第7文(The pandemic, …)に「年齢層によって異なる影響を与えている」とあるが,「若年層はより脆弱」という記述はないため, 誤りである。3の「新型コロナウイルスの危機による留学生の数の減少は国によって異なる」については, 最終文(The study added …)に国際的な学生の移動の減少について述べられているが,「教育的な差異を広げる」という記述があるのみで, 国ごとの留学生数の減少についての記述はないため, 誤りである。

D.7.「この文章の主要な点は何か」

3の「アメリカ人と日本人の間のビジネス慣習の違いは, アメリカ人の個人主義的な傾向と日本人の集団志向的な傾向に関係していることが多い」が第1文(A major difference …)の「個人の自立か集団の調和か」という内容と一致する。1の「日本人とアメリカ人のビジネスパーソンの間には多くの違いがあるが, 彼らは少なくともいくつかの価値観を共有している」については, 第8文(Americans are likely …)以降にビジネスパーソンの違いについて記述があるが,「いくつかの価値観を共有」とい

う記述は本文にみられないため，誤りとなる。2の「日本人は調和を尊重するため，アメリカ人よりも他者とよい関係を維持するということに重きを置く」も誤りである。第3文（Japanese tend to …）に「日本人は集団の調和を重んじる」という記述はあるが，他者とよい関係を維持するということをアメリカ人と比較している記述は本文にない。

8．「以下のどの記述が日本人とアメリカ人についての筆者の意見を最もよく表しているか」

2の「アメリカ人は自分の感情や意見を率直に表す傾向があるため，日本人はしばしばアメリカ人を外向的だと考える一方で，日本人は感情をあからさまに見せないようにする傾向があるため，アメリカ人は日本人が冷静で控えめであるという印象を受ける」が第2〜7文（Americans tend to … they first meet.）の内容と一致する。1の前半部分「アメリカ人はビジネスにおいて友好的であり，最初に出会ったときからファーストネームで呼ぶ傾向がある一方で，日本人は公的な肩書や立場の違いに気を遣う」は，第8〜10文（Americans are likely … the first meeting.）と一致するが，後半の「2つのスタイルは基本的に調和する」という部分は最終文（Such behavior would be …）に日本人は居心地が悪くなるとあるため，本文と矛盾する。3の「アメリカ人は自立し，競争心があり，感情豊かで，説得力のある議論をすることができる人を尊重する傾向があるため，ビジネスの場において日本人のビジネスパーソンとうまくやっていくことができる」も誤りである。この選択肢の前半のアメリカ人の特徴は第2文（Americans tend to …）に述べられているが，このために「日本人のビジネスパーソンとうまくやっていくことができる」という記述はない。

E．9．「この文章によると，以下のどの記述が正しいか」

3の「研究者たちは当初，トランスユーラシア語は3000年前のモンゴルの山間部から広がったと考えていたが，ロッベエツと彼女の同僚たちがその想定は誤りだと結論づけた」が第3・4文（Until now, … the language family.）の内容と一致する。第5文（The team did …）以降では，調査方法や新たな発見の具体的な内容が述べられている。1の「研究者たちは当初，トランスユーラシア語はヨーロッパおよびアジア北部の広い地域で話されていたと考えていたが，ロッベエツと彼女の同僚たちによる最近の調査がその地域は中国北東部に限定されていたことを示した」に

ついては，第3文（Until now, …）に研究者たちの想定について「3000年前のモンゴルの山間部」と記述があるため，誤りである。「トランスユーラシア語がヨーロッパおよびアジア北部の広い地域で話されている」という記述は第2文（Transeurasian languages are …）にあるが，これは現在の事実である。また，「中国北東部に限定されていた」といった記述もみられない。2の「研究者たちは当初，トランスユーラシア語が広がった理由は，単一の場所における作物の栽培から，動物を飼う場所を見つけるためにある地域から別の地域へと移動するという農業活動における変化によるものと考えていた」は第3文（Until now, …）と矛盾する。元来は「馬に乗った遊牧民によって広がったと考えていた」とあり，その遊牧民は農業を行っていなかったとあるため，不適。

10.「この文章において与えられている情報から何が推察できるか」

1の「中国北東部から世界の他の地域へ9000年前に言語が広がっていったことの一因がキビの栽培であったことについての新たな発見は，トランスユーラシア語の歴史についての私たちの理解をすっかり変えてしまうかもしれない」が第3・4文（Until now, … the language family.）および第6文（Doing so allowed …）で述べられている調査結果の内容と一致する。2の「3000年前のモンゴルで馬に乗った遊牧民の移動がトランスユーラシア語を広げることにつながったという元々の想定の正当性を疑うに足りる十分な証拠がないため，言語学者たちは新しい理論を採用しそうにない」は「正当性を疑うに足りる十分な証拠がない」，「新しい理論を採用しそうにない」といった記述が本文にない。3の「ロッベエツと彼女の同僚たちによって行われたトランスユーラシア語についての最近の研究にもかかわらず，言語学者たちは言語群の歴史をたどるために考古学的かつ遺伝子学的なエビデンスは用いずに，言語それ自体の研究にとどまるよう忠告されている」もそういった記述は本文にみられないため，不適である。

Ⅱ **解答** 1．〈解答例〉Intercultural education in a multicultural world

2．文化と教育は密接に結びついており，互いに切り離すことはできない。社会の一体性や平和的な共生を実現する上で，人権思想に基づいた，社会の多様性や価値観が考慮された異文化教育が担う役割は大きい。多文化社

会において平等な教育を行うことは難しく，一般的な指針の調和と特定の文化的な背景の要求とのバランスをとる必要があるが，異文化集団間の相互理解や対話を通して持続可能な共生を目指す教育が望まれている。(150字以上200字以内)

3．〈解答例〉In primary and secondary schools, students can learn about other cultures in terms of differences in clothing, food, or traditions. Schools can also invite guest speakers from different cultures to create interest among students. In high schools and universities, students can be encouraged to have different perspectives and values through interactive class activities such as group discussions, debates, and presentations. Cultural exchange programs can also be helpful to gain first-hand experience of and appreciation for other cultures. (80語以内)

◆全　訳◆

≪多文化世界における異文化教育≫

　急速な変化を経験し，文化的，政治的，経済的，そして社会的な激変が従来の生活様式（の正当性）を問う世界において，教育は社会的団結と平和的な共存を促進する上で主要な役割を果たしている。異なる文化，信念，信仰をもつ学生同士の対話を促進するプログラムを通じて，教育は持続可能で寛容な社会に対して重要で意義深い貢献をすることができる。

　異文化教育はすべての人々に質の高い教育を提供するという課題に対する回答である。それは人権という視点の中で構成されており，世界人権宣言（1948年）において次のように述べられている。

　　　教育は人格の完全な発達および人権と基本的自由の尊重を強化することに向けられるべきである。教育はすべての国家，人種，そして宗教団体の間の理解，寛容，そして友好関係を促進し，平和を維持するために国際連合の活動を促進すべきものである。

　教育と多文化主義の問題を議論する際の主要な課題は，互いに相反する世界観を調和させる際に生じる固有の緊張に対処することである。このような緊張は多文化世界で共存する価値観の多様性を反映している。しばしばそれらは単一の「二者選択」という解決策では解決することができない。しかしながら，相反する側面の間での活動的な交流が，教育と多文化主義

についての議論に豊かさを与えるものである。

　ある顕著な緊張は異文化教育それ自体の性質から生じる。それは普遍主義と文化的な多元主義の双方を調整するものである。これはとりわけ人権の普遍性を強調する必要性がある一方で，これらの権利の側面の正当性に疑いを投げかけるかもしれない文化的な差異を維持する必要がある場合においても明白である。ある国において，すべての子どもたちに１つのカリキュラムを提供することと，その反対に異なる文化的，言語的なアイデンティティを反映している複数のカリキュラムを提供するということの間において，差異と多様化という概念もまた緊張を提示しうる。言い換えれば，一般的な公正性の原理と文化的に特徴的なあらゆる教育システムの傾向との間においてである。異文化教育の課題は，一般的な指針との調和と，特定の文化的な背景が要求するものとのバランスを確立し，維持することである。

　文化はさまざまな方法で定義される。したがって，文化は「ある社会の構成員がその社会に属していない人と自分たちを区別し，その社会の構成員たちがお互いを認識するためのすべてのしるし」として定義されている。文化はまた「芸術や文学に加えて，生活様式，共生の方法，価値体系，伝統や信仰（を含む）……ある社会や社会的集団の一連の顕著な精神的，物質的，知的，感情的な特徴」であるともみなされている。文化は個人的・社会的アイデンティティの中核にあり，社会的なまとまりという枠組み内で集団のアイデンティティを調和させる際の主要な構成要素である。文化を議論する際は，社会の一員としての個人の考え方，信じ方，感じ方，そして行動の仕方を形成するすべての要素が言及される。

　教育は「人間のあらゆる面での発達とその人間の社会生活における参加の手段」である。それはあらゆる年齢において，家族や地域社会，あるいは職場環境のような多くの組織の活動を通じて起こり得る。それはまた自然環境との関わりを通じて，とりわけそのような関わりが社会的，文化的に決定される際にも起こり得る。これら多くの影響から，学校は最も周知された教育機関であり続け，その役割は社会の発展の中心となっている。学校は知識の伝達と，社会において生涯に渡って学習者たちに力を与える能力や姿勢，価値観を創り出すことを通じて，学習者たちの潜在能力を伸ばすことを目指している。

112 2023 年度 論述・総合問題〈解答〉　　青山学院大-国際政治経済

　文化と教育という概念は，本質的に結びついている。文化は教育的な内容，運営方法，そして状況に影響を与える。なぜなら，私たちの準拠枠や考え方，行動の仕方，信念，そして私たちの感情さえも形作るからである。教育に関わるすべての当事者——教師と学習者，カリキュラム作成者，政策立案者，そして地域の構成員といった人たち——は，教える内容とその伝え方に対して，自分たちの文化的な視点や文化的な願望を注ぎ込む。しかし，教育は文化の存続に不可欠なものでもある。集団的かつ歴史的な事象として，文化は教育を通じて継続的に伝達され，豊かにされることなくしては存続できない。そして組織だった教育はしばしば，まさにこの目的を達成することを目標としている。

　「多文化」という用語は，人間社会の文化的に多様な性質を表している。それは民族的あるいは国家的な文化の要素について述べられるだけではなく，言語的，宗教的そして社会経済的な多様性を含むものでもある。間文化性は力強い概念であり，文化集団間の発達していく関係を指すものである。それは「多様な文化の存在と公正な交流，そして対話と相互に対する敬意を通じて，共通の文化的な表現を生み出す可能性」と定義されている。間文化性とは多文化主義を前提とするものであり，局地的，地域的，国家的，あるいは国際的なレベルでの「異文化的」なやりとりと対話から生じるものである。

　民主主義を強化するため，教育システムは社会の多文化的な性質を考慮に入れる必要があり，異なる文化的集団間の平和的な共存と肯定的な交流に積極的に貢献することを目指す必要がある。伝統的に２つのアプローチがある。多文化教育と異文化教育である。多文化教育はこれらの文化の受容，あるいは少なくとも寛容を生み出すために他の文化についての学習を用いる。異文化教育は，受動的な共存を越えることを目指し，異なる文化集団に対する理解と敬意，そして異文化集団間の対話を創り出すことを通じて多文化社会でともに暮らしていくための発展的かつ持続可能な方法を実現することを目的としている。

━━━━━◀解　説▶━━━━━

１．英文は冒頭でテーマが示されることが多い。この文章の第１段は「文化的，政治的，経済的，そして社会的な激変が従来の生活様式を問う世界において，教育は…重要で意義深い貢献をすることができる」とあるよう

青山学院大-国際政治経済　　　　2023 年度　論述・総合問題〈解答〉　*113*

に，教育の重要性が強調されている。また，第2段以降では Intercultural education「異文化教育」が具体的に述べられ，第3段の冒頭では the issue of education and multiculturalism「教育と多文化主義の問題」という表現が登場し，第7段の冒頭では Concepts of culture and education are, in essence, intertwined.「文化と教育という概念は，本質的に結びついている」と述べられている。これらを踏まえ，〔解答例〕では Intercultural education in a multicultural world「多文化世界における異文化教育」とした。なお，この文章はユネスコの education and multiculturalism「教育と多文化主義」についてのものである。

2．要約は「抽象的」→「具体例」へと展開する英文の基本的なルールに従い，抽象部分を抜き出し，具体例を字数調整として用いるというセオリーがある。しかし，この文章に関しては，「教育」や「文化」というメインのトピックである抽象部分が他の段落でも絡めて述べられるなど，抽象部分と具体例を分けることが難しい。よって，上述の1でもポイントとして挙げた「多文化世界における異文化教育」に沿って，異文化教育の課題と目的を中心にまとめるとよいだろう。異文化教育は多文化世界が背景にあるので，「教育」，「文化」の双方のテーマに触れることが可能である。

3．「学校や大学において異文化教育がどのように教えられるべきかを具体例を踏まえて書く」という問題である。問題文に schools and universities とあるので，小学校，中学校，高校，大学といった時期を例として挙げ，どの段階でどのような教育が望ましいかを具体的に書くとよいだろう。〔解答例〕では，小・中学校での多文化の紹介と興味づけといった取り組み，そして高校や大学では多文化へのさらなる理解を促すような授業スタイルやプログラムの実施について触れている。

MEMO

MEMO

MEMO

MEMO

MEMO

2022 年度

問題と解答

青山学院大-法　　　　　　　　　　　　　　　　　　　　　2022 年度　問題　*3*

■一般選抜（個別学部日程）：法学部

問題編

▶試験科目・配点

方式	テスト区分	教　科	科目（出題範囲）	配点
A方式	大学入学共通テスト	外国語	英語（リーディング，リスニング），ドイツ語，フランス語，中国語，韓国語のうち 1 科目選択	65 点
		国　語	国語	100 点
		地歴・公民・数学	日本史A，日本史B，世界史A，世界史B，地理A，地理B，現代社会，倫理，政治・経済，「倫理，政治・経済」，数学Ⅰ，「数学Ⅰ・A」，数学Ⅱ，「数学Ⅱ・B」のうち 1 科目選択	35 点
	独自問題	総合問題	国語総合（古文・漢文を除く）と，「日本史B」（17 世紀以降），「世界史B」（17 世紀以降），「政治・経済」との総合問題とする。	200 点
B方式	大学入学共通テスト	外国語	英語（リーディング，リスニング），ドイツ語，フランス語，中国語，韓国語のうち 1 科目選択	100 点
		国　語	国語	65 点
		地歴・公民・数学	日本史A，日本史B，世界史A，世界史B，地理A，地理B，現代社会，倫理，政治・経済，「倫理，政治・経済」，数学Ⅰ，「数学Ⅰ・A」，数学Ⅱ，「数学Ⅱ・B」のうち 1 科目選択	35 点
	独自問題	総合問題	英語（コミュニケーション英語Ⅰ・Ⅱ・Ⅲ，英語表現Ⅰ・Ⅱ）と，「日本史B」（17 世紀以降），「世界史B」（17 世紀以降），「政治・経済」との総合問題とする。	200 点

▶備　考

・合否判定は総合点による。ただし，場合により特定科目の成績・調査書を考慮することもある。

・大学入学共通テストの得点を上記の配点に換算する。英語の得点を扱う場合には，リーディング 100 点，リスニング 100 点の配点比率を変えず

にそのまま合計して 200 点満点としたうえで，上記の配点に換算する。

- 大学入学共通テストの選択科目のうち複数を受験している場合は，高得
点の 1 科目を合否判定に使用する。
- 試験日が異なる学部・学科・方式は併願ができ，さらに同一日に実施す
る試験であっても「AM」と「PM」の各々で実施される場合は併願が
できる。
- 試験時間帯が同じ学部・学科・方式は併願できない。

試験日	試験時間帯	学　部	学科（方式）
2 月 18 日	AM	法	法（A） ヒューマンライツ（A）
	PM	法	法（B） ヒューマンライツ（B）

総合問題

◆A 方 式▶

(90分)

Ⅰ 次の文章を読み，以下の設問(問1～問12)に答えなさい。

　人が行動するにあたっては，理由があるものです。ここでいう理由は，「なぜそう①するのが正しいのか」とか「なぜそれが善いことなのか」を説明する理由で，実践的理由といわれているものです。原因と結果の関係を説明したり，数学的な論理のつながりを説明する論理的理由とは区別されます。人は，いろいろと理由を考え併せて，どういう行動をとるかを自分で決めるものです。

　ところが，ときに人は自分の判断ではなく，他者の判断に従うことがあります。なぜそうするかについても理由があるはずです。自分の判断よりは，この人の判断に従うことに理由がある，そうした存在(「この人」)のことを権威と呼ぶことにしましょう。

　権威に従うことに理由があるのはどういう場合でしょうか。この問題に関する法哲学・政治哲学の世界での標準的な説明は，以下のようなものです。②

　人が行動するのには理由があります。何が適切な理由かは，自分自身で判断する，これが原則です。　(a)　，ことがらの性質によっては，自分自身で判断するよりも，他者に判断してもらった方が，自分自身に当てはまる理由に，よりよく適合した行動をとることができることがあります。そうした場合には，その他者(権威)に従う理由があります。自分よりもそのことがらについて優れた知識を持っている人の言う③ことをきく，というのもその例です。語学の修得にあたって，自学自習よりは良い教師について習った方が効率的でしょう。教師の方が，自分がとるべき行動が何かをより適切に判断する能力を備えているので，教師を権威として取り扱うことには理由があります。

さて，国家もその支配下で暮らす人たちに向かって，各自の判断ではなく，国家の判断に従えと言うことがしばしばあります。典型例は法律を作って，それに従えという場合です。つまり，　(b)　は自分が権威だと主張します。こうした主張に理由があるのはどのようなときでしょうか。

語学の教師との類比でまず考えられるのは，国家が一般市民よりも優れた知識を持っている場合ということになりますが，どういう場合がそれにあたるかとなると，なかなか答えが難しくなります。個別の政策課題について政府が予め持っている知識が一般社会で暮らしている人たちに比べて，明らかに優れているかとなると，少なくとも一般的にそうだとは言いにくいところがあります。個別の問題については，それぞれ専門家がいるはずで，そうした専門家の意見を聞いた方がよいでしょう。

幸いなことに，国家が一般市民より優れた知識を持っていると想定しなくても，国家を権威として取り扱うことに理由のある場合がかなりあります。調整問題の解決が求められている場合がその代表例です。調整問題は，大雑把に言うと，みんなが他のみんなと同じように行動しようと思っているのだが，みんながどう行動するか確実な予測ができないので困っている状態，と描写することができます。優れた知識の有無は問題になりません。

> A

次の問題は，では国家を権威として取り扱うべきことがらは，どれほどの広がりを持っているのかです。これは，どのようなことがらを国家が解決すべき「調整問題」としてとらえるべきか，あるいは，その問題についてそもそも「優れた知識」なるものがありうるのか，という問題でもあります。

人がどのような宗教を信ずるべきかについても，政府が決めて，それに国民が従うべきだという建前をとる国もあります。人がいかに行動すべきか，その行動の理由が何かは各自が判断するのが原則だという出発点に立つ以上は，かりに国が信ずるべき宗教を決めるべきだと言うためには，その理由を示すことが必要となります。少なくとも，「正しい宗教」が何かについて，国家がより優れた知識を持っているということはなさそうです。では，調整問題でしょうか。

あることがらが調整問題であるためには，そのことがらについて，大多数の人々④は，どの結論になっても構わない，とにかく他の大多数の人々と同じことがしたい，あるいは，他の大多数の人々の選択と衝突しないような選択をしたい，と考えていることが前提となります。

世の中には，たしかにそうしたことがらはたくさんあります。　(c)　，あらゆることがらがそうだとは，普通，人は考えません。自分がどう行動すべきか，どういう選択をすべきかは，自分が決める。なぜでしょうか。二通りの説明の仕方があります。

　一つは，自分がどのような選択をすべきかは，自分自身が一番よく承知しているから，というものです。たとえば，朝食に何を食べるかについて，何を食べたときより幸福になるかは，自分自身が一番よく分かっているから，自分で判断すべきでしょう。　(d)

　もう一つの説明の仕方があります。生きていく上で行き当たる選択は，単純なものとは限りません。どんな職業を選ぶべきか。たとえば，将軍としての人生とバレリーナとしての人生は両立しないだけではなく，どちらがよい人生であるかを比較することもできません。足し引き計算の対象とはならない選択が求められています。

　比較することができないということ —— 価値の「比較不可能性」と言われます ——
は，こういうことです。比べようのない選択肢に直面して，それでも人は選択します。そうした選択を通じて，人は自分がどのような人間であるか（人間となるか）を選びます。それが人というものです。予算の制約の範囲内で自分の効用の最大化を目指す自動機械にすぎないわけではないでしょう。国家が国民各人の選択になるべく介入すべきではないわけは，それが，人間が人間らしく生きる余地を可能な限り保障することにつながるからです。

　宗教は，人の生きる意味，この宇宙が存在する意味を与えてくれる，信ずる人にとっては，とても大切なものではないでしょうか。だとすれば，どれでもよいから，周りの多くの人と同じものを信ずればよいというものではありません。　B

　いかに行動すべきか，どのような選択をすべきかをなぜ自分自身で判断すべきかについては，二通りの説明がありました。私は，それが，　(e)　から，という理由を全く無視することはできないとは思いますが，むしろ，第二の理由づけの方が，法との付き合い方を検討するときには重要だと考えます。そして，そうした理由づけは，⑤近代国家あるいは立憲主義という考え方が生まれた時代の，ヨーロッパのいろいろな思想家の考え方とも平仄が合っています。彼らが直面したのは，宗教改革後の世界でさまざまな世界観が激しく衝突する状況から，いかにして人間らしい生活を送ることのできる社会の枠組みを構築していくことができるか，という問題でした。

—— 長谷部恭男『法とは何か　法思想史入門〔増補新版〕』(河出ブックス, 2015 年)
第 1 部「国家はどのように考えられてきたか」をもとに作成

問 1　下線部①の具体例として**適当でないもの**を，次の選択肢の中から 1 つ選び，解
　　　答用紙(その 1)の解答番号　1　にマークしなさい。
　　　1　私は犬を飼う。
　　　2　私は兄になる。
　　　3　私は友人へあいさつをする。
　　　4　私は週刊誌を買う。

問 2　下線部②の類義語として最も適当なものを，次の選択肢の中から 1 つ選び，解
　　　答用紙(その 1)の解答番号　2　にマークしなさい。
　　　1　統一的な
　　　2　抽象的な
　　　3　平均的な
　　　4　具体的な

問 3　　(a)　に入る接続詞として最も適当なものを，次の選択肢の中から 1 つ選
　　　び，解答用紙(その 1)の解答番号　3　にマークしなさい。
　　　1　つまり
　　　2　しかし
　　　3　したがって
　　　4　たとえば

問 4　下線部③に関連して，その具体例として**適当でないもの**を，次の選択肢の中か
　　　ら 1 つ選び，解答用紙(その 1)の解答番号　4　にマークしなさい。
　　　1　車が故障したため，医師の指示に従う。
　　　2　山登りにあたって，山岳ガイドの指示に従う。
　　　3　テニスの上達のために，テニススクールのコーチの指示に従う。
　　　4　隣人に訴訟を提起されたため，弁護士の指示に従う。

問 5 　　(b)　　に入る語として最も適当なものを，次の選択肢の中から 1 つ選び，
解答用紙 (その 1) の解答番号　5　にマークしなさい。

1　法哲学・政治哲学

2　一般市民

3　法律

4　国家

問 6 　下線部④に関連して，筆者のいう調整問題の具体例として**適当でないもの**を，
次の選択肢の中から 1 つ選び，解答用紙 (その 1) の解答番号　6　にマークしな
さい。

1　故意に人を殺した場合には，刑罰を科す。

2　車が道を走る場合には，左側を通行する。

3　法定通貨を，円にする。

4　一般旅券 (有効期限 10 年) の色を，赤にする。

問 7 　　(c)　　に入る接続詞として最も適当なものを，次の選択肢の中から 1 つ選
び，解答用紙 (その 1) の解答番号　7　にマークしなさい。

1　なぜならば

2　したがって

3　要するに

4　しかし

問 8 　　(d)　　は，下記(ｱ)〜(ｳ)の 3 つの文によって構成される。これらを並び替え
たとき，その順番として最も適当なものを，次の選択肢の中から 1 つ選び，解答
用紙 (その 1) の解答番号　8　にマークしなさい。

(ｱ)　国家としては，国民各自の自由な選択になるべく介入しないようにすること
が，社会の幸福の最大化につながるというわけです。

(ｲ)　社会全体としても，各自に判断させたときに，全体の幸福の量も最大化する
でしょう。

(ｳ)　各自に判断させたときに各人はより効果的に幸福になることができます。

1　(ｱ)　→　(ｲ)　→　(ｳ)

10 2022 年度　総合問題　　　　　　　　　　　　　　　　　　青山学院大-法

　2　(イ)　→　(ア)　→　(ウ)

　3　(ウ)　→　(ア)　→　(イ)

　4　(ウ)　→　(イ)　→　(ア)

問 9　　(e)　　に入る文として最も適当なものを，次の選択肢の中から１つ選び，
　　解答用紙(その１)の解答番号　9　にマークしなさい。

　1　国家が一般市民より優れた知識を有する

　2　調整問題である

　3　社会全体の幸福の最大化につながる

　4　価値が比較不可能である

問10　下線部⑤に関連して，イギリスの立憲王政の基礎となった法として最も適当な
　　ものを，次の選択肢の中から１つ選び，解答用紙(その１)の解答番号　10　にマ
　　ークしなさい。

　1　権利の章典

　2　反トラスト法

　3　議会法

　4　政教分離法

問11　　A　　には，国家を権威として取り扱う理由の要約が入る。国家を権威と
　　して取り扱う理由を，解答用紙(その２)の解答番号　I－問11　に，100字程度
　　で要約しなさい。〔解答欄：125字〕

問12　　B　　では，人々の宗教を誰が決めるべきかについて筆者の考えが述べら
　　れている。これまでの文章からすると，筆者は，どのような理由で，誰が，信ず
　　る宗教を決めるべきであると考えているだろうか。解答用紙(その２)の解答番号
　　I－問12　に，100字程度で記述しなさい。〔解答欄：125字〕

青山学院大-法　　　　　　　　　　　　　　　　2022 年度　総合問題　*11*

Ⅱ　次の文章を読み，以下の設問(問 1 ～問11)に答えなさい。

　社会運動とは，権威や権力を持つ者，また，そうした権威や権力の保持を可能とす
①
る制度やその制度の背後にある文化的価値づけに対する，集合的で組織的かつ一定期
間にわたる異議申し立てのことを指す。社会運動の手段には，デモやストライキと
いった，時として警察や軍隊との衝突を伴う実力に訴える行為だけでなく，署名活
動，不買運動，SNS のハッシュタグを使った意思表示等も含まれる。日本における
最近の例を挙げれば，2011 年 3 月に起きた東京電力福島第一原発の爆発事故をきっ
かけとする反原発運動では，2012 年 7 月に，7 万 5 千人(警察発表)が参加する集会
が行われた。また，2015 年の平和安全法制反対運動では，3 万人(警察発表)が国会
を取り囲んだ。世界に目を向ければ，2018 年末にはフランスで，燃料税の引き上げ
に端を発した「黄色いベスト」運動が発生し，フランス全土で 8 万 9 千人の警察官が動
員される事態となった。フランスでは，翌 2019 年末にも，年金制度改革に反対する
大規模ストライキが発生し，47 日間にわたりパリの交通はほぼ麻痺した。　(a)
においても，2019 年に EU 離脱の是非を問う国民投票の再実施を求めて，100 万人が
デモに参加したことが報じられている。アジア圏においても，　(b)　において
2014 年の「雨傘運動」から続く民主化運動では，2019 年 6 月のデモに 33 万 8 千人(警
察発表)が参加し，2016 年に当時の大統領の辞任を求めた韓国の「キャンドルライト
・デモ」は，ソウル市だけで 200 万人の参加者を数えたと報じられた。こうした世界
の状況と比較すると，日本の社会運動は　(c)　ことが指摘できる。
　こうした日本の状況の背景の一つとして，今日の日本社会において社会運動に付与
される否定的なイメージがある。社会運動には，ともすると「自分勝手に一方的な主
張をしている」,「空気が読めない」,「変わった人のすることだ」といったイメージが
付与されがちである。こうしたイメージの形成に寄与しているのは，日本の政治体制
と社会運動が相容れないものだという考え方だろう。すなわち，日本は民主主義国家
であるから，物理的な行動をもって一方的な主張をするのではなく，話し合いで物事
を解決すべきだ，あるいは，今日の日本の政府や国会は，選挙を通して多くの人の信
②
任を得ているのだから，このような正当性を持つ統治機構の決定に異議を唱える社会
運動には正当性がないという議論である。
　しかしながら，上で例に挙げた国は全て民主主義国家を標榜する国であるし，これ
③
らの国以外の多くの民主主義国家においても，社会運動は頻繁に発生している。そう

すると，民主主義国家と社会運動は相容れないものだと決めつけることはできなさそうである。それでは，民主主義のもとで社会運動が発生するのはなぜなのだろうか。
　　　　　　　　　　　　　　　　　　　　　　　　④

　まず，民主主義に内在する問題が指摘されうる。民主主義については，「人民」に主権があること，「個人の自由」を尊重すること，絶えず「進歩」すること，という相互に規制的な原理のバランスの上に成り立っているという指摘がある。この指摘に従えば，これらの要素の特定の部分が切り離されたり，行き過ぎたりすることでバランスが崩れると，民主主義を脅かす状況が発生することになる。例えば， (d) の暴走は，公共性を軽視し，「人民」の共同体を突き破り，他の個人を隷属させる結果を招く。他方で (e) の極大化は，自らの集団的アイデンティティーへの固執を招き， (d) や多元主義を圧殺するポピュリズムに行き着くことになる。このように，民主主義そのものに自らを脅かす要素が内包されているのである。

　こうした原理的な問題に加えて，民主主義には手続上の問題も存在する。民主主義を具体化する制度や手続に欠陥があると，市民の意思は政策決定に十分に反映されない。現行の代議制民主主義についても，多くの問題点が指摘されている。例えば，選挙制度はどのように設計しても，一票の格差や死票などの問題が生じ，民意を完全に
　　　　　　　　　　　　　　　　　　　　　　　　　　　　　　　⑤
反映することはできない。また，政治の直面する課題が多様化し，市民の意見や利害も多様化している現代においては，多数派においても，完全な意味での民意の反映は困難であるし，選挙後に，自身が投票した政党や候補者を支持しない人も出てくるだろう。そして，なにより，最終的には議会における多数決によって政治的決定が行われるため，少数者の意見が反映される可能性は限りなく少ない。こうした制度上の欠陥は，政治に対するアパシーを市民に生じさせ，それが投票率の低下にもつながって
　　　　　　　　　　　⑥
いくことになる。

　このように，民主主義には様々な問題が存在する。これに対して，社会運動は，民主主義の下でくみ取られなかった意見を表明する手段として有効に機能しうる。そして，社会運動の提起する問題は，時として，代議制民主主義の過程に取り込まれ，解決されることもあるし，少なくとも一定の影響を与えることができる。これまでにも，性的少数者の権利や少数民族の権利など，社会運動を通じて表明された少数者の権利主張が，代議制民主主義の過程を通じて実現してきた例はある。このように，社会運動は民主主義と相容れないものではなく，むしろ (g) な存在であると言えるのである。

青山学院大-法 2022 年度 総合問題 13

―― 野宮大志郎「社会運動は民主主義国家に必要か？」友枝ほか編『今を生きるための社会学』（丸善出版 2021 年），
ツヴェタン・トドロフ著 大谷尚文訳『民主主義の内なる敵』（みすず書房 2016 年）
を参考に作成

問 1 下線部①について，過去の代表的な社会運動またはそれを担った組織の名称
と，それが発生した国の組み合わせとして最も適当なものを，次の選択肢の中か
ら1つ選び，解答用紙（その1）の解答番号 11 にマークしなさい。

1 ５月革命＝フランス 公民権運動＝アメリカ 連帯＝ポーランド

2 ５月革命＝ロシア 公民権運動＝イギリス 連帯＝フランス

3 ５月革命＝ロシア 公民権運動＝アメリカ 連帯＝フランス

4 ５月革命＝フランス 公民権運動＝イギリス 連帯＝ポーランド

問 2 (a) に入る国名として正しいものを，次の選択肢の中から1つ選び，解
答用紙（その1）の解答番号 12 にマークしなさい。

1 ハンガリー

2 トルコ

3 イギリス

4 イタリア

問 3 (b) に入る地名として正しいものを，次の選択肢の中から1つ選び，解
答用紙（その1）の解答番号 13 にマークしなさい。

1 台湾

2 香港

3 北京

4 シンガポール

問 4 (c) に入る記述として最も適当なものを，次の選択肢の中から1つ選
び，解答用紙（その1）の解答番号 14 にマークしなさい。

1 政府の政策に反対するものではない

2 暴力的な手段を用いている

3 資本主義体制を批判している

14 2022 年度 総合問題　　　　　　　　　　　　青山学院大-法

4　比較的小規模なものにとどまる

問 5　下線部②について，日本においては，国会の信任に基づいて内閣が成立し，内閣が国会に責任を負う議院内閣制をとっている。日本の議院内閣制に関する記述として正しいものを，次の選択肢の中から1つ選び，解答用紙（その1）の解答番号 15 にマークしなさい。

1　国会議員の多数によって信任される人物であれば，内閣総理大臣は国会議員でなくともよいが，文民でなければならない。

2　国務大臣になる人物は，全て国会議員である必要がある。

3　内閣は，衆議院において不信任を議決された場合には，必ず総辞職しなければならない。

4　衆議院において不信任が議決される場合以外でも，衆議院が任期満了前に解散されることがある。

問 6　下線部③の読み仮名として正しいものを，次の選択肢の中から1つ選び，解答用紙（その1）の解答番号 16 にマークしなさい。

1　ひょうしょう

2　ひょうぼう

3　ひょうじ

4　ひょうけい

問 7　 (d) 　及び　 (e) 　に入る語句の組み合わせとして最も適当なものを，次の選択肢の中から1つ選び，解答用紙（その1）の解答番号 17 にマークしなさい。

1　(d)＝「個人の自由」　　(e)＝「進歩」

2　(d)＝「進歩」　　(e)＝「人民」

3　(d)＝「進歩」　　(e)＝「個人の自由」

4　(d)＝「個人の自由」　　(e)＝「人民」

問 8　下線部⑤に関連して，ある議会の総定数9議席を定数1の9つの小選挙区選挙によって選出するとする。各選挙区にはそれぞれ10人の有権者がいる。X党と

Y党の2つの政党が全ての選挙区に1人ずつ候補者を立てており，この選挙に投票する有権者はX党かY党かどちらかの候補者に必ず投票するとする。このとき，全ての選挙区において投票率が50％であった場合，X党が議会において多数派となるためには，全体で最低何人の有権者がX党の候補者に投票すればよいか。その有権者の人数として最も適当なものを，次の選択肢の中から1つ選び，解答用紙（その1）の解答番号 18 にマークしなさい。

1 27

2 54

3 15

4 25

問9 下線部⑥の意味として最も適当なものを，次の選択肢の中から1つ選び，解答用紙（その1）の解答番号 19 にマークしなさい。

1 適応力

2 無気力

3 対抗心

4 優越感

問10 (g) に入る語句として最も適当なものを，次の選択肢の中から1つ選び，解答用紙（その1）の解答番号 20 にマークしなさい。

1 象徴的

2 対照的

3 補完的

4 弁証的

問11 下線部④について，民主主義国家において社会運動が発生する理由を，本文の趣旨に沿って，解答用紙（その2）の解答番号 Ⅱ－問11 に，200字程度で記述しなさい。〔解答欄：250字〕

16 2022 年度　総合問題　　　　　　　　　　　　　　　青山学院大-法

Ⅲ　次の文章を読み，以下の設問(問 1 〜問12)に答えなさい。

　民法 750 条*は，婚姻の際に夫婦の名字(姓)を統一するよう定めている(夫婦同氏制)。このように，婚姻に際して夫婦別姓を認めない現行の規定が，憲法 24 条**に反しないかどうかが争われた事例で，最高裁判所大法廷は，2021 (令和 3)年 6 月 23
①
日，これを合憲とする判断を下した。なお，民法 750 条を合憲とする最高裁判所の判断は，2015 (平成 27)年 12 月 16 日に続き，2 回目である。以下は，2021 年 6 月23日の最高裁判所大法廷決定の抜粋である。

　なお，最高裁判所の意見には，法廷(多数)意見の他に，各裁判官が執筆する少数意見(補足意見，意見，反対意見)が付されることがある。

法廷(多数)意見

　「民法 750 条の規定が憲法 24 条に違反するものでないことは，当裁判所の判例とするところであ〔る〕。

　…なお，夫婦の氏についてどのような制度を採るのが立法政策として相当かという
②
問題と，夫婦同氏制を定める現行法の規定が憲法 24 条に違反して無効であるか否かという憲法適合性の審査の問題とは，次元を異にするものである。本件処分の時点において本件各規定が憲法 24 条に違反して無効であるといえないことは上記のとおりであって，この種の制度の在り方は，平成 27 年大法廷判決の指摘するとおり，国会で論ぜられ，判断されるべき事柄にほかならないというべきである。」

裁判官深山卓也，同岡村和美，同長嶺安政の補足意見

　「確かに，平成 27 年大法廷判決以降も，女性の有業率は上昇するとともに共働き世
③
帯の数も増加しており，これに伴い，婚姻の際に氏を改めることにより職業活動において不利益を被る女性が更に増加していることがうかがえる。また，平成 29 年に内閣府が実施した世論調査の結果等において，選択的夫婦別氏制の導入に賛成する者の割合が増加しているなどの国民の意識の変化がみられる。…

　しかしながら…法制度をめぐる国民の意識のありようがよほど客観的に明らかといえる状況にある場合にはともかく，選択的夫婦別氏制の導入について，今なおそのよ
④
うな状況にあるとはいえないから，これを上述した女性の有業率の上昇等の社会の変化と併せ考慮しても，本件各規定が憲法 24 条に違反すると評価されるに至ったとは

青山学院大-法　　　　　　　　　　　　　　2022 年度　総合問題　*17*

いい難い。」

裁判官三浦守の意見

　「…平成 27 年大法廷判決は，旧民法…施行以来，夫婦同氏制が我が国社会に定着し
てきたと評価している。しかし，昭和 22 年の上記改正までは，氏は家の呼称とさ
れ，妻は婚姻により夫の家に入ることを原則とする家制度が定められていたものであ
り，それは，法律上妻の行為能力を著しく制限するなど，両性の本質的平等とはおよ
　　　　　⑤
そ相容れないものであった。

　　また，上記改正により，家制度は廃止されたものの，夫婦及び子が同一の氏を称す
る原則が定められたことから，氏は，一定の親族関係を示す呼称として，男系の氏の
維持，継続という意識を払拭するには至らなかったとの指摘には理由がある。さら
に，高度経済成長期を通じて，夫は外で働き妻は家庭を守るという，性別による固定
　　⑥
的な役割分担…と，これを是とする意識が広まったが，そのような意識は，近年改善
傾向にあるものの，男性の氏の維持に関する根強い意識等とあいまって，夫婦の氏の
選択に関する上記傾向を支える要因となっていると考えられる。」

裁判官宮崎裕子，同宇賀克也の反対意見

　「…家族という概念は，憲法でも民法でも定義されておらず，その外延は明確では
ない。社会通念上は，その概念は多義的である。…また，夫婦とその未婚子から成る
　　　　　　　　　　　　　　　　　　　　　　　　　　　　⑦
世帯は，ますます減少しており，世帯の実態は多様化している。そのような中にあっ
て，夫婦とその未婚子から成る世帯のみを家族と捉え，そのことをもって，氏はかか
る家族の呼称としての意義があることが，氏名に関する人格権を否定する合理的根拠
になるとは考え難い。…この点を勘案すると，子の氏とその両親の氏が同じである家
族というのは，民法制度上，多様な形態をとることが容認されている様々な家族の在
り方の一つのプロトタイプ…にすぎないと考えられる。そして，現実にも，夫婦とそ
　　　　　　　⑧
の未婚子から成る世帯は，時代を追うごとにますます減少しており，世帯や家族の実
態は極めて多様化し，子の氏とその子が家族として暮らす者の氏が異なることもまれ
でなくなっている。したがって，そのプロトタイプたる家族形態において氏が家族の
呼称としての意義を有するというだけで人格的利益の侵害を正当化することはできな
いと考える。

　…女子差別撤廃条約は 1981 年(昭和 56 年)に発効しており，我が国は 1980 年(昭和

18 2022 年度　総合問題　　　　　　　　　　　　　　　　青山学院大-法

55 年)にこれを　[(a)]　し, 1985 年(昭和 60 年)には国会で　[(b)]　され,
[(c)]　もされている。我が国においては, 憲法 98 条 2 項により, 条約は公布とと
もに国内的効力を有すると解されており…したがって, 立法府は, 女子差別撤廃条約
についても, 法的拘束力がある文言で規定されている限り, 同条約が定める義務に違
反する法律を改廃し, 義務に反する新規立法を回避し, もって同条約を誠実に遵守す
る義務がある。」_⑨

＊　　民法 750 条「夫婦は, 婚姻の際に定めるところに従い, 夫又は妻の氏を称す
る。」

＊＊　憲法 24 条 1 項「婚姻は, 両性の合意のみに基いて成立し, 夫婦が同等の権利を
有することを基本として, 相互の協力により, 維持されなければならない。」
同条 2 項「配偶者の選択, 財産権, 相続, 住居の選定, 離婚並びに婚姻及び家族
に関するその他の事項に関しては, 法律は, 個人の尊厳と両性の本質的平等に立
脚して, 制定されなければならない。」

問 1　下線部①に関連する記述として正しいものを, 次の選択肢の中から 1 つ選び,
解答用紙(その 1)の解答番号　[21]　にマークしなさい。

　　1　最高裁判所は, 最高裁判所長官を含め, 10 名の裁判官で構成される。

　　2　通常の裁判を通じて, 一切の法律・命令などが憲法に違反しないかどうかを
決定する権限, いわゆる違憲審査権(憲法 81 条)を有するのは, 最高裁判所の
みである。

　　3　最高裁判所は, 法律・命令などが憲法に違反しないかどうかについて, それ
までの判例(先例)と異なる判断を行う場合は, 必ず大法廷で行わなければなら
ない。

　　4　1947 年に現在の憲法が施行されて以来, 最高裁判所が, 法律の規定を違憲
と判断したことは一度もない。

問 2　下線部②の趣旨として最も適当なものを, 次の選択肢の中から 1 つ選び, 解答
用紙(その 1)の解答番号　[22]　にマークしなさい。

　　1　今後, 民法 750 条を改正して, 夫婦別姓を定めることは可能である。

　　2　今後, 民法 750 条を改正して, 夫婦別姓を定めることは違憲である。

3　今後，民法750条を改正して夫婦別姓を定めるには，その前提として，最高裁判所で現行の民法750条が違憲であるとの判断が下されなければならない。

4　そもそも民法750条が憲法に違反するかどうかについては，裁判所が判断すべき事柄ではない。

問3　下線部③に関連して，職場における男女平等を目指して，1985年に制定され，労働条件などにおける女性差別の禁止を内容とする法律の名称として正しいものを，次の選択肢の中から1つ選び，解答用紙(その1)の解答番号 23 にマークしなさい。

1　男女共同参画社会基本法
2　男女雇用機会均等法
3　育児・介護休業法
4　労働契約法

問4　下線部④に関連して，以下のグラフ(ア)〜(エ)は2017(平成29)年に内閣府が実施した「家族の法制に関する世論調査」の結果の一部である。このうち，夫婦別姓の導入を求める立場の人が，自分たちの主張を補強するために用いるデータとして最も適当なものを，次の選択肢の中から1つ選び，解答用紙(その1)の解答番号 24 にマークしなさい。

(ア)　問：現在の法律では，婚姻によって，夫婦のどちらかが必ず名字(姓)を変えなければならないことになっているが，婚姻前から仕事をしていた人が，婚姻によって名字(姓)を変えると，仕事の上で何らかの不便を生ずることがあると思うか。

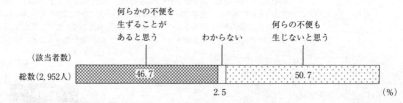

(イ) 問：婚姻によって，自分の名字(姓)が相手の名字(姓)に変わったとした場合，そのことについて，どのような感じを持つと思うか(複数回答)。

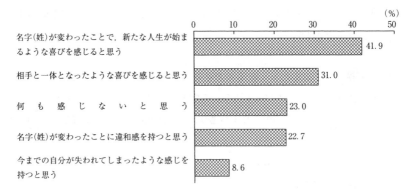

(ウ) 問：夫婦・親子の名字(姓)が違うと，夫婦を中心とする家族の一体感(きずな)に何か影響が出てくると思うか。

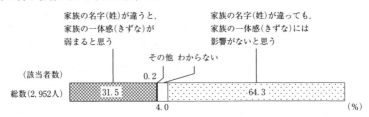

(エ) 問：現在は，夫婦は必ず同じ名字(姓)を名乗らなければならないことになっているが，「夫婦が希望する場合は夫婦別姓を選択できるように法律を改めた方がよい」という意見について，どう思うか。

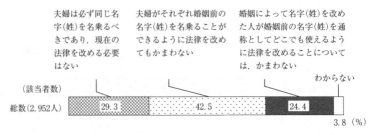

―平成29年度「家族の法制に関する世論調査」の概要をもとに作成

青山学院大-法　　　　　　　　　　　　　　　　　　　2022 年度　総合問題　*21*

　　　1　(ア)

　　　2　(イ)

　　　3　(ウ)

　　　4　(エ)

問 5　下線部④に関連して，問 4 のグラフ(ア)〜(エ)のうち，夫婦の姓について，現行の
　　　まま(夫婦同氏制)でよいとする立場の人が，自分たちの主張を補強するために用
　　　いるデータとして最も適当なものを，次の選択肢の中から 1 つ選び，解答用紙
　　　(その 1)の解答番号 |25| にマークしなさい。

　　　1　(ア)

　　　2　(イ)

　　　3　(ウ)

　　　4　(エ)

問 6　下線部⑤に関連して，女性の解放を目的として 1911 年に平塚らいてうらに
　　　よって結成された文学団体の名称として正しいものを，次の選択肢の中から 1 つ
　　　選び，解答用紙(その 1)の解答番号 |26| にマークしなさい。

　　　1　赤瀾会

　　　2　新婦人協会

　　　3　女性同盟

　　　4　青鞜社

問 7　下線部⑤に関連して，女性の地位が低かったのは，日本のみならず，世界各国
　　　においても同様であった。たとえば，1789 年のフランス革命の際に採択された
　　　人権宣言では，「人は…権利において平等」であることが謳われた一方，参政権は
　　　男性にしか認められていなかった。それでは，フランスで女性にも参政権が認め
　　　られたのはいつか。年号として正しいものを，次の選択肢の中から 1 つ選び，解
　　　答用紙(その 1)の解答番号 |27| にマークしなさい。

　　　1　1918 年

　　　2　1920 年

　　　3　1944 年

22 2022 年度　総合問題　　　　　　　　　　　　　　　　　　　　　青山学院大-法

　　4　1945 年

問 8　下線部⑥に関連して，ここで指摘されているような，性別による固定的な役割
　　分担意識が現れている発言として**適当でないもの**を，次の選択肢の中から 1 つ選
　　び，解答用紙(その 1)の解答番号 28 にマークしなさい。
　　1　「夫もなるべく妻の家事を手伝うべきだ。」
　　2　「子どもがいる女性に出張を伴う仕事を頼むべきではない。」
　　3　「PTA の会長は男性の方がふさわしい。」
　　4　「男性用トイレにもおむつ交換台を設置すべきだ。」

問 9　下線部⑦について，このような家族を何というか。次の選択肢の中から 1 つ選
　　び，解答用紙(その 1)の解答番号 29 にマークしなさい。
　　1　直系家族
　　2　核家族
　　3　小家族
　　4　単独家族

問10　下線部⑧の類義語として**適当でないもの**を，次の選択肢の中から 1 つ選び，解
　　答用紙(その 1)の解答番号 30 にマークしなさい。
　　1　完成形
　　2　原型
　　3　典型
　　4　基本形

問11　 (a) 　〜　 (c) 　に入る言葉の組み合わせとして最も適当なものを，次
　　の選択肢の中から 1 つ選び，解答用紙(その 1)の解答番号 31 にマークしなさ
　　い。
　　1　(a)：批准　(b)：公布　(c)：締結
　　2　(a)：締結　(b)：批准　(c)：公布
　　3　(a)：批准　(b)：締結　(c)：公布
　　4　(a)：公布　(b)：締結　(c)：批准

青山学院大-法　　　　　　　　　　　　　　　　2022 年度　総合問題　*23*

問12　下線部⑨の読み仮名として正しいものを，次の選択肢の中から１つ選び，解答
　　　用紙(その１)の解答番号 32 にマークしなさい。

　　1　そんす

　　2　そんじゅ

　　3　じゅんしゅ

　　4　じゅんす

24 2022 年度 総合問題　　　　　　　　　　　　　　　青山学院大-法

◀ B　方　式 ▶

(90 分)

I　(Questions 1〜5)：Read the following text and answer the questions. Choose the best answer for each question, and mark the number on your answer sheet. (解答用紙その 1 を使用)

In 2024, Japan will introduce its new 5,000-yen bank note, featuring a portrait of a onetime Washington schoolgirl.　Her name was Tsuda Ume, and her story is part fairy tale, part geopolitical diplomatic assignment.

Tsuda arrived in Washington in 1871, one of five girls sent by the Japanese government to learn the ways of the West.　At just 7, she was the youngest of the group, which included a 10-year-old, an 11-year-old and two girls in their midteens. Little Ume brought with her pictures of her house and family in Tokyo and one of her hand resting in the hand of her mother — "and this," wrote a journalist, "seems to be a pleasant picture to the little wanderer."

Presumably, the little wanderer kept the photos with her for the decade she spent living in Georgetown under the care of foster parents Adeline and Charles Lanman.　Charles Lanman was an artist and author.　As interesting as his life was — he served as assistant to U.S. Secretary of State Daniel Webster, compiled directories of Congress and assembled the first White House library — Tsuda may have made a bigger mark.

Why send a child 7,000 miles away to live with strangers in a strange land?

When Tsuda arrived in Washington, Japan had recently emerged from a civil war in which the ruling shogunate had fallen to supporters of （[A]）. The new government was eager to learn about the West, as part of its efforts to transform Japan into a modern nation state and equalize relations with Western powers.

"Suddenly they're reversing the closed-country philosophy and throwing themselves wide open," said Janice P. Nimura, who wrote about Tsuda and the other girls in her 2015 book, "Daughters of the Samurai."

As part of this newfound curiosity, Japanese diplomats traveled the world on a two-year fact-finding mission known as the Iwakura Embassy. Led by the statesman Iwakura Tomomi, the mission toured through the United States, Britain, and mainland Europe, before returning home to Japan via the Middle East and Asia. Its tasks included arranging to drop off the five girls in Eastern U.S. cities.

"All five of these girls came from families from the losing side in the civil war," Nimura said. "In some cases, their families were starving. They'd lost everything." By offering their children, she said, these elite, financially strapped families could lighten their burden while also earning prestige.

Japan's leaders were keen to learn about American agriculture, industry, jurisprudence and culture. There was also the recognition, Nimura said, that women were treated differently in the United States from in Japan and that this might be a factor in America's success. The thinking, Nimura said, was, "Maybe we should educate our women so they could create an enlightened generation of men to lead Japan."

Tsuda and the others were test subjects. The girls were dropped off with no instructions, and no one really knew what to do with them. Ume was placed with the Lanmans, who were childless and lived in a house on what is now Porter Street. Adeline Lanman came from Washington's wealthy Dodge family. Charles Lanman was the secretary to the Japanese legation.

The Lanmans took to Tsuda immediately. "They called her their 'sunbeam from the land of the rising sun' and doted on her," Nimura said. "She had a much better life as a pampered only child in Washington than she ever would have had in Tokyo."

A very bright and gregarious child, Tsuda soon settled into her new surroundings, becoming an object of fascination in Washington, and excelling in her studies. When the Georgetown girls school she attended held its commencement in June 1874, Tsuda was awarded prizes in composition, writing, arithmetic and deportment. And when students rose in turn to read aloud, Tsuda was the only one to have memorized her selection: a poem called "The White-Footed Deer" by William Cullen Bryant.

In 1882, Tsuda went home to a country she didn't recognize. She no longer spoke Japanese and had converted to Christianity. After a few years, she returned to the United States and attended Bryn Mawr, where she developed the idea of founding her own school in Japan.

Said Nimura: "Tsuda got a sense this was a thing you could be: a single woman with a career. There was no model for that in Japan."

In 1900, Tsuda opened a school in Japan to teach female instructors of English. That school has grown into Tokyo's Tsuda University. Before founding her school, Tsuda toured the United States seeking funds. She wrote that she was "struck particularly with the position American women hold —

青山学院大-法   2022 年度　総合問題　*27*

the great influence they exercise for good; the power given them by education
and training; the congenial intercourse between men and women, and the
sympathy in the homes between brothers and sisters, husbands and wives.
Why cannot such things exist in my own country?"

It's arguable whether such conditions really existed for most U.S. women
in the 1870s — and to what degree they exist in Japan now. But soon, Tsuda
will be on the money.

1. According to the text, what is true about Tsuda Ume?

   ①　She became more famous than Daniel Webster.

   ②　She did not have a good relationship with her mother in Tokyo.

   ③　She enjoyed walking around aimlessly when she was a child.

   ④　She probably had a bigger impact on the world than Charles Lanman.

2. Which of the following words best completes the blank space （[A]） in
   the text?

   ①　the emperor

   ②　the United Kingdom

   ③　the United States

   ④　Tokugawa Yoshinobu

3. Why did the Japanese government send Tsuda and four other girls to the
   United States?

   ①　Because the government couldn't look after them.

   ②　Because the government had made a specific plan to make Tsuda a
   model student so as to influence the United States.

   ③　Because the government wanted them to receive an education in the
   United States and become future leaders in Japan.

出典追記：In 1871, Japan sent a 7-year-old schoolgirl to Washington to learn about America, The Washington Post on
March 28, 2020 by John Kelly

④ Because the government wanted to test the idea that educated Japanese women would exert a modernizing influence on Japanese men.

4. What was Tsuda's experience in the United States like?

① She enjoyed it so much that she decided to stay in the United States permanently and pursue a career.

② She found it difficult to make friends.

③ She was very lonely because she was the only child at the Lanmans'.

④ She was very successful both socially and academically.

5. What is the author's view of most women in the United States in the 1870s?

① Their position was not necessarily as good as Tsuda thought it was.

② They gave Tsuda money to open a school in Japan.

③ They often played sport and were very good at it.

④ They were more powerful and better educated than men.

青山学院大-法　　　　　　　　　　　　　　　　　　2022 年度　総合問題　*29*

Ⅱ　(Questions 6～11)：　Choose the most appropriate words from the selection below (①～⑦) to fill the gaps in the text (6～11), and mark the number on your answer sheet.　One of the words (①～⑦) will not be used.（解答用紙その 1 を使用）

　　The first lesson of economics is the issue of scarcity, or (　6　) resources.　That is to say, if we use our restricted budget for buying one type of good food, there is an opportunity cost — we cannot spend that money on other goods such as entertainment.　Opportunity cost is an intrinsic aspect of most economic choices.　We may like the idea of lower income tax, but there will be an opportunity cost — in this case, less government revenue to (　7　) on health care and education.

　　Another example of opportunity cost is that no one likes to pay for parking, but would we be better off if parking was free? Most likely not.　If parking was free, demand might be (　8　) than supply, causing people to waste time driving around looking for a parking spot.　Free parking would also encourage people to drive into city centres rather than use less environmentally friendly forms of transport.　It would (　9　) congestion; therefore, although we would pay less for parking, we would face extra less obvious costs.

　　If we like chocolate cake, why do we not eat three per day? The reason is diminishing returns.　The first chocolate cake may (　10　) us total satisfaction; the second cake only half the amount.　The third may make us sick.　People may have different opinions about when diminishing returns set in.　Some people may feel this is after the first cake, other people only after considerably more.　There are also diminishing returns to money.　That is why we don't spend all our time working — extra money gives increasingly less satisfaction and will (　11　) leisure time.

出典追記：Applying economics in everyday life, Economicshelp on 20 July, 2021 by Tejvan Pettinger

30　2022 年度　総合問題   青山学院大-法

① give   ② greater

③ increase   ④ limited

⑤ much   ⑥ reduce

⑦ spend

III (Questions 12~21)： Choose the word that best fills the blank (　　)
and write the number (①~④) on your answer sheet.（解答用紙その 1 を使
用）

12. We were asked to drop (　　　) the clothes by 6 PM at the latest.

　　① by　　　　　② on　　　　　③ off　　　　　④ with

13. I would have (　　　) almost anything to have been able to see them live
in concert.

　　① asked　　　② done　　　　③ left　　　　　④ made

14. If I have a choice I always (　　　) the stairs.

　　① get　　　　　② ride　　　　　③ take　　　　　④ walk

15. That professor is famous for assigning so much (　　　).

　　① homework　② readings　　③ report　　　④ works

16. The less time you spend online the more productive you (　　　).

　　① are　　　　　② do　　　　　③ make　　　　④ spend

17. You have every right to just take the (　　　) off today.

　　① day　　　　② holiday　　　③ vacation　　④ work

青山学院大-法   2022 年度　総合問題　*31*

18. Even though we had seen it coming, we weren't really （　　　）.

   ① able   ② predicting   ③ prepared   ④ waiting

19. She quit that job since she just wasn't （　　　） out for dealing with customer complaints.

   ① cut   ② kind   ③ ready   ④ talked

20. （　　　） do you respond when someone says you're good-looking?

   ① How   ② What   ③ Which   ④ Who

21. The Delta variant of COVID-19 appears to be highly （　　　）.

   ① available   ② contagious   ③ infected   ④ pandemic

IV　Write a short essay (about 50 words) in English about the topic below. Give reasons for your choice.（別紙の解答用紙その 2 に記入しなさい。）

    · Describe an influential politician from the 20th century.

32 2022 年度　総合問題

青山学院大-法

Ⅴ 次の文章を読み，下記の設問に解答せよ。

　図表［8－1］は，各国の給付型奨学金と教育ローンの比率を比較したもので
す。

　日本学生支援機構の奨学金は「貸与」であるため，この図表では教育ローンに分
類されています。

　この図表を見れば分かるように，日本では政府による日本学生支援機構の奨学
金が貸与のみであることもあって，教育ローンの比率がとても高く，給付型奨学
金の比率はOECD（ 　22　 ）諸国のなかで最低となっています。ほぼ貸与型
奨学金のみであり，実質的には教育ローンが圧倒的比率を占めている日本は，
OECD諸国のなかで 　23　 存在だといえるでしょう。

図表 8 － 1 　給付型奨学金と教育ローンの比率

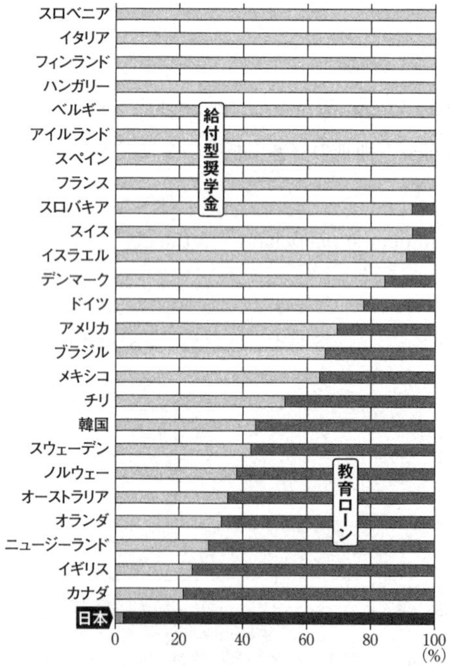

OECD「Education at a Glance 2010」から

奨学金が貸与中心であることに加えて，日本は大学授業料が国際的に見ても高い方に位置します。

図表[8-2]は，授業料と学生支援体制について国際比較を示したものです。学生支援体制とは主として奨学金のことを指します。日本は諸外国と比較して授業料が高く，　24　学生支援体制が充実していない国であることが分かります。

日本について「学生やその家庭は相当な家庭負担を強いられている可能性がある」と，OECDは指摘しています。

図表8-2　授業料と学生支援体制の国際比較

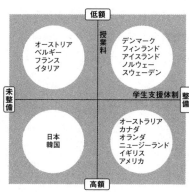

OECD「Education at a Glance 2015」から

図表8-3　公私負担の割合（2011年）高等教育段階

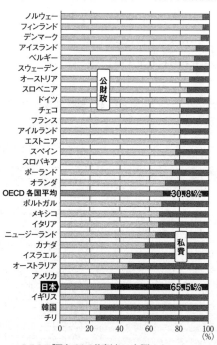

OECD『図表でみる教育』（2014年版）から

そのことは前のページの図表[8-3]でも，明確に見えてきます。

図表[8-3]によれば，日本は高等教育段階での総教育支出のうち，私費負担でまかなわれている割合がOECD平均30.8%の2倍以上の65.5%にも達しています。OECD諸国のなかでも私費負担率の高い国であることが分かります。

図表[8-4]を見れば，そうした状況がどうして生み出されているのかが分かります。

図表[8-4]は，高等教育への公財政支出の対GDP（　ア　）比を国際比較で見たものです。これを見れば日本が，OECDのなかで最も高等教育への公財政支出の比率が低いことが分かります。日本は政府が高等教育に最もお金を出していない国なのです。

まとめると，日本の奨学金は貸与型奨学金（＝教育ローン）が圧倒的多数を占め，授業料も高いこと，高等教育費に占める私費負担率が高く，それらは政府が高等教育にお金を出していないことから生じているといえます。

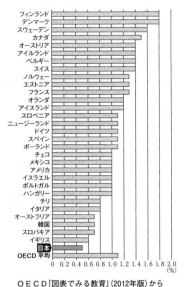

図表8-4　高等教育への公財政支出（対GDP比）

OECD『図表でみる教育』（2012年版）から

［出典　大内裕和『奨学金が日本を滅ぼす』朝日新書，2017年］

青山学院大-法   2022 年度　総合問題　*35*

22. 　22　 に入る語を次の中から選べ。（解答用紙その 1 を使用）

① 経済協力開発機構　　　　　　② 経済開発協力機構

③ 国際協力開発機構　　　　　　④ 国際開発協力機構

23. 　23　 に入る最もふさわしい語を次の中から選べ。（解答用紙その 1 を
使用）

① 平均的　　　　② 典型的　　　　③ 逆説的　　　　④ 例外的

24. 　24　 に入る最もふさわしい語を次の中から選べ。（解答用紙その 1 を
使用）

① それどころか　　　　　　　② それでも

③ かつ　　　　　　　　　　　④ やはり

A) 　ア　 に入る日本語は何か。（別紙の解答用紙その 3 に記入しなさい。）

25. 高等教育とは，日本ではどの段階の教育を指すか。次の中から選べ。（解答
用紙その 1 を使用）

① 高等学校

② 高等学校以上の学校

③ 大学，短期大学，大学院

④ 大学，大学院，短期大学，高等専門学校，専門学校

36 2022 年度　総合問題　　　　　　　　　　　　　　　　　　青山学院大-法

Ⅵ　次の文章を読み，下記の設問に解答せよ。

　人間にとって，自由とは魅力的で必要なものだと一般的には信じられています
が，しかし過去の歴史を振り返れば，ある時代のある国に生きる国民が，せっか
く獲得した自由を自らの意志で手放し，その代わりに，国民の自由を国家指導者
が制約する「権威主義」の国家体制を選び取った事例も存在したことに気付きま
す。

　その典型例が，1930 年代前半のドイツでした。

　第一次世界大戦に敗北したドイツは，皇帝の地位が廃止されて帝国から共和国
へと生まれ変わり，当時の世界で最も先進的と評された「　　イ　　」の下で，民
主的な国家として歩み始めていました。しかし，戦勝国から課せられた莫大な賠
　　　　　　　　　　　　　　　　　　　　　　　　⒃
償金と，周辺国への領土の割譲，屈辱的な内容の軍備制限などにより，当時のド
イツ国民の多くは自尊心の拠り所を見失った状態に置かれ，大恐慌に起因する経
済状況の悪化がそうした心理面での不安をさらに増大させていました。

　そんな時，彼らの前に現れたのが，アドルフ・ヒトラーを指導者とする
　27　　ドイツ労働者党(通称ナチ党)でした。ナチス政権下のドイツは，過去
のふたつの帝国(神聖ローマ帝国とドイツ帝国)を継承する「第三帝国」という異名
が示すように，ヒトラー総統という国家指導者を絶対的な権威として称揚する権
威主義国でしたが，国民の多くが彼の掲げる理念に共鳴して，頼りになる「強い
指導者」が自分たちを正しい道へと導いてくれると信じました。

　しかし実際には，ヒトラーが権力の座についてから 6 年後，ドイツは第二次世
界大戦を引き起こし，さらにその 6 年後にはドイツ全土が焼け野原となって破滅
的な敗戦を喫し，敗戦国ドイツは　28　　年まで，東と西のふたつの国へと分
割される結果となりました。

　当時のドイツ人はなぜ，そんなヒトラーとナチ党を支持してしまったのか？

　反ユダヤ主義のナチ党が政権を掌握した直後にドイツを離れ，スイス経由でア
メリカに移住したユダヤ系ドイツ人の心理学者エーリッヒ・フロムは，1941 年
にアメリカで一冊の書物を著しました。『自由からの逃走』(日高六郎訳，東京創
元社，初版 1951 年，新版 1965 年。以下の引用は新版より)と題されたその本
は，ドイツ国民が「自由を保障してくれる」　イ　　を捨てて「権威への服従を

国民に求める」ヒトラーとナチ党を熱烈支持するにいたった経過を，心理学の観点から分析したものでした。

同書の冒頭で，エーリッヒ・フロムは民主主義の社会では手放しで礼賛されることが多い「自由」という概念が，実は万人にとって魅力的であるとは限らないこと，むしろ「自由に伴うマイナス面」から逃れたいという感情を抱く人が多いことを指摘します。

　　　　自由は近代人に独立と合理性とをあたえたが，一方個人を孤独におとしいれ，そのため個人を不安な無力なものにした。この孤独はたえがたいものである。かれは自由の重荷からのがれて新しい依存と従属を求めるか，あるいは人間の独自性と個性とにもとづいた積極的な自由の完全な実現に進むかの二者択一に迫られる。　　　　　　　　　　　　　　　　（p.4）

そして彼は，多くのドイツ人が，自由の副産物としての孤独や不安から逃れたいという心理に導かれて「自己の外部の，いっそう大きな，いっそう力強い全体［ナチ党を支持する集団］の部分となり，それに没入し，参加」（p.174）したと分析します。

　　　　ゆるぎなく強力で，永遠的で，魅惑的であるように感じられる力の部分となることによって，ひとはその力と栄光にあやかろうとする。（略）新しい安全と新しい誇りとを獲得する。（略）決断するということから解放される。すなわち自分の運命に最後的な責任をもつということから，どのような決定をなすべきかという疑惑から解放される。かれはまたかれの生活の意味がなんであり，かれがなにものであるかという疑惑からも解放される。　　　　　　　　　　　　　　　　　　　　　　　（p.174）

人は自由を捨てて強大な「権威」に服従し，それと一体化する道を自ら意志で選ぶことによって，その「権威」が持つ力や栄光，誇りを我がものにしたかのような高揚感に浸ることができ，また迷いや葛藤，自分の存在価値への疑問なども「権威」が取り払ってくれるので，自由とは異質な「解放感」を得ることができる。そ

38 2022 年度　総合問題　　　　　　　　　　　　　　　　　青山学院大-法

んな心理面の「メリット」があるからこそ，人々は権威主義に惹かれるのだと，彼
は読み解いています。

［出典　山崎雅弘『歴史戦と思想戦─歴史問題の読み解き方』集英社新書，2019 年］

B）　│　イ　│　に入る語は何か。なお，２カ所の　│　イ　│　には同じ語が入る。
　（別紙の解答用紙その３に記入しなさい。）

26. ㉖にいう「戦勝国」にあたる国々を次の中から選べ。（解答用紙その１を使用）
　　① オーストリア＝ハンガリー，ロシア，イギリス
　　② オーストリア＝ハンガリー，フランス，イギリス
　　③ オスマントルコ，日本，フランス，アメリカ
　　④ ロシア，イギリス，フランス，日本，アメリカ

※ 26 については，選択肢に正解がないことが判明したため，全員正解の措置が取られたこと
　が大学から公表されている。

27. │　27　│ に入る語を次の中から選べ。（解答用紙その１を使用）
　　① 社会民主主義　　　　　　② 国民民主主義
　　③ 社会国家主義　　　　　　④ 国家社会主義

28. │　28　│ に入る年数を次の中から選べ。（解答用紙その１を使用）
　　① 1961　　　　② 1975　　　　③ 1990　　　　④ 2001

C）㈡を付した漢字の読みを記せ。（別紙の解答用紙その３に記入しなさい。）

D）著者は，フロムの分析を引きながら，権威主義に惹かれる人間について述べ
　ていますが，あなたはこの論旨についてどのように考えますか。文中で挙げ
　られている例や現代の日本社会の事象など，任意の例にふれながら，350 字
　程度で論じて下さい。（別紙の解答用紙その３に記入しなさい。）

〔解答欄：400 字〕

青山学院大-法　　　　　　　　　　　　　　2022 年度　総合問題〈解答〉　*39*

解答編

総合問題

◀A　方　式▶

Ⅰ　**解答**　問1．2　問2．3　問3．2　問4．1　問5．4
　　　　　　　問6．1　問7．4　問8．4　問9．3　問10．1

問11．国家を権威として取り扱う理由は，国家は，個別の課題について優れた知識を持っているとは限らないが，国民が他の大多数の人々と同調したくても皆の行動の方向がはっきりわからず困るような調整問題について，法律を作ることで方向性を示すことができるからである。（100 字程度）

問12．何が正しい宗教かについて国家が優れた知識を持つわけではなく，宗教はそれを選択して信じる人に，生きる意味や宇宙が存在する意味を与えてくれるものであり，人間らしく生きることを保障するには，その人自身が決めるべきだと考えている。（100 字程度）

■━━━━◀解　説▶━━━━■

≪国家と権威との関係性≫

問1．下線部の内容は，「なぜそうするのが正しいのか」「なぜそれが善いことなのか」を説明するような「理由」であり，この「なぜ」に対する「理由」の説明にならない選択肢を選ぶ。1・3・4は〈なぜ犬を飼うのか〉〈なぜあいさつをするのか〉〈なぜ週刊誌を買うのか〉と本人に理由説明を求めることができるが，2だけは〈なぜ兄になるのか〉という問いかけが成立しない。

問2．下線部の次の段落で，権威に従う理由を，「原則」とそれにあてはまらない場合を示し，全般的な説明をしている。ここから「標準的」は一般的，代表的な説明と理解でき，3の「平均的な」が最も適している。

1．統一見解とは読み取れない。

2．語学の例があり抽象論ではない。

4．権威に従う理由の具体的説明ではない。

問3．接続詞の問題であり，前後の文脈から展開をおさえる。空所は，行動理由の原則と，それに外れる場合をつないでおり，逆接の展開だと読み取れるので，2の「しかし」が最適。

問4．「自分よりもそのことがらについて優れた知識を持っている人の言うことをきく」具体例としてあてはまらないものを読み取る問題。車の故障で医師の指示に従うのは，知識を持っている人の言うことをきいていない例。

問5．空所の前の文脈を確認すると，国家が国民各自の判断ではなく国家の判断に従えと言い，法律を作るという内容であり，「国家」自身が自分は権威だと主張している。法哲学や法律が権威を主張しているわけではないし，国家で暮らす人たちの主張でもない。

問6．ここでの「調整問題」は，そのことがらについて，大多数の人々にとってどのような結論でも問題なく，他の人々と同じようにしたい，衝突しないようにしたい，という問題。殺人に対する刑罰はどのような結論になっても構わないと大多数の人が思える問題ではない。

問7．空所の前後の文脈を確認すると，世の中には大多数の人々と同じようにしたいと思うような調整問題はたくさんあるが，あらゆることがらがそうだとは考えない，という明らかに逆説の展開。逆接の接続詞「しかし」が最適。

問8．「自分自身が一番よく分かっているから，自分で判断すべき」という内容の直後であることに着目し，判断がどのように幸福につながっていくかを考えると，3つの文の順番が見えてくる。各自の判断が幸福につながり，それが社会全体の幸福に結びつくので，国家は自由な選択に介入しないようするという展開が最適であり，(ウ)→(イ)→(ア)の順が正しい。

問9．空所後に，「むしろ，第二の理由づけの方が…重要」とあり，空所は，第一の理由を無視できない理由が入ることが読み取れる。第一の理由は，(d)の段落にあるように，自分で判断することが幸福につながるという考えであり，問8で見たように，それが社会の幸福の最大化になるという考え方。この読み取りから，3の説明が最適。

青山学院大-法　　　　　　　　　　　　　　　　2022 年度　総合問題〈解答〉　*41*

問 10.　1 が適切。権利の章典は 1689 年，イギリスの名誉革命で制定された。

問 11.　国家を権威として取り扱う理由を，本文から読み取り要約する問題。空所の直前からわかるように，国家が調整問題を解決してくれるという内容が必須。国家を権威として取り扱う理由なので，国民の側の視点から説明することが大切だろう。また，理由を問われている場合，通常なら〈…から。〉〈…という理由。〉という文末になるが，今回は空所補充なので，文中に入れられる形で要約する。

問 12.　宗教についての本文の言及を読み取ると，「正しい宗教」が何かについて国家が優れた知識を持っているわけではなく（下線部④の直前），宗教は人の生きる意味や宇宙が存在する意味を与えてくれるものであり（空欄Ｂの段落），人間が人間らしく生きるにはその人自身が選択すべきだという筆者の考えが読み取れる（空欄Ｂの前段落）。この内容を 100 字程度で記述する。

Ⅱ　**解答**　問 1．1　問 2．3　問 3．2　問 4．4　問 5．4
問 6．2　問 7．4　問 8．3　問 9．2　問 10．3

問 11.　民主主義には構造上と手続き上の 2 つの問題がある。前者は民主主義が人民主権・個人の人権の尊重・絶えず「進歩」することという相互規制的なバランスの上に成り立っており，バランスが崩れると民主主義そのものに自らを脅かす要素が内包されているという問題である。後者は代議制をとる以上，少数者の意見が反映される可能性が限りなく少ないという問題である。これらの問題点を解消するために社会運動が発生している。（200 字程度）

━━━━━■◀解　説▶■━━━━━

≪社会運動と民主主義≫

問 2．3 が適切。空欄直後の「EU 離脱の是非を問う国民投票の再実施」などから判断できる。

問 4．4 が適切。近年，日本では 100 万人を超えるような規模の社会運動は発生していないことから判断できる。

問 5．4 が適切。

1．誤り。内閣総理大臣は国会議員から選ばれる。

2．誤り。国務大臣は過半数が国会議員であればよい。

3．誤り。不信任決議の後，10日以内に衆議院を解散しない場合には，内閣は総辞職をしなければならない。

問7．4が適切。

(d)「進歩」の暴走が公共性を軽視するものとはいえないため，「個人の自由」が入ると考えられる。

(e)極大化が「集団的アイデンティティーへの固執を招」くのだから，「人民」が入ると考えられる。

問8．3が適切。各選挙区で有権者10人，投票率50％なので5人が投票すると考えられる。また，議会で多数派となるためには9のうち最低5の選挙区でX党の候補者が勝利する必要がある。各選挙区で勝利するためには3票を獲得する必要があるので，最低でも3×5＝15票が必要となる。

問11．社会運動が発生する理由として，民主主義に内在する構造上の原理的な問題と，手続き上の問題があることを指摘し，それらの問題点の解消のために社会運動が有効に機能することについてまとめる必要がある。

解答　問1．3　問2．1　問3．2　問4．3　問5．2
問6．4　問7．3または4　問8．4　問9．2
問10．1　問11．2　問12．3

━━━━━━━━━━◀解　説▶━━━━━━━━━━

≪夫婦別姓をめぐる最高裁判決≫

問1．3が適切。

1．誤り。最高裁判所は15名の裁判官で構成される。

2．誤り。違憲審査権はすべての裁判所がもつ。

4．誤り。尊属殺重罰規定など，10を超える違憲判決が最高裁判所から出されている。

問2．1が適切。現行の民法750条は違憲ではないということと，今後の民法750条の改正を含めた夫婦の氏に関する議論は，国会ですべきであるということを述べている。

問4．3が適切。夫婦別姓に賛成する立場としては「家族の名字（姓）が違っても，家族の一体感（きずな）には影響がない」と6割以上の人が答えている(ウ)のグラフが自説を補強するのに有効なデータとなる。

問5．2が適切。夫婦別姓に反対する立場としては，婚姻で名字（姓）が変わることについて，肯定的な回答が上位に示されている(イ)のグラフを用いるのがよい。

問8．4が適切。おむつ交換は女性のみがするという固定的な役割分担意識から脱却しようとする発言といえる。

問11．2が適切。空欄を含む文章は，女子差別撤廃条約の締結から公布までの流れを記述している。一般的な条約の採択から公布までの流れを踏まえれば，解答を導くことができる。署名→国会における締結の承認→批准→公布。批准の直後に公布となっているのは2のみである。

44 2022 年度 総合問題〈解答〉　　　　　　　　　　　　　　青山学院大-法

◀B 方 式▶

Ⅰ **解答** 1—④　2—①　3—④　4—④　5—①

━━━━━━━◆全 訳◆━━━━━━━

≪津田梅子の人生≫

　2024 年，日本は新しい 5000 円札を導入する予定であり，かつてのワシントンの女学生の肖像を採用している。彼女の名は津田うめ。彼女の物語は一部がおとぎ話，部分的には地政学的な外交任務である。

　津田はワシントンに 1871 年に到着した。彼女は日本政府によって西洋の様式を学ぶために派遣された 5 人の少女のうちの 1 人だった。ちょうど 7 歳であり，彼女はこの集団の中で最も幼かった。この集団には 10 歳が 1 人，11 歳が 1 人，そして十代半ばの少女が 2 人含まれていた。幼いうめは東京の彼女の家と家族の写真を持ってきており，彼女の手の一方は彼女の母親の手の上に置かれていた。「そしてこれが，」とあるジャーナリストが記している。「その小さな放浪者にとって心地よい写真のようです」

　推測するに，この小さな放浪者は彼女がジョージタウンで里親であるアデリーンとチャールズ＝ランマンの世話の下で暮らしていた 10 年の間，これらの写真を持っていたのだろう。チャールズ＝ランマンは芸術家で作家だった。国務長官のダニエル＝ウェブスターに補佐官として仕え，国会の人名簿を編纂し，最初のホワイトハウスの図書館を構築した彼の人生は興味深いものであるが，津田は彼よりもより大きな功績を残したのかもしれないのだ。

　子供を見知らぬ土地の見知らぬ人々と暮らすために 7000 マイルも遠くへと送り出す理由は何だろうか？

　津田がワシントンに到着したころ，日本は，統治を行っていた幕府が天皇の支持者たちに敗れた内戦から抜け出したところだった。日本を現代国家へと転換し，西欧の列強との関係を平等にする努力の一環として，新政府は西洋について学ぶことを切望していた。

　「突然，日本は鎖国哲学を転換し，広く開かれた国となったのです」と，2015 年の著作『少女たちの明治維新』で津田とその他の少女たちについ

て書いたジャニス゠P.ニムラは述べた。

　この新しく発見した好奇心の一環として，日本の外交団は，岩倉使節団として知られる2年間の実態調査任務を負って世界を旅した。政治家である岩倉具視によって率いられ，使節団はアメリカ，イギリス，そしてヨーロッパ本土を旅し，中東とアジアを経由して日本に戻った。その任務には，5人の少女をアメリカ東部の都市に降ろすように手配することも含まれていた。

　「これらの少女5人すべてが内戦の敗者側の家族出身でした」とニムラは述べている。「家族が飢えている場合もありました。そうした家族はすべてを失ったのです」　子供たちを提供することによって，これらの財政難にある上流階級の家族たちは負担を軽減し，その一方で名声もまた得たのです，と彼女は語っている。

　日本の指導者たちはアメリカの農業，産業，法学，そして文化を学びたがっていた。アメリカでは日本と違った風に女性が扱われており，そしてこのことがアメリカの成功の要因かもしれないという認識もまたあった，とニムラは述べている。考えとしては，「日本を引っ張っていく見識のある男性の世代をつくり出せるよう，女性たちを教育すべきなのかもしれない」というものだったとニムラは語っている。

　津田とその他の少女たちは被験者だった。少女たちは何の指示もなく下船させられ，誰も彼女たちをどうするのか知らなかった。うめはランマン家に託された。ランマン家には子供がおらず，現在のポーター通りで暮らしていた。アデリーン゠ランマンはワシントンの裕福なドッジ家の出身だった。チャールズ゠ランマンは日本の公使館の秘書官だった。

　ランマン家はすぐに津田を好きになった。「ランマン家は彼女のことを『日出ずる地からの私たちの太陽の光』と呼び，溺愛しました」とニムラは述べている。「彼女は東京で得られたであろうものよりもずっとよい暮らしを，甘やかされた一人っ子としてワシントンで送りました」

　聡明で社交的な子供であった津田は，すぐに新しい環境に馴染み，ワシントンで魅了の対象となり，学業でも優れた成績を残した。彼女が通ったジョージタウンの女学校が1874年6月に学位授与式を開催した際，津田は作文，書写，算術そして礼儀作法で表彰された。そして学生たちが順番に起立して音読した際，津田は自身が選んだ詩を暗記していた唯一の学生

46 2022 年度 総合問題〈解答〉　　　　　　　　　　　青山学院大-法

だった。その詩はウィリアム＝カレン＝ブライアントの「白い足の雄鹿」
であった。

　1882 年，津田は彼女の記憶にはない祖国へと帰国した。彼女はもはや
日本語を話さず，キリスト教に改宗していた。数年後，彼女はアメリカへ
と戻ってブリンマー大学に通い，そこで日本に自身の学校を設立するとい
う考えをもつようになった。

　「津田は，これが自分がなり得るものだと感じ取ったのです。キャリア
のある未婚の女性です。日本にはその手本となる人はいませんでした」と
ニムラは語っている。

　1900 年，津田は女性の英語指導者を指導するため，日本で学校を開い
た。この学校が東京の津田塾大学になった。設立前，津田は資金を求めて
アメリカを回った。彼女は「とりわけアメリカの女性が得ている地位に感
じ入っています。彼女たちがずっと行使する大きな影響力，教育と訓練に
よって彼女たちに与えられた力，男女間の親しい付き合い，家庭における
兄弟姉妹間や夫婦間の思いやり。なぜそのようなものが私の母国では存在
できないのでしょう？」と書いた。

　そのような状況が実際に 1870 年代においてほとんどのアメリカの女性
に存在していたのかどうか，そして現在の日本においてどの程度存在する
のかは議論の余地がある。しかし間もなく，津田の考えは適切なものにな
るだろう。

━━━■ ◀解　説▶ ■━━━

1．「本文によると，津田うめについて何が正しいか」

　①「彼女はダニエル＝ウェブスターよりも有名になった」，②「彼女は
東京で母親とよい関係ではなかった」，③「彼女は子供の頃，当てもなく
さまよい歩くことを楽しんだ」は本文に記述なし。④「彼女はおそらくは
チャールズ＝ランマンよりも世界に大きな影響を与えた」が，第 3 段最終
文（As interesting as …）の後半部分と一致する。

2．「本文の空欄 A を埋める最もよい語句はどれか」

　in which 以下の関係代名詞節は直前の civil war「内戦」の説明となっ
ている。「統治を行っていた幕府が何の支持者たちに敗れたのか」を答え
ればよい。正解は①の「天皇」である。

3．「なぜ日本政府は津田と他の 4 人の少女たちをアメリカ合衆国に送っ

たのか」

　第9段最終文（The thinking, Nimura …）参照。「日本を引っ張っていく見識のある男性の世代をつくり出せるよう，女性たちを教育すべき」とある。この部分が④「政府は，教養ある日本人女性が日本人男性たちに近代化された影響力を行使するという考えを試してみたかったから」と一致する。①「政府は彼女たちの世話をすることができなかったから」，②「政府はアメリカ合衆国に影響を与えるため，津田を模範となる学生にするための明確なプランがあったから」は本文に記述なし。また③「政府は彼女たちにアメリカで教育を受け，日本で将来の指導者になってもらいたかったから」は，上述の第9段最終文の内容と矛盾する。

４．「アメリカ合衆国での津田の経験はどのようなものだったか」

　第12段第1文（A very bright and …）参照。「ワシントンで魅了の対象となり，学業でも優れた成績を残した」とあることから，④「社交的にも学術的にも成功した」が正解となる。①「彼女はアメリカでの経験を非常に楽しんだので，アメリカに永久に留まってそこでのキャリアを求めることを決めた」は第13段第1文（In 1882, Tsuda …）などと矛盾。彼女は帰国している。②「彼女は友人を作るのに苦労した」は上述の第12段第1文と矛盾。③「ランマン家で唯一の子供だったため，非常に孤独だった」は，第11段最終文（"She had a …）に「東京で得られたであろうよりもずっとよい暮らしを送った」とあることに矛盾する。

５．「1870年代におけるアメリカ合衆国でのほとんどの女性についての筆者の見解はどのようなものか」

　第15段第4文（She wrote that …）に，津田がアメリカの女性が得ている地位や影響力などについて感心している様子が述べられている。最終段第1文（It's arguable whether …）には，筆者の意見として「そのような状況が実際に1870年代のアメリカの女性に存在していたかは議論の余地がある」と述べられている。よって①の「彼女たちの地位は必ずしも津田が思っていたほどいいものではなかった」が正解として適切である。②「彼女たちは津田に日本で学校を開くためのお金を与えた」，③「彼女たちはしばしばスポーツをし，非常にそれが得意であった」，④「彼女たちは男性よりも力強く，より高い教育を受けていた」は本文に記述がない。

48 2022 年度 総合問題〈解答〉 青山学院大-法

Ⅱ 解答 6 —④ 7 —⑦ 8 —② 9 —③ 10—① 11—⑥

◆全 訳◆

≪経済学の最初のレッスン≫

経済学の最初の授業は欠乏，すなわち限られた資源の問題である。つまり，もしも私たちが制限された予算を1種類の美味しい食品を購入するために使えば，機会費用が生じる。私たちがそのお金を娯楽のような他のものに使うことはできないのである。機会費用は，ほとんどの経済的選択の本質的な側面である。私たちは低額の所得税という考えを好むかもしれないが，そこには機会費用がある。この場合においては，ヘルスケアや教育に使うための政府の歳入が少なくなるということである。

機会費用の別の例は，駐車料金を払うことが好きな人はいないが，もしも駐車が無料なら暮らし向きはよくなるだろうか，ということである。そうではないだろう。もしも駐車が無料なら，需要が供給よりも大きくなり，このため人々は駐車スペースを探して走り回り，時間を無駄にすることになる。無料の駐車場はまた，人々が環境によりやさしい移動手段を使うよりもむしろ，市の中心部へ車で来ることを促進するのである。それは渋滞を増加させる。それゆえ，私たちは駐車に対して支払う金額は少なくなるが，目には見えにくい余分な費用に直面するのである。

もしも私たちがチョコレートケーキが好きなら，なぜ私たちは1日3つずつ食べないのだろう？ その理由は収穫逓減である。最初のチョコレートケーキは私たちに完全な満足を与えてくれるかもしれない。2つ目はその半分しかない。3つ目を食べると気分が悪くなるかもしれない。いつ収穫逓減が現れるかについては人々の意見は異なるかもしれない。最初のケーキの後にこれを感じる人もいれば，もっと食べた後になって感じる人もいるだろう。また，お金に関する収穫逓減もある。そういうわけで私たちはすべての時間を働いて過ごさないのである。つまり，余分なお金はますます少ない満足しか与えてくれず，余暇の時間を減ずるのである。

編集部注：第2段5行目末尾の less について，全訳では原文に従って more として訳している。

◀解 説▶

6．直前の or は前の scarcity「欠乏，不足」の言い換えとなっている。

よって名詞 resource を修飾する形容詞 limited「制限された」を選ぶ。

7．直前の to が不定詞だと考えられるので，動詞の原形を選ぶ。修飾する語が revenue「歳入」であること，直後に前置詞 on があることから，「（お金などを）～に使う」という意味になる spend が正解となる。

8．直後の than に注目する。比較級が入ると考えられるので，greater を選ぶ。

9．直前に「市の中心部へ車で来ることを促進する」とある。よって，そのことで空所直後の congestion「渋滞」がどのようになるのかを考えれば，increase「増加する」が適切であるとわかる。

10．直後が〈人＋もの〉という形になっているので，第 4 文型をとる動詞を選ぶ。give A B で「A に B を与える」となるので「私たちに完全な満足を与えてくれる」という文意が成立する。

11．助動詞 will の直後なので，動詞の原形を選ぶ。直前に「満足が少ない」とあることから「余暇の時間を減ずる」となる reduce が正解となる。

　12―③　13―②　14―③　15―①　16―①　17―①
　　　　　18―③　19―①　20―①　21―②

◀解　説▶

12．「私たちは遅くとも午後 6 時までに衣類を納入するように頼まれた」
　drop off には「～を納入する，（品物などを車などから）下ろす」といった意味がある。ちなみに drop by は「立ち寄る」，drop on は「人を訪問する，偶然出会う」といった意味である。

13．「彼らをコンサートで生で見ることができるなら，私はほぼ何でもしたでしょう」
　仮定法過去完了の文章。「見るために何でもした」という文章を作る必要があるので，②の done を選ぶ。ask「頼む」，leave「放っておく」，make「作る」では意味が通る文章にならない。

14．「選択肢がある場合，私はいつも階段を使います」
　take the stairs で「階段で行く」といった意味の表現である。④の walk を使う場合，walk up stairs「階段を上る」などとする必要がある。

15．「あの教授は非常に多くの課題を出すことで有名です」
　much がヒントになる。②と④は複数形となっているので不可。③の

50 2022 年度 総合問題〈解答〉　　　　　　　　　　　　青山学院大-法

report も可算名詞である。よって「課題，宿題」という意味で不可算名詞の①を選ぶ。

16.「オンラインで過ごす時間が少なければ少ないほど，あなたは生産的になります」

　The＋比較級〜，the＋比較級…「〜すればするほどますます…」の構文である。productive「生産的な」が形容詞なので②や④は不可。You are more productive. という元の形の文章を考えてみればわかりやすいだろう。

17.「あなたは今日休みを取る権利があります」

　take a day off で「1 日休みを取る」という意味のイディオムである。休むのが今日だとはっきりわかっているので，問題文ではどれでもよい 1 日を表す a ではなく the が用いられている。

18.「それが来るのを目にはしていたが，私たちは実際に準備ができていなかった」

　譲歩を表し，「〜だけれど」という意味になる Even though に注目する。「目にしていた」と対照的な意味になるよう「準備ができていない」となる prepared を選ぶ。

19.「彼女はただ顧客の苦情に対処することに向いていなかったので，その仕事をやめた」

　cut out for 〜 で「〜に向いている」といった意味である。主に否定文で用いることが多い。

20.「誰かがあなたにかっこいいですねと言ったとき，どのように反応しますか」

　質問に対し，どのような方法，手段で対応するかを答える場合は how を用いる。答えの部分が名詞になる場合には what を用いる。

21.「新型コロナのデルタ変異株は非常に感染力が高い」

　contagious は「伝染性の，直接感染する」といった意味である。infected は「感染した」という意味で直前の highly と結びつかない。infectious であれば正解となる。なお pandemic は形容詞では「広域に及ぶ」，名詞では「感染病の大流行」といった意味である。

青山学院大-法 2022 年度　総合問題〈解答〉　*51*

Ⅳ 解答例

I think Nelson Mandela is one of the most influential politicians of the 20th century. He changed the world for the better by fighting against racial discrimination. Additionally, he taught us that it does not matter if we fall; what is important is for us to rise every time we do. (about 50 words)

◀解　説▶

≪20 世紀の影響力のある政治家≫

　「20 世紀の影響力のある政治家について描写する」というテーマ英作文である。具体的な指示はないので〔解答例〕のように業績のみを述べてもよいし，自分が受けた影響などを入れることも可能だろう。

Ⅴ 解答

22―①　23―④　24―③　Ａ．国内総生産　25―④

◀解　説▶

≪日本の高等教育における奨学金事情≫

22．①が適切。OECD が Organisation for Economic Co-operation and Development の略であるという知識があれば判断できる。

23．④が適切。日本の貸与型奨学金は図表では教育ローンに分類され，給付型奨学金の比率が最低の日本は OECD の中で例外的な存在といえる。

24．③が適切。図表8－2の象限から考える。縦の軸は授業料を示しており，日本は「授業料高額」に分類される。横の軸は学生支援体制（奨学金）の整備度合いを示す。日本の奨学金は十分な整備がされているとはいえないので，日本は授業料が高額「かつ」学生支援体制が充実していない国となる。

25．④が適切。高等学校までが中等教育に該当する。高等学校卒業後の学びを高等教育という。

Ⅵ 解答

Ｂ．ワイマール憲法
26．※　27―④　28―③　Ｃ．らいさん
Ｄ．〈解答例〉フロムの警鐘は現代において一層重要となっていると考える。世の中で流布される意見に違和感を覚えた人が，もっとよく調べよう

としてインターネットで検索し,「この発言者なら信じられる」と感じる
発言を見つけたとき,さらにそれを裏付ける根拠をインターネット上で見
つけようとすることがある。これを繰り返すと,次第に「見たい情報」ば
かりが提供されるフィルターバブルの状態に陥りかねない。その中で,信
じられる「発言者」がいつしか自らにとっての「権威」となり,使命感か
ら世間に「正しい」情報を伝えようとして偏った意見を拡散させてしまっ
たり,そうした行動を通して高揚感をもち,行動をエスカレートさせてい
ったりするケースもある。こうした事例は,現代においても権威主義に惹
かれてしまう危険性を示唆しているのではないだろうか。(350 字程度)

※ 26 については,選択肢に正解がないことが判明したため,全員正解の措置が取られ
たことが大学から公表されている。

━━━━━━ ◀解 説▶ ━━━━━━

≪20 世紀のドイツと現代の比較≫

B. ワイマール憲法が適切。社会権を初めて導入するなど,当時もっとも
民主的な憲法であると評価された。

28. ③が適切。1989 年にベルリンの壁が崩壊し,翌年にドイツが統一さ
れた。

D. インターネット上で,特定の偏った主張をする動画などが検索結果に
現れたり,場合によっては知り合いにそれらの動画の視聴を勧められたり
といった経験はないだろうか。〔解答例〕では具体的な内容についての言及
はしていないが,いわゆる「フィルターバブル」についても説明し,現代
における権威主義につながりかねない事例について言及した。その上で,
20 世紀のフロムの警鐘が現代において一層重要となっていることを指摘
している。

青山学院大-国際政治経済　　　　　　　　　　　　　　　　2022 年度　問題　*53*

■ 一般選抜（個別学部日程）：国際政治経済学部

問題編

▶試験科目・配点

〔国際政治学科〕

方式	テスト区分	教　科	科目（出題範囲）	配点
A方式	大学入学共通テスト	外国語	英語（リーディング，リスニング）	50 点
		国　語	国語（近代以降の文章）	25 点
		地歴・公民・数学	日本史B，世界史B，地理B，現代社会，倫理，政治・経済，「倫理，政治・経済」，「数学Ⅰ・A」，「数学Ⅱ・B」のうち1科目選択	25 点
	独自問題	論述・総合問題	「地理歴史，公民」（17 世紀以降の「日本史」，17 世紀以降の「世界史」，「政治・経済」），読解力・論理的思考力を問う問題（問題に英文を含む）	100 点
B方式	英語資格・検定試験		指定する英語資格・検定試験のスコア・級を「出願資格」とする。	―
	大学入学共通テスト	外国語	英語（リーディング，リスニング）	60 点
		国　語	国語（近代以降の文章）	40 点
	独自問題	論述・総合問題	「地理歴史，公民」（17 世紀以降の「日本史」，17 世紀以降の「世界史」，「政治・経済」），読解力・論理的思考力を問う問題（問題に英文を含む）	100 点

国際政治経済

問題編

54 2022 年度　問題　　　　　　　　　　　　　　　　青山学院大-国際政治経済

〔国際経済学科〕

テスト区分	教　科	科目（出題範囲）	配点
大学入学 共通テスト	外国語	英語（リーディング，リスニング）	50 点
	国　語	国語（近代以降の文章）	25 点
	地歴・ 公民・ 数学	日本史B，世界史B，地理B，現代社会，倫理，政治・ 経済，「倫理，政治・経済」，「数学Ⅰ・A」，「数学Ⅱ・ B」のうち1科目選択	25 点
独自問題	論述・ 総合問題	「地理歴史，公民」（17 世紀以降の「日本史」，17 世紀以 降の「世界史」，「政治・経済」），数量的理解および読解 力・論理的思考力を問う問題（問題に英文を含む）	100 点

〔国際コミュニケーション学科〕

方式	テスト区分	教　科	科目（出題範囲）	配点
A方式	大学入学 共通テスト	外国語	英語（リーディング，リスニング）	50 点
		国　語	国語（近代以降の文章）	25 点
		地歴・ 公民・ 数学	日本史B，世界史B，地理B，現代社会，倫理， 政治・経済，「倫理，政治・経済」，「数学Ⅰ・ A」，「数学Ⅱ・B」のうち1科目選択	25 点
	独自問題	論述・ 総合問題	「英語」，読解力・論理的思考力を問う問題（問 題に英文を含む）	100 点
B方式	英語資格・検定試験		指定する英語資格・検定試験のスコア・級を 「出願資格」とする。	—
	大学入学 共通テスト	外国語	英語（リーディング，リスニング）	60 点
		国　語	国語（近代以降の文章）	40 点
	独自問題	論述・ 総合問題	「英語」，読解力・論理的思考力を問う問題（問 題に英文を含む）	100 点

青山学院大-国際政治経済　　　　　　　　　　　　　2022 年度　問題　*55*

▶備　考

- 合否判定は総合点による。ただし，場合により特定科目の成績・調査書を考慮することもある。
- 大学入学共通テストの得点を上記の配点に換算する。英語の得点を扱う場合には，リーディング 100 点，リスニング 100 点の配点比率を変えずにそのまま合計して 200 点満点としたうえで，上記の配点に換算する。
- 大学入学共通テストの選択科目のうち複数を受験している場合は，高得点の 1 科目を合否判定に使用する。
- 国際政治経済学部国際政治・国際コミュニケーション学科Ｂ方式の受験を希望する者は，以下のスコア・証明書等の提出が必要[①]。

実用英語技能検定	従来型，英検 S-CBT，英検 CBT，英検 2020 1day S-CBT，英検 S-Interview，英検 2020 2days S-Interview を有効とする。	準 1 級以上
IELTS[②]		5.0 以上
TOEFL iBT® [③]		57 点以上

[①]　出願時に提出する英語資格・検定試験は 1 種類のみとする。また，異なる実施回の各技能のスコアを組み合わせることはできない。英語資格・検定試験のスコアおよび級は，合否判定では使用しない。

[②]　Academic Module オーバーオール・バンド・スコアに限る。Computer-delivered IELTS を含む。

[③]　TOEFL iBT® Home Edition，TOEFL iBT® Special Home Edition を含む。
Test Date Scores のスコアに限る。
MyBest™Scores は不可。
ITP（Institutional Testing Program）は不可。

- 試験日が異なる学部・学科・方式は併願ができ，さらに同一日に実施する試験であっても「AM」と「PM」の各々で実施される場合は併願ができる。
- 試験時間帯が同じ学部・学科・方式は併願できない。

試験日	試験時間帯	学　　部	学科（方式）
2 月 17 日	AM	国際政治経済	国際政治（A・B） 国際経済 国際コミュニケーション（A・B）

56 2022 年度　論述・総合問題　　　　　　　　　青山学院大-国際政治経済

■■論述・総合問題■■

(70 分)

◀国際政治学科▶

Ⅰ　次の資料 1 ～ 7 は核兵器廃絶に向けた国際的な取り組み(International Efforts to Eliminate Nuclear Weapons)に関連した国内外の資料である。これらを読んで問いに答えなさい。ただし，条約Ａ～Ｄは，部分的核実験禁止条約(PTBT)，核兵器拡散防止条約(NPT)，包括的核実験禁止条約(CTBT)，核兵器禁止条約(TPNW)のいずれかである。

資料 1 ：条約Ａ

Article 1

1．Each State Party undertakes never under any circumstances to:

(a)　Develop, ▮ *α* ▮ , produce, manufacture, otherwise acquire, possess or stockpile nuclear weapons or other nuclear explosive devices;

(b)　Transfer to any recipient whatsoever nuclear weapons or other nuclear explosive devices or control over such weapons or explosive devices directly or indirectly;

(c)　Receive the transfer of or control over nuclear weapons or other nuclear explosive devices directly or indirectly;

(d)　Use or threaten to use nuclear weapons or other nuclear explosive devices;

(e)　Assist, encourage or induce, in any way, anyone to engage in any activity prohibited to a State Party under this Treaty;

(f)　Seek or receive any assistance, in any way, from anyone to engage in any activity prohibited to a State Party under this Treaty;

(g) Allow any stationing, installation or deployment of any nuclear weapons or other nuclear explosive devices in its territory or at any place under its jurisdiction or control.

資料2：条約B

Article I

Each nuclear-weapon State Party to the Treaty undertakes not to transfer to any recipient whatsoever nuclear weapons or other nuclear explosive devices or control over such weapons or explosive devices directly, or indirectly; and not in any way to assist, encourage, or induce any non-nuclear-weapon State to manufacture or otherwise acquire nuclear weapons or other nuclear explosive devices, or control over such weapons or explosive devices.

資料3：条約C

Article I

1. Each of the Parties to this Treaty undertakes to prohibit, to prevent, and not to carry out any nuclear weapon ⬚*α* explosion, or any other nuclear explosion, at any place under its jurisdiction or control:

(a) in the atmosphere; beyond its limits, including outer space; or under water, including territorial waters or high seas; or

(b) in any other environment if such explosion causes radioactive debris to be present outside the territorial limits of the State under whose jurisdiction or control such explosion is conducted. It is understood in this connection that the provisions of this subparagraph are without prejudice to the conclusion of a Treaty resulting in the permanent banning of all nuclear ⬚*α* explosions, including all such explosions underground, the conclusion of which, as the Parties have stated in the Preamble to this Treaty, they seek to achieve.

資料4：条約D

Article I

1．Each State Party undertakes not to carry out any nuclear weapon $\boxed{a}$ explosion or any other nuclear explosion, and to prohibit and prevent any such nuclear explosion at any place under its jurisdiction or control.

2．Each State Party undertakes, furthermore, to refrain from causing, encouraging, or in any way participating in the carrying out of any nuclear weapon $\boxed{a}$ explosion or any other nuclear explosion.

資料5：日本の署名時の宣言

　日本国政府は，核兵器の拡散が核戦争の危険を増大させると信じており，核兵器の拡散を防止することは世界平和維持に関する日本国政府の政策と一致するものであるので，この条約の精神に賛成してきた。

　日本国政府は，以下に述べる基本的考え方に基づきこの条約に署名する。

　日本国政府は，この条約が核軍縮の第一歩になるものと確信し，またこの条約を効果あらしめるため，できるだけ多くの国がこの条約に参加することを望むものである。特に，核兵器を保有していながら，未だこの条約に参加の意図を示していないフランス共和国政府及び中華人民共和国政府が速やかに条約に参加して，核軍縮のための交渉を誠実に行なうよう希望するが，それまでの間でも，この条約の目的に反するような行動をとらないよう希望する。

　この条約は現在の核兵器国に対してのみ核兵器の保有を認めるものである。このような差別はすべての核兵器国が核兵器を自国の軍備から撤廃することによって窮極的には解消されなければならないものであるが，それまでの間核兵器国は特別な地位にあると同時に特別の責任を負うものであるとの自覚がなければならない。

　この条約は，核兵器その他の核爆発装置又はその管理の取得のみを禁止の対象とするものである。従って，非核兵器国は，この条約によって，原子力平和利用の研究，開発，実施及びこれらのための国際協力をいかなる意味においても妨げられてはならないし，これらの活動のいかなる面においても差別的な取扱いをさ

青山学院大-国際政治経済 2022 年度 論述・総合問題 *59*

れてはならない。

　日本国政府は，以上の基本的考え方に基づき次の諸点に強い関心を有すること
を表明する。

　これらの問題は，日本国政府が本条約を批准するに当り，また将来条約締約国
として条約運用の再検討に参加する際においても，強い関心を払うであろうこと
を強調する。

資料 6

　Now, let me describe to you the trajectory we need to be on. First, the
United States will take concrete steps towards a world without nuclear
weapons. To put an end to Cold War thinking, we will reduce the role of
nuclear weapons in our national security strategy, and urge others to do the
same. Make no mistake: As long as these weapons exist, the United States will
maintain a safe, secure and effective arsenal to deter any adversary, and
guarantee that defense to our allies — including the Czech Republic. But we
will begin the work of reducing our arsenal.

　To reduce our warheads and stockpiles, we will negotiate a new Strategic
Arms Reduction Treaty with the Russians this year. (Applause.) President
Medvedev and I began this process in London, and will seek a new agreement
by the end of this year that is legally binding and sufficiently bold. And this
will set the stage for further cuts, and we will seek to include all nuclear
weapons states in this endeavor.

資料 7

　Today is an important milestone for nuclear security and non-proliferation,
and for U.S.-Russia relations. It fulfills our common objective to negotiate a
new Strategic Arms Reduction Treaty. It includes significant reductions in the
nuclear weapons that we will deploy. It cuts our delivery vehicles by roughly
half. It includes a comprehensive verification regime, which allows us to
further build trust. It enables both sides the flexibility to protect our security,

60 2022年度 論述・総合問題　　　　　　　　　　　　　青山学院大-国際政治経済

as well as America's unwavering commitment to the security of our European allies.

問 1　条約Ａ〜Ｄの中で最初に成立した条約として最も適切なものを次の選択肢
　　　から選んで解答用紙(その1)にマークしなさい。解答番号 $\boxed{1}$

　　　① 条約Ａ

　　　② 条約Ｂ

　　　③ 条約Ｃ

　　　④ 条約Ｄ

問 2　条約Ａ〜Ｄの中で最後に成立した条約として最も適切なものを次の選択肢
　　　から選んで解答用紙(その1)にマークしなさい。解答番号 $\boxed{2}$

　　　① 条約Ａ

　　　② 条約Ｂ

　　　③ 条約Ｃ

　　　④ 条約Ｄ

問 3　空欄 $\boxed{\quad a \quad}$ に入る最も適切な英単語(4文字)を解答用紙(その2)に記
　　　述しなさい。

問 4　条約Ａ〜Ｄが採択された際の中華人民共和国, フランス, ソ連またはロシ
　　　ア, 英国および米国の投票行動は次に示すとおりである。条約Ａ〜Ｄと投票
　　　行動1〜4の組み合わせとして最も適切なものを次の選択肢から選んで解答
　　　用紙(その1)にマークしなさい。解答番号 $\boxed{3}$

	中華人民共和国	フランス	ソ連／ロシア	英国	米国
投票行動1	不参加	棄権	賛成	賛成	賛成
投票行動2	賛成	賛成	賛成	賛成	賛成
投票行動3	不参加	不参加	不参加	不参加	不参加
投票行動4	(採択に付されていない)				

① 条約A：投票行動3　条約B：投票行動2　条約C：投票行動1　条約
D：投票行動4

② 条約A：投票行動3　条約B：投票行動1　条約C：投票行動4　条約
D：投票行動2

③ 条約A：投票行動4　条約B：投票行動2　条約C：投票行動1　条約
D：投票行動3

④ 条約A：投票行動4　条約B：投票行動1　条約C：投票行動2　条約
D：投票行動3

問5　日本の署名時の宣言の対象となった条約として最も適切なものを次の選択
肢から選んで解答用紙（その1）にマークしなさい。解答番号 4

① 条約A

② 条約B

③ 条約C

④ 条約D

問6　日本に対して効力が発生している条約の数として最も適切なものを次の選
択肢から選んで解答用紙（その1）にマークしなさい。解答番号 5

① 1つ

② 2つ

③ 3つ

④ 4つ

Ⅱ 日本は1994年以来国連総会に対して核兵器廃絶決議案を提出してきた。決議案の賛成国，反対国，棄権国，共同提案国の数は次の図に示すとおりである。

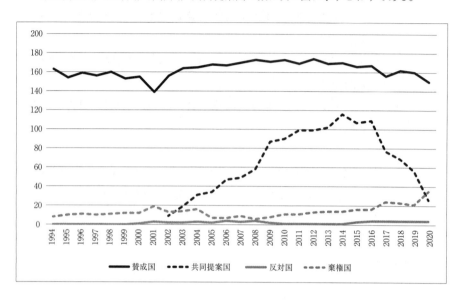

問1 2009年に共同提案国の数が急増し，その後は100か国前後で推移した背景として考えられることを，Ⅰ の資料6と資料7を踏まえて，16字以上25字以内で解答用紙(その2)に記述しなさい。

問2 共同提案国の数が2016年以降大幅に減少している背景として考えられることを共同提案国とその内訳に関する次の表を踏まえて，16字以上25字以内で解答用紙(その2)に記述しなさい。

	2016年	2017年	2018年	2019年
共同提案国	109か国	77か国	69か国	56か国
核兵器禁止条約の採択に賛成した国	64か国	36か国	28か国	17か国
核兵器禁止条約の採択に反対した国	1か国	0か国	1か国	1か国
核兵器禁止条約の採択に棄権した国	1か国	1か国	1か国	1か国
核兵器禁止条約の交渉に不参加の国	43か国	40か国	39か国	37か国

Ⅲ 次の資料1～9は $\boxed{\beta}$ に関連した国内外の資料である。これらを読んで問いに答えなさい。

資料1：日ソ中立条約（1941年4月25日両国批准）

第二条

　締約国ノ一方カ一又ハ二以上ノ第三国ヨリ軍事行動ノ対象ト為ル場合ニハ他方締約国ハ該紛争ノ全期間中中立ヲ守ルヘシ

第三条

　本条約ハ両締約国ニ於テ其ノ批准ヲ了シタル日ヨリ実施セラルヘク且五年ノ期間効力ヲ有スヘシ両締約国ノ何レノ一方モ右期間満了ノ一年前ニ本条約ノ廃棄ヲ通告セサルトキハ本条約ハ次ノ五年間自動的ニ延長セラレタルモノト認メラレルヘシ

資料2：日ソ中立条約の廃棄に関するソ連覚書（1945年4月5日）

　日「ソ」中立条約ハ独「ソ」戦争及日本ノ対米英戦争勃発前タル一九四一年四月十三日調印セラレタルモノナルカ爾来事態ハ根本的ニ変化シ日本ハ其ノ同盟国タル独逸ノ対「ソ」戦争遂行ヲ援助シ且「ソ」連ノ同盟国タル米英ト交戦中ナリ斯ル状態ニ於テハ「ソ」日中立条約ハ其ノ意義ヲ喪失シ其ノ存続ハ不可能トナレリ

依テ同条約第三条ノ規定ニ基キ「ソ」連政府ハ茲ニ日「ソ」中立条約ハ明年四月期限満了後延長セサル意向ナル旨宣言スルモノナリ

資料3：サンフランシスコ平和条約（1951年）

Article 2

(c) Japan renounces all right, title and claim to the Kurile Islands, and to that portion of Sakhalin and the islands adjacent to it over which Japan acquired sovereignty as a consequence of the Treaty of Portsmouth of September 5, 1905.

Article 25

For the purposes of the present Treaty the Allied Powers shall be the States at war with Japan, or any State which previously formed a part of the territory of a State named in Article 23, provided that in each case the State concerned has signed and ratified the Treaty. Subject to the provisions of Article 21, the present Treaty shall not confer any rights, titles or benefits on any State which is not an Allied Power as herein defined; nor shall any right, title or interest of Japan be deemed to be diminished or prejudiced by any provision of the Treaty in favor of a State which is not an Allied Power as so defined.

資料4：サンフランシスコ平和会議における吉田茂総理大臣の受諾演説（1951年）

With respect to the Kuriles and South Sakhalin, I cannot yield to the claim of the Soviet Delegate that Japan had grabbed them by aggression. At the time of the opening of Japan, her ownership of two islands of Etoroff and Kunashiri of the South Kuriles was not questioned at all by the Czarist government. But the North Kuriles north of Urruppu and the southern half of Sakhalin were areas open to both Japanese and Russian settlers. On May 7, 1875 the Japanese and Russian Governments effected through peaceful negotiations an arrangement under which South Sakhalin was made Russian territory, and the North Kuriles were in ［ γ ］ made Japanese territory.

But really, under the name of " ［ γ ］ " Japan simply ceded South Sakhalin to Russia in order to settle the territorial dispute. It was under the Treaty of Portsmouth of 1905 concluded through the intermediary of President Theodore Roosevelt of the United States that South Sakhalin became also Japanese territory.

Both Sakhalin and the North and South Kuriles were taken unilaterally by Russia as of September 20, 1945, shortly after Japan's surrender. Even the islands of Habomai and Shikotan, constituting part of Hokkaido, one of Japan's four main islands, are still being occupied by Soviet forces simply because they happened to be garrisoned by Japanese troops at the time when the war ended.

資料5：第12回国会　衆議院　平和条約及び日米安全保障条約特別委員会(1951年)

○高倉委員　・・・まず領土の問題でありますが，過般のサンフランシスコの講和條約の第二條の(C)項によりますと，日本国は千島列島の主権の放棄を認められたのである。しかしその千島列島というものはきわめて漠然としておる。北緯二五・九度以南のいわゆる南西諸島の地域の條文におきましては，詳細に区分されておるのでありまするが，千島列島は大ざつぱではつきりしていないのであります。そこで講和條約の原文を検討する必要があります。條約の原文にはクリル・アイランド，いわゆるクリル群島と明記されておるように思いますが，このクリル・アイランドとは一体どこをさすのか，これを一応お聞きしたいと思います。

○西村(熊)政府委員　條約にある千島列島の範囲については，北千島と南千島の両者を含むと考えております。しかし南千島と北千島は，歴史的に見てまつたくその立場が違うことは，すでに全権がサンフランシスコ会議の演説において明らかにされた通りでございます。あの見解を日本政府としてもまた今後とも堅持して行く方針であるということは，たびたびこの国会において総理から御答弁があつた通りであります。

66 2022 年度 論述・総合問題　　　　　　　　　青山学院大-国際政治経済

資料6：日ソ共同宣言(1956年)

九　日本国及びソヴィエト社会主義共和国連邦は，両国間に正常な外交関係が回
復された後，平和条約の締結に関する交渉を継続することに同意する。

　ソヴィエト社会主義共和国連邦は，日本国の要望にこたえかつ日本国の利益を
考慮して歯舞群島及び色丹島を日本国に引き渡すことに同意する。ただし，これ
らの諸島は，日本国とソヴィエト社会主義共和国連邦との間の平和条約が締結さ
れた後に現実に引き渡されるものとする。

資料7：日ソ共同声明(1991年)

四　　イ　　日本国内閣総理大臣及び　　ロ　　ソヴィエト社会主義共和国連
邦大統領は，歯舞群島，色丹島，国後島および択捉島の帰属についての双方の立
場を考慮しつつ領土画定の問題を含む日本国とソヴィエト社会主義共和国連邦と
の間の平和条約の作成と締結に関する諸問題の全体について詳細かつ徹底的な話
し合いを行った。これまでに行われた共同作業，特に最高レベルでの交渉によ
り，一連の概念的な考え方，すなわち，平和条約が，領土問題の解決を含む最終
的な戦後処理の文書であるべきこと，友好的な基盤の上に日ソ関係の長期的な展
望を開くべきこと及び相手側の安全保障を害すべきでないことを確認するに至っ
た。

　ソ連側は，日本国の住民と上記の諸島の住民との間の交流の拡大，日本国民に
よるこれらの諸島訪問の簡素化された無査証の枠組みの設定，この地域における
共同の互恵的経済活動の開始及びこれらの諸島に配備されたソ連の軍事力の削減
に関する措置を近い将来とる旨の提案を行った。日本側は，これらの問題につき
今後更に話し合うこととしたい旨述べた。

資料8：日ロ関係に関する東京宣言(1993年)

2　日本国総理大臣及びロシア連邦大統領は，両国関係における困難な過去の遺
産は克服されなければならないとの認識を共有し，択捉島，国後島，色丹島及び
歯舞群島の帰属に関する問題について真剣な交渉を行った。双方は，この問題を
歴史的・法的事実に立脚し，両国の間で合意の上作成された諸文書及び法と正義
の原則を基礎として解決することにより平和条約を早期に締結するよう交渉を継

青山学院大-国際政治経済　　　　　　　　　　2022年度　論述・総合問題　*67*

続し，もって両国間の関係を完全に正常化すべきことに合意する。この関連で，日本国政府及びロシア連邦政府は，ロシア連邦がソ連邦と国家としての継続性を有する同一の国家であり，日本国とソ連邦との間のすべての条約その他の国際約束は日本国とロシア連邦との間で引き続き適用されることを確認する。

資料9：ロシア連邦憲法（2020年改正）

第67条第2.1項

　ロシア連邦は，その主権および領土的一体性の保護を保証する。ロシア連邦の領土の一部の割譲に向けられた活動ならびにそのような活動（ロシア連邦と隣国との範囲の確定，ならびに国境の画定および再画定を除く）を呼びかけることをしてはならない。

第67.1条第3項：

　ロシア連邦は，祖国の防衛者の功績に敬意を払い，歴史の真実を守ることを保障する。国民の祖国防衛の偉業の意義を矮小化してはならない。

問1　空欄 $\boxed{\beta}$ に入る適切な英語を5ワード以上8ワード以内で解答用紙（その2）に記述しなさい。

問2　これらの資料から読み取れる内容として**正しいものには①，誤っているものには⓪**を解答用紙（その1）にマークしなさい。

　ア　1905年のポーツマス条約の規定によってサハリン島南部は日本領となった。解答番号 $\boxed{6}$

　イ　サンフランシスコ平和条約において日本は（択捉島と国後島を含む）千島列島に関するすべての権利を放棄した。解答番号 $\boxed{7}$

　ウ　第二次世界大戦において日本と戦争をした国であるソ連にはサンフランシスコ平和条約の規定が連合国として適用される。解答番号 $\boxed{8}$

　エ　サンフランシスコ平和会議における受諾演説で，吉田首相は歯舞群島と色丹島は北海道の一部だと主張した。解答番号 $\boxed{9}$

　オ　1956年の日ソ共同宣言においてソ連は歯舞群島及び色丹島が日本固有の領土であることを認めた。解答番号 $\boxed{10}$

カ　1991 年の日ソ共同声明で日本は北方領土の帰属についてソ連の立場を一部認めることを確認した。解答番号 11

キ　1991 年にソ連が解体したことにより，日本とソ連間に締結された日ソ共同宣言は無効となったため，1993 年に日本とロシアの間で日ロ関係に関する東京宣言が出された。解答番号 12

ク　2020 年にロシア連邦憲法が改正されたことによって，ロシアにおいて領土の割譲を目的としたすべての活動は憲法違反となった。解答番号 13

問 3　資料 1 と資料 2 に照らして，日ソ中立条約が失効した年月日として最も適切なものを次の選択肢から選んで解答用紙（その 1）にマークしなさい。解答番号 14

①　1945 年 4 月 5 日
②　1945 年 8 月 8 日
③　1946 年 4 月 13 日
④　1946 年 4 月 25 日

問 4　資料 4 の空欄　　γ　　に入る最も適切な英単語（8 文字）を解答用紙（その 2）に記述しなさい。

問 5　資料 7 の空欄　イ　に　ロ　にあてはまる人名の組み合わせとして最も適切なものを次の選択肢から選んで解答用紙（その 1）にマークしなさい。解答番号 15

①　イ：海部俊樹　　　ロ：ゴルバチョフ
②　イ：海部俊樹　　　ロ：エリツィン
③　イ：宮澤喜一　　　ロ：ゴルバチョフ
④　イ：宮澤喜一　　　ロ：エリツィン

問 6　資料 7 の下線部に関して，日本国民による北方領土への訪問が「無査証」で行われる理由を 16 字以上 25 字以内で解答用紙（その 2）に記述しなさい。

青山学院大-国際政治経済　　　　　　　　　　　　　2022 年度　論述・総合問題　69

Ⅳ　二国間関係において総領事館(本問では領事館，領事事務所を含み，名誉領事館は含まないものとする)を開設する場合がある。領事関係に関するウィーン条約についての資料を読み，日本とブラジル，中国，パナマ，韓国，ロシア，米国との関係における総領事館の開設数を示した表と各国が日本国内に開設している総領事館の所在地と数を表した図を踏まえて，問いに答えなさい。

資料　領事関係に関するウィーン条約

第1条(定義)

1　この条約の適用上，

　(a)　「領事機関」とは，総領事館，領事館，副領事館又は代理領事事務所をいう。

　(b)　「領事管轄区域」とは，領事機関について領事任務の遂行のために定められた地域をいう。

(以下略)

第4条(領事機関の設置)

1　領事機関は，　| ハ |　の同意がある場合にのみ，　| ニ |　の領域内に設置することができる。

2　領事機関の所在地及び種類並びに領事管轄区域は，　| ホ |　が決定するものとし，　| ヘ |　の承認を受けなければならない。

(以下略)

第5条(領事任務)

領事任務は，次のことから成る。

(a)　| ト |　において，国際法の認める範囲内で　| チ |　及びその国民(自然人であるか法人であるかを問わない。)の利益を保護すること。

(b)　この条約の定めるところにより，派遣国と接受国との間の通商上，経済上，文化上及び科学上の関係の発展を助長することその他両国間の友好関係を促進すること。

(中略)

(d) 派遣国の国民に対し旅券又は渡航文書を発給し及び派遣国への渡航を希望する者に対し査証又は適当な文書を発給すること。

(e) 派遣国の国民(自然人であるか法人であるかを問わない。)を援助すること。

(以下略)

注：外国が日本国内に領事機関を設置する場合，接受国は日本であり，派遣国は当該外国である。

表　総領事館の開設数

国名	日本国内に所在する当該国の総領事館の数	当該国の国内に所在する日本国総領事館の数
A	9	2
B	6	7
C	5	17
D	3 *	7
E	3	4
F	2 *	0

* 総領事館の1つは東京都に所在

図　各国の総領事館の所在地と数

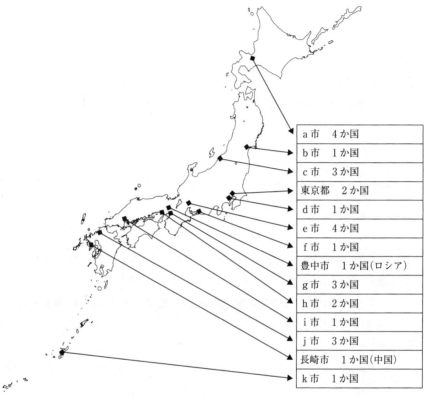

問 1　C 国の国内に所在する日本国総領事館の数は 17 であり世界各国の中で最も多い。**この理由として考えられること 2 つ**をそれぞれ 16 字以上 25 字以内で解答用紙(その 2)に記述しなさい。

問 2　f 市に総領事館を開設している国として最も適切なものを次の選択肢から選んで解答用紙(その 1)にマークしなさい。解答番号 16
　　また，この国による総領事館開設の理由を 31 字以上 40 字以内で解答用紙(その 2)に記述しなさい。
① ブラジル
② 中国

72 2022年度 論述・総合問題 青山学院大-国際政治経済

③ パナマ

④ ロシア

⑤ 米国

問 3 h市に総領事館を開設している2か国として最も適切なものを次の選択肢から選んで解答用紙(その1)にマークしなさい。解答番号 17

① 中国，パナマ

② パナマ，韓国

③ 韓国，ロシア

④ ロシア，米国

⑤ 米国，中国

問 4 k市に総領事館を開設している国として最も適切なものを次の選択肢から選んで解答用紙(その1)にマークしなさい。解答番号 18

また，この国による総領事館開設の理由を31字以上40字以内で解答用紙(その2)に記述しなさい。

① ブラジル

② 中国

③ パナマ

④ ロシア

⑤ 米国

問 5 空欄 ハ と空欄 ニ に入る語句の組み合わせとして最も適切なものを次の選択肢から選んで解答用紙(その1)にマークしなさい。解答番号 19

① ハ 接受国 ニ 接受国

② ハ 接受国 ニ 派遣国

③ ハ 派遣国 ニ 接受国

④ ハ 派遣国 ニ 派遣国

青山学院大-国際政治経済　　　　　　　　　　　　2022 年度　論述・総合問題　73

問 6　空欄　ホ　と空欄　ヘ　に入る語句の組み合わせとして最も適切
　　なものを次の選択肢から選んで解答用紙(その1)にマークしなさい。解答番
　　号 20

① ホ　接受国　　ヘ　接受国

② ホ　接受国　　ヘ　派遣国

③ ホ　派遣国　　ヘ　接受国

④ ホ　派遣国　　ヘ　派遣国

問 7　空欄　ト　と空欄　チ　に入る語句の組み合わせとして最も適切
　　なものを次の選択肢から選んで解答用紙(その1)にマークしなさい。解答番
　　号 21

① ト　接受国　　チ　接受国

② ト　接受国　　チ　派遣国

③ ト　派遣国　　チ　接受国

④ ト　派遣国　　チ　派遣国

◀国際経済学科▶

Ⅰ 以下の英文を読んで各問に答えなさい。（解答番号 1 ～ 3 ）

In the 1890s, just as the United States entered the second industrial revolution and the transcontinental railroad finished erasing the American frontier, one of the world's first business consultants, Frederick Winslow Taylor, gave birth to the idea of "scientific management" (also known as Taylorism) by applying the scientific method to manufacturing processes. Taylor's business card read "Systematizing Shop Management and Manufacturing Costs a Specialty," an expertise he'd developed working as an industrial apprentice patternmaker, a machine shop laborer, a gang boss, foreman, research director, and finally chief engineer. He'd also earned his correspondence degree in mechanical engineering.

Based on these experiences, Taylor tried to understand why differences existed among workers' productivity and how best to get everyone up to top speed. His answer? (a) . He thought his main tools, time and motion studies, would help him discover the "one best way" to do any given task. In Taylor's view, managing workers involved figuring out, say, the most efficient way to shovel (the "best" weight to lift with a shovel was, according to Taylor's study, 21 pounds) and making sure each worker used it.

Scientific management was the "worker as (b) cog(注1)" approach — one that many modern office workers might relate to. If Taylor's original ideas have been tempered by at least a bit of humanity in their modern application, the principles of Taylorism are still at the core of what is considered good management, whether reflected in the HBS(注2) curriculum, Six Sigma(注3) certifications for reducing defects, or the best-practice checklist at Accenture(注4). Decisions on how to deploy organizational resources have to be based on information: which types of cloth are selling fastest, which ones

青山学院大-国際政治経済　　　　　　　　2022 年度　論述・総合問題　*75*

generate the highest profits, which employees deserve promotion, and which ones need to be let go. It was this avalanche of data that led the railroads to develop nineteenth-century information systems. To rise above the disarray that reigns on Tarapur's[注5] factory floors requires modern information systems to manage their records.

Not everyone needs to know the last detail of what's happening in the factory. The foreman who manages inventory, for instance, does need to keep tabs on pretty much every scrap of yarn. But higher up the org[注6] pyramid — where Mr. Samata[注7] and other factory owners sit, or to Alfred P. Sloan's[注8] corner office at GM[注9] — executives need to see only summary information on the flow of goods through the production process. Too much detail would be overwhelming.

So not only does effective management require efficient information gathering, but also the facts and figures need to be distributed to those who need them. Mr. Samata shouldn't be micromanaging the storage closet, though in the absence of effective management systems, he does. And Alfred P. Sloan shouldn't be agonizing over how to distribute tasks on the assembly line, or manage the formation of a hubcap design team. Top managers should occupy themselves with the larger strategic questions facing their companies: Should we expand to a second plant? Bring parts production in house? Raise prices on next year's model? Call the union's bluff in wage negotiations? Once these decisions are made, instructions make their way back down the hierarchy — yet more flow of information — on what needs to get done; then the process repeats itself. If management systems are working properly, it's possible to keep tabs on whether everything is getting done, and also figure out what to do next.

76　2022 年度　論述・総合問題　　　　　　　　　　　青山学院大-国際政治経済

注 1　cog：「歯車」のこと

注 2　HBS：Harvard Business School の略

注 3　Six Sigma：品質管理手法の一つ

注 4　Accenture：コンサルティング会社の名前

注 5　Tarapur：インドの都市

注 6　org：organization の略

注 7　Mr. Samata：本書で登場する架空の人物

注 8　Alfred P. Sloan：GM の社長を務めたアメリカの経営者

注 9　GM：自動車会社 General Motors の略

出典：Fisman, Ray; Sullivan, Tim. (2013) *The Org: The Underlying Logic of the Office,* Princeton University Press.

問 1　空欄　(a)　にあてはまる語として最も適当なものを，次の選択肢のなかから一つ選び，マークしなさい。解答番号　1

①　Diversification

②　Automatization

③　Standardization

④　Centralization

問 2　空欄　(b)　にあてはまる語として最も適当なものを，次の選択肢のなかから一つ選び，マークしなさい。解答番号　2

①　significant

②　inconvertible

③　intangible

④　interchangeable

問 3　この文章で述べている内容として最も適切なものを，次の選択肢のなかから一つ選び，マークしなさい。解答番号　3

①　経営にとって，労働者の個性や人間性が最も重要である。

青山学院大-国際政治経済　　　　　　　　2022 年度　論述・総合問題　77

② 詳細な情報を経営者のみに集めることが最も重要である。

③ 経営者は，戦略的な問題の大小にかかわらず意思決定を下すべきである。

④ 経営資源の配分に関する意思決定には情報が不可欠である。

Ⅱ 以下の各問に答えなさい。（解答番号 4 ～ 9 ）

問 1　電力・石油を新動力源とし，その後の世界の生産能力を飛躍的に引き上げることとなった第 2 次産業革命の特徴として最も適切なものを，次の選択肢のなかから一つ選び，マークしなさい。解答番号 4

① ジョン＝ケイやハーグリーヴズらの発明家が大きな貢献をした。

② パソコンやインターネットの開発・普及によって，社会や生活が急速に変化した。

③ 明治政府の殖産興業政策を背景として，1890 年代前後，近代的綿織物業が発達した。

④ 重化学工業・電機工業などが発展した。

⑤ 蒸気機関車や蒸気船の発明，運河網の拡大，道路の改良などにより，交通環境が飛躍的に発展した。19 世紀後半には電信網も普及し，世界の一体化が急速に進んだ。

問 2　1885 年，イギリス植民地支配下にあったインド人の意見を諮問する機関として，イギリス人側，インド人側双方の意図が一致して結成された機関の名称として最も適切なものを，次の選択肢のなかから一つ選び，マークしなさい。解答番号 5

① 全インド＝ムスリム連盟

② タキン党

③ イスラーム同盟

④ 英印円卓会議

⑤ インド国民会議

問3 1858(安政5)年調印された日米修好通商条約に含まれるものとして，誤っているものを，次の選択肢のなかから一つ選び，マークしなさい。解答番号 6

① 日本に滞在するアメリカ人への領事裁判権を認めること。

② 南西諸島・小笠原諸島はアメリカの施政権下におくこと。

③ 神奈川・長崎・新潟・兵庫を開港すること。

④ 日本の関税について，日本に税率の決定権がなく，日米相互で協議して協定関税を定めること。

⑤ 江戸・大坂を開市すること。

問4 19世紀後半から20世紀初頭にかけて，日本と朝鮮との間で生じた出来事の年代を，古いものから新しいもの(古いもの → 新しいもの)の順に正しく並べているものはどれか。最も適切なものを，次の選択肢のなかから一つ選び，マークしなさい。解答番号 7

① 征韓論 → 壬午軍乱 → 日清戦争 → 韓国併合

② 壬午軍乱 → 征韓論 → 韓国併合 → 日清戦争

③ 征韓論 → 日清戦争 → 壬午軍乱 → 韓国併合

④ 壬午軍乱 → 征韓論 → 日清戦争 → 韓国併合

⑤ 征韓論 → 壬午軍乱 → 韓国併合 → 日清戦争

問5 オランウータンやゴリラなどの絶滅の恐れのある野生動植物の保護をはかるための条約は以下のうちどれか。最も適切なものを，次の選択肢のなかから一つ選び，マークしなさい。解答番号 8

① ラムサール条約

② ワシントン条約

③ マーストリヒト条約

④ アムステルダム条約

⑤ リスボン条約

問 6 主要 20 カ国の財務相・中央銀行総裁会議と，同じ 20 カ国の首脳会議(サミット)の 2 つを指して G 20 と呼ぶ。以下の国のうち G 20 に含まれない国はどれか。最も適切なものを，次の選択肢のなかから一つ選び，マークしなさい。解答番号 9

①　日本

②　英国

③　米国

④　ドイツ

⑤　スペイン

論述問題の解答に際しては，句読点，記号は1マスに1文字，アラビア数字は1マスに2文字までとしなさい。

Ⅲ　以下の図1は，警察庁により公表されている2001年度から2017年度までの刑法犯のうちの初犯者数と，再犯者率の変化を描いたものである。再犯者率とは，再犯者数を初犯者数と再犯者数の合計である総検挙者数で割った値をパーセント表記にしたものであり，図1の右側の縦軸がその値を表している。また，左側の縦軸は初犯者数を表している。このグラフから，「再犯者率がここ20年ほど増加傾向にあるのは，初犯者数の減少によって生じている」という説明は必ずしも十分ではない理由を，式は使用せずに言葉で，150字以内で説明しなさい。

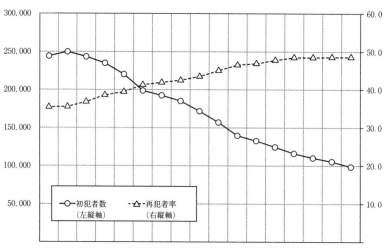

図1：初犯者数と再犯者率

Ⅳ 図2は1970年2月から2021年5月までの日本の物価上昇率と失業率を散布図にあらわしたものである。図中の直線はこの期間の物価上昇率(y)と失業率(x)の関係を近似的に直線であらわしたものである($y = -0.2x + 0.8$)。

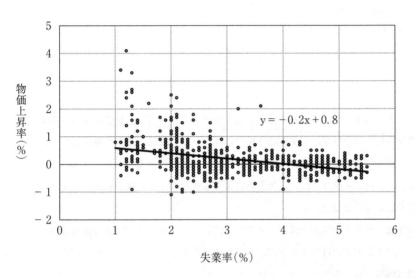

図2：物価上昇率と失業率

問1　「物価の上昇が失業率の下落を引き起こす」という命題が正しいことをこの散布図と近似直線のみから言えるか。以下の①および②のいずれかを選択し，その番号を解答用紙に記入しなさい。
①　言える。
②　言えない。

問2　問1であなたが選んだ答えの根拠について100字以内で説明しなさい。

問3　失業率が今よりも1パーセンテージポイント(たとえば3％から2％に)下がった時の物価上昇率の変化はどのようになると考えられますか。問題文中の近似的な直線（$y = -0.2x + 0.8$)を用いて計算し，以下の選択肢①〜⑥の中から最も適切なものを選択して，その番号を解答用紙に記入しなさい。

① 0.2パーセンテージポイント上昇する。

② 0.2パーセンテージポイント下落する。

③ 0.6パーセンテージポイント上昇する。

④ 0.6パーセンテージポイント下落する。

⑤ 0.8パーセンテージポイント上昇する。

⑥ 0.8パーセンテージポイント下落する。

V 産業革命によって，イギリスは，安価な機械製綿布を自ら大量に生産できるようになった。その結果，産業革命以前にはインドから大量の綿布を輸入していたイギリスは，産業革命開始後しばらくして，インド産綿布の大量輸入を事実上終了した。さらにイギリスは，産業革命により安価になった機械製綿布をインドに輸出するようになった。

　図3は，産業革命開始以降の，イギリスにおけるイギリス産機械製綿布価格，ならびにインドにおけるインド産綿布価格の推移を示している。なお，図中双方の綿布価格とも，銀の重さを1単位として表記している。

　図3を見て，以下の二つの問いに答えなさい。ただし，①イギリス産機械製綿布とインド産綿布の間に，品質による差はない，②輸出・輸入にかかる輸送費などの費用は，図の期間を通じ無視できる，という仮定のもとに解答を作成しなさい。

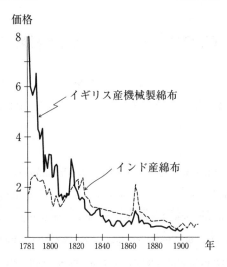

図3　イギリス綿布とインド綿布の価格

出典：ロバート・アレン(2012)『なぜ豊かな国と貧しい国が生まれたのか』をもとに作成。

(注)　なお，元データでは，データ欠損のため，1805年ころから1860年代前半まで，ところどころインド産綿布価格が記されていない。図では，欠損したデータを直線でつないでいる。

問1　図3から，イギリスがインド産綿布の大量輸入を事実上終了したのは，次の5つの時期のうち，どの時期だと考えられるか。最も適切と考えられる時期の番号を，選択肢のなかから一つ選択し，その番号を解答用紙に記入しなさい。

① 1780年以前
② 1781年から1800年の間
③ 1820年から1840年の間
④ 1860年から1880年の間
⑤ 1900年以降

問2　問1で答えた時期を選んだ理由を，100字以内で解答しなさい。

84 2022 年度　論述・総合問題　　　　　　　　青山学院大-国際政治経済

◀国際コミュニケーション学科▶

I 　次の 5 つのパラグラフ（A，B，C，D，E）を読んで，下記の設問の答えとして最も適切なものをそれぞれ [1]〜[3] の中から 1 つ選び，解答用紙（その 1 ）の 1 から10にマークしてください。

A．Negotiation is a method by which people settle differences. It is a process by which compromise or agreement is reached while avoiding argument and dispute. In any disagreement, individuals understandably aim to achieve the best possible outcome for their position. However, the principles of fairness, seeking mutual benefit, and maintaining a relationship are the keys to a successful outcome. Specific forms of negotiation are used in many situations: international affairs, the legal system, government, industrial disputes, or domestic relationships are examples. A win-win outcome is one in which both sides feel they have gained something positive through the process of negotiation and that their point of view has been taken into consideration. Agreement can be achieved once understanding of both sides' viewpoints and interests has been considered. It is essential for everybody involved to keep an open mind in order to achieve an acceptable solution. Any agreement needs to be made perfectly clear so that both sides know what has been decided. If the process of negotiation breaks down and agreement cannot be reached, then rescheduling a further meeting is called for. At the subsequent meeting, any new ideas or interests should be taken into account and the situation looked at afresh. It may also be helpful to look at other alternative solutions and/or bring in another person to mediate.

1．What is essential when negotiating with others?

　[1] It is essential that we avoid arguments and disputes by making sure that we achieve the best possible outcome for our own position.

出典追記：What is Negotiation?, SkillsYouNeed

青山学院大-国際政治経済　　　　　　　　　2022 年度　論述・総合問題　*85*

[2] It is essential that we be fair with each other, find solutions that are beneficial to both sides, and continue to have good relations with each other.

[3] It is essential that we reschedule a future meeting so that any new ideas or interests may be considered and alternative solutions can be proposed.

2. You and your friend want to go to a restaurant together. You want to eat Chinese food. Your friend wants to eat Italian food. Which of the following statements best describes a "win-win outcome" as described in the text?

[1] You talk more and find out that you both like Indian food, so the two of you decide to go to an Indian restaurant.

[2] You both agree to stay home since neither you nor your friend is willing to give in to the other and it is the best way to avoid having an argument.

[3] You both find another person to mediate and agree to let that person make a final decision as to whether the two of you will go to a Chinese or an Italian restaurant.

B. The World Health Organization (WHO) is the UN agency charged with spearheading international public health efforts. In its seventy-year life, the WHO has logged both successes, such as eradicating smallpox, and perceived failures, such as its delayed response to the Ebola outbreak in 2014. In response, the WHO has undertaken reforms to improve its ability to fight future epidemics and boost the health of the hundreds of millions of people still living in extreme poverty. Created in 1948 as part of the United Nations, the WHO has a broad mandate to guide and coordinate international health policy. Its primary activities include developing partnerships with other global health initiatives, conducting research, providing technical support, and monitoring health trends around the world. Some of the WHO's most lauded successes include its child vaccination programs, which contributed to the eradication of smallpox in 1979 and a 99 percent reduction in polio infections in recent decades, and its leadership during the 2003 severe acute respiratory syndrome (SARS) epidemic.

3. What is the main purpose of the World Health Organization?

[1] The main purpose of the WHO is to undertake reforms that improve its ability to fight future epidemics and improve the health of people who still live in severe poverty.

[2] The main purpose of the WHO is to guide and coordinate health policy across nations through activities such as conducting research and monitoring health trends around the world.

[3] The main purpose of the WHO is to eradicate smallpox and reduce polio infections, as well as to assume leadership if there is another outbreak of the SARS epidemic.

4. How effective has the WHO been in responding to international health problems?

[1] Its performance has been perfect. The WHO has successfully responded to every major health problem that has occurred in the world since its founding in 1948.

[2] The failures far outweigh the successes. Although it has attempted to reform itself, the WHO has not yet fulfilled its mandate to spearhead international public health efforts.

[3] The record is mixed. Although the WHO has many highly praised successes, some people think that it responded too slowly to the outbreak of Ebola in 2014.

C. The history of the politics of nation-state [an independent country and its government considered together] building reveals how the conscious

出典追記：[B] What Does the World Health Organization Do?, Council on Foreign Relations

青山学院大-国際政治経済　　　　　2022 年度　論述・総合問題　*87*

promotion of language convergence [everyone using the same language] was part of the development of the nation-state. The national language takes on a number of important roles in the nation-building process. First, it has a utilitarian [useful and practical] role. It becomes the medium of communication which permits the nation to function efficiently in its political and economic life, particularly as democracy develops. Second, a unified language is held to promote cohesion [people feeling close together], allowing the nation to develop a shared culture. There is a symbolic dimension to this: to know and to use the national language is part of the definition of belonging to the nation. Third, if it can be demonstrated that the language of the group is both different from that of neighbours and with some measure of inner cohesion, this can be used as one of the arguments in any bid to be treated as a separate nation. Thus the political leaders of the nationalist era of both actual and aspirant [countries hoping to become] nation-states believed that it was essential to encourage a single community of communication.

5.　Which of the following statements is supported by the passage?

　[1] Political leaders in the nationalist era pursue having a shared language with neighbouring countries in order to promote international political debate, which is an important part of the nation-building process.

　[2] Political leaders in the nationalist era make efforts to have a unified language among people in their countries so that citizens can communicate effectively with each other, which is important to the nation-building process.

　[3] Political leaders in the nationalist era make efforts to have a single recognized language in their countries so that the leaders of other nations will admit them into international organizations which encourage a single community of communication.

6.　Which of the following policies would probably be supported by nationalist

出典追記：Language Policy and Language Planning by Sue Wright, Palgrave Macmillan political leaders in countries that have a variety of regional languages?

[1] Selecting one of the regional languages to be the sole language for the entire nation.

[2] Choosing a global language such as English to be the single language of the entire nation.

[3] Cherishing the variety of regional languages and adopt all of them as national languages.

D. In the humanities, property is theft, violence, the cause of wars and quarrels in the world. To biologists, property is the possession or defense of food, mates, or territory. By that account many animals have property. But property is not inherently evil, and in fact indicates a willingness to respect that what is "yours" by definition cannot be "mine." Recognizing this trait sets Homo sapiens apart from the rest of the animal kingdom. Humans have the custom of property because when our body sees, hears, and touches the physical world, it connects a certain person to a certain thing by classifying the thing as "mine." Homo sapiens is the only animal whose mind classifies a thing as "mine." Primatologists [scientists who study apes, monkeys, humans, etc.] have good reason to believe that chimpanzees think things like "I want this," but "I want this" does not mean the same thing as "This is mine" in the human animal [i.e., humans as members of the biological animal kingdom]. Mine means mine and it serves as the core for the custom of property in all human groups. In every language someone can say, "This is mine."

7. According to the passage, which of the following statements is true?

  [1] Humans are the only animals that have the concept of "ownership."

  [2] All animals have the concept of "ownership."

  [3] Chimpanzees have a stronger concept of "ownership" than humans.

8. Which of the following statements CANNOT be inferred from the

青山学院大-国際政治経済　　　　2022 年度　論述・総合問題　*89*

information given in the passage?

[1] The ability to classify objects into those belonging to "me" and those belonging to "you" is a trait that is unique to humans.

[2] Primatologists believe that the desire chimpanzees have for objects does not in itself mean that they have a sense that something belongs to them.

[3] The concept of "property" is identical in the humanities and biology.

E. Media bias is the bias of journalists and news producers within the mass media, concerning the selection of events and stories that are reported, and how they are covered. The term "media bias" implies a pervasive or widespread bias contravening [going against] the standards of journalism, rather than the perspective of an individual journalist or article. The direction and degree of media bias in various countries are widely disputed. Practical limitations to media neutrality include the inability of journalists to report all available stories and facts, and the requirement that selected facts be linked into a coherent narrative. Because it is impossible to report everything, selectivity is inevitable. Government influence, including overt and covert [open and hidden] censorship, biases the media in some countries. Market forces that result in a biased presentation include the ownership of the news source, concentration of media ownership, the selection of staff, the preferences of an intended audience, and pressure from advertisers.

9. Which of the following best describes the main topic of the passage?

[1] How journalists link selected facts into a coherent narrative.

[2] Various aspects of media bias.

[3] What kind of negative effects media bias brings about.

10. Which of the following is an instance of a practical limitation to media neutrality as mentioned in the passage?

[1] Censorship by the government and pressures from the market.

[2] The perspective of an individual journalist.

[3] The impossibility of reporting everything happening in the world.

Ⅱ 次の文章を読んで，下記の3つの設問に答えてください。解答用紙（その2）を使ってください。

Free trade agreements [FTAs] are treaties that regulate the tariffs, taxes, and duties that countries impose on their imports and exports. The most well-known U.S. regional free trade agreement is the North American Free Trade Agreement [NAFTA, recently renegotiated as the United States — Mexico — Canada Agreement (USMCA)]. The advantages and disadvantages of free trade agreements affect jobs, business growth, and living standards. Key takeaways [some main points]:

Free trade agreements are contracts between countries to allow access to their markets. FTAs can force local industries to become more competitive and rely less on government subsidies [financial support]. They can open new markets, increase GDP [Gross Domestic Product], and invite new investments. However, FTAs can also open a country to degradation [deterioration] of natural resources, loss of traditional livelihoods, and local employment issues. Countries must balance the domestic benefits of free trade agreements with their consequences.

Free trade agreements are designed to increase trade between two or more countries. Increased international trade has the following six main advantages:

(1) Increased Economic Growth: The U.S. International Trade Commission estimated that NAFTA [now USMCA] could increase U.S. economic growth by 0.1% – 0.5% a year.

(2) More Dynamic Business Climate: Without free trade agreements,

countries often protected their domestic industries and businesses. This protection often made them stagnant [they made no progress] and non-competitive on the global market. With the protection removed, they became motivated to become true global competitors.

(3) Lower Government Spending: Many governments subsidize local industries. After the trade agreement removes subsidies, those funds can be put to better use.

(4) Foreign Direct Investment: Investors will flock to the country. This adds capital to expand local industries and boost domestic businesses. It also brings in U.S. dollars to many formerly isolated countries.

(5) Expertise: Global companies have more expertise than domestic companies to develop local resources. That's especially true in mining, oil drilling, and manufacturing. Free trade agreements allow global firms access to these business opportunities. When the multinationals partner with local firms to develop the resources, they train them on the best practices. That gives local firms access to these new methods.

(6) Technology Transfer: Local companies also receive access to the latest technologies from their multinational partners. As local economies grow, so do job opportunities. Multinational companies provide job training to local employees.

The biggest criticism of free trade agreements is that they are responsible for job outsourcing. There are seven total disadvantages.

(1) Increased Job Outsourcing: Why does that happen? Reducing tariffs on imports allows companies to expand to other countries. Without tariffs, imports from countries with a low cost of living cost less. It makes it difficult for U.S. companies in those same industries to compete, so they may reduce their workforce. Many U.S. manufacturing industries did, in fact, lay off workers as a result of NAFTA. One of the biggest criticisms of NAFTA is that it sent [American] jobs to Mexico.

(2) Theft of Intellectual Property: Many developing countries don't have

laws to protect patents, inventions, and new processes. The laws they do have aren't always strictly enforced. As a result, corporations often have their ideas stolen. They must then compete with lower-priced domestic knock-offs [imitation products].

(3) Crowd Out Domestic Industries: Many emerging markets are traditional economies that rely on farming for most employment. These small family farms can't compete with subsidized agribusinesses in the developed countries. As a result, they lose their farms and must look for work in the cities. This aggravates [worsens] unemployment, crime, and poverty.

(4) Poor Working Conditions: Multinational companies may outsource jobs to emerging market countries without adequate labor protections. As a result, women and children are often subjected to grueling [very difficult] factory jobs in sub-standard conditions.

(5) Degradation of Natural Resources: Emerging market countries often don't have many environmental protections. Free trade leads to depletion of timber, minerals, and other natural resources. Deforestation and strip-mining reduce their jungles and fields to wastelands.

(6) Destruction of Native Cultures: As development moves into isolated areas, indigenous cultures can be destroyed. Local peoples are uprooted. Many suffer disease and death when their resources are polluted.

(7) Reduced Tax Revenue: Many smaller countries struggle to replace revenue lost from import tariffs and fees.

Trade protectionism is rarely the answer. High tariffs only protect domestic industries in the short term. In the long term, global corporations will hire the cheapest workers wherever they are in the world to make higher profits.

A better solution than protectionism is the inclusion of regulations within trade agreements that protect against the disadvantages. Environmental safeguards can prevent the destruction of natural resources and cultures. Labor laws prevent poor working conditions. The World Trade Organization

青山学院大-国際政治経済 2022 年度 論述・総合問題 *93*

enforces free trade agreement regulations.

 Developed economies can reduce their agribusiness subsidies, keeping emerging market farmers in business. They can help local farmers develop sustainable practices. They can then market them as such to consumers who value that. Countries can insist that foreign companies build local factories as part of the agreement. They can require these companies to share technology and train local workers.

1. Write a title for this passage in English which clearly indicates its main topic.

2. 上記の文章の要旨を 150 字以上 200 字以内（句読点を含む）の日本語でまとめてください。

3. Write a short essay of not more than 80 words in English in which you answer the following question: What is your opinion about free trade agreements? Should they be encouraged or restricted? State your opinion and give reasons to support it.

94 2022年度　論述・総合問題〈解答〉　　　青山学院大-国際政治経済

解答編

論述・総合問題

◀国際政治学科▶

Ⅰ **解答**
問1．③　問2．①　問3．test
問4．②　問5．②　問6．②

◀解　説▶

≪核兵器廃絶への国際的な取り組み≫

　核軍縮は「政治・経済」で頻出テーマであるが，本問では細かい知識も問われているうえ，（おそらく大半の受験生が読み慣れていない）英文の条約を読解する必要もある。総じて難度が高いといえる。

問1・問2．条約A～Dの中で最初に成立した（採択された）ものと最後に成立したものを選ぶ。各条約の成立を時系列に並べると，以下のとおり。

1963年　部分的核実験禁止条約（PTBT）

1968年　核兵器拡散防止条約（NPT）

1996年　包括的核実験禁止条約（CTBT）

2017年　核兵器禁止条約（TPNW）

　この4条約がA～Dのどれに該当するかは簡単に見極められないため，条文をよく読み，消去法で考える。まず，比較的手掛かりがつかみやすいのがBで，条文の冒頭に Each nuclear-weapon State Party … undertakes not to transfer … とある。これは「核保有国が（核兵器を他国に）譲渡しない」という主旨であることから，核兵器拡散防止条約と判断できる。なお，条約Aの Article 1(b)にも undertakes never … to の対象として，Transfer が明記されているが，(a)(c)～(g)の冒頭にも動詞が列挙されており，禁じられる行為は広範であるのに対し，条約Bでは Transfer の他は，非核保有国による核兵器製造等の assist, encourage, or induce に限られ

青山学院大-国際政治経済　　　　　　　2022 年度　論述・総合問題〈解答〉　*95*

ていることにも留意したい。

　次に，条約Ｃは，Article Ⅰの１冒頭で核実験（問３の解説で後述）・核
爆発を禁止すると規定し，その禁止対象となる場所，環境を(a)以下で明記
している。(a)では in the atmosphere; beyond its limits, including outer
space; or under water とある。ここには「地下」が含まれていない。地
下核実験が禁止対象外であることは，部分的核実験禁止条約の特徴であり，
包括的核実験禁止条約との重要な違いである。よって，Ｃは部分的核実験
禁止条約と推定できる。

　そうすると，残る選択肢はＡ・Ｄと，包括的核実験禁止条約，核兵器禁
止条約である。条約Ａでは，各締約国（Each State Party）が，(a)〜(g)の
各項にあるように，核兵器の開発，実験，製造，備蓄，移譲，受領，使用，
威嚇のための使用等をいかなる場合にも一切行わない，と規定している。
この文面の細かさからも推察できるように，核廃絶に向けて踏み込んだ内
容となっている。よって，核兵器禁止条約である。なお，核兵器禁止条約
は，核保有国の核抑止力に依存する日本は参加していない。最後に残った
Ｄが包括的核実験禁止条約である。

　以上をまとめると，Ａ：核兵器禁止条約，Ｂ：核兵器拡散防止条約，
Ｃ：部分的核実験禁止条約，Ｄ：包括的核実験禁止条約。最初に成立した
条約としては，③「条約Ｃ」が適当。最後に成立した条約としては，①
「条約Ａ」が適当。

問３．空欄 *a* に入る４文字の英単語を記述する。まず *a* の形としては，条
約Ａの(a)直前に不定詞の to が置かれ，develop や produce という動詞に
挟まれている一方，条約Ｃ・Ｄでは explosion(s) と共に目的語をなす単
語である。よって，動詞にも名詞（または形容詞）にもなる単語であるこ
とが条件となる。次に，核兵器廃絶の文脈では，複数の条約名に象徴され
るように，「核実験」が重要な意味をもつことを想起する（PTBT：
Partial Test Ban Treaty, CTBT：Comprehensive Nuclear Test Ban
Treaty）。以上から，実験を意味する test が適当。

問４．Ａ〜Ｄの条約が採択された際の各国の投票行動を選ぶ。やや複雑な
問題ではあるが，選択肢の組み合わせは限られるので，消去法で解答した
い。まず，表の５カ国はいずれも核保有国である。すべての国が「不参
加」となっている投票行動３は核兵器禁止条約（Ａ）である。核兵器禁止

条約は，核保有国が強固に反対し，核の傘の下にある国も不参加である。また，「採択に付されていない」投票行動4は部分的核実験禁止条約（C）で，米国・英国・ソ連の間で成立したものである。中国が不参加，フランスが棄権としている投票行動1は，核兵器拡散防止条約（B）である。核兵器拡散防止条約の成立当初この2カ国は参加しなかった。なお，包括的核実験禁止条約（D）は，中国と米国などが批准せず発効していないが，両国とも署名（賛成）はしており，投票行動2と整合する。よって，②が適当。

問5．資料5の日本の宣言がA～Dのどの条約に対するものなのかを選ぶ。資料5の第1段落の「核兵器の拡散を防止することは…この条約の精神に賛成」という部分から，核兵器拡散防止条約に関する宣言だと判断できる。よって，②の「条約B」が適当。

問6．条約A～Dのうち，日本に対して効力が発生している条約の数を選ぶ。日本に対して効力が発生するには，日本が当該条約を批准していることだけでなく，そもそも条約自体が発効していなければならない。日本は，核兵器禁止条約以外の3条約は批准しているが，包括的核実験禁止条約は（問4の解説で言及したとおり）中国や米国などの未批准により，発効していない。よって，②の「2つ」が適当。

Ⅱ **解答** 問1．米国が核軍縮に取り組む姿勢を明確に示したこと。（16字以上25字以内）

問2．核兵器禁止条約への態度に明確な違いが生じたこと。（16字以上25字以内）

◀解　説▶

≪国連における日本の核兵器廃絶決議案≫

問1．国連総会における日本の核兵器廃絶決議案に関し，共同提案国の数が2009年に急増し，その後100カ国前後で推移した背景を，資料6・7を踏まえて字数内で記述する。資料6・7とも核兵器廃絶に関するオバマ元米国大統領の演説等の一節である。資料6は，「核なき世界」を掲げた2009年のプラハ演説（第1段第4文の the Czech Republic がヒントとなる），資料7は2010年に米国とロシアが新戦略兵器削減条約を締結した際に行った演説である（第2文の a new Strategic Arms Reduction

青山学院大-国際政治経済 2022 年度 論述・総合問題〈解答〉 *97*

Treaty が新 START)。2 つの資料を踏まえれば，米国の主導で核兵器廃絶の機運が高まったと考えるのが自然である。

問 2．共同提案国の数が 2016 年を境に大幅に減少している背景を，表を踏まえて字数内で記述する。表を見ると，共同提案国のうち，核兵器禁止条約の採択に賛成した国の数が顕著に減少しており，同条約の採択に反対・棄権した国や交渉に不参加の国の数はあまり変わらない。Ⅰ問 1・問 2 の解説の通り核兵器禁止条約が国連で採択されたのは 2017 年である。よって，日本が同条約の交渉に参加しなかったことで決議案への賛同を得にくくなり，共同提案国の減少につながったと推測できる。

Ⅲ 解答 問 1．the Northern Territories Issue between Japan and Russia（5 ワード以上 8 ワード以内）
問 2．ア―① イ―① ウ―⓪ エ―①
オ―⓪ カ―⓪ キ―⓪ ク―⓪
問 3．④ 問 4．exchange 問 5．①
問 6．北方領土は日本固有の領土であるとの認識に立つから。（16 字以上 25 字以内）

◀解 説▶

≪北方領土問題≫

問 1．β に入る英語を記述する。資料 1 ～ 9 すべてに共通するテーマは，北方領土問題である。これを語数内で英訳する。〔解答〕では日本政府の立場に沿って issue という語を用いたが，第三者の視点を重視して主権を巡る領土紛争というニュアンスを込める場合は dispute と表現することが多い。

問 2．資料 1 ～ 9 から読み取れる内容に基づき，ア～クの正誤を判断する。
ア．正文。資料 4 の第 2 段第 2 文に，It was under the Treaty of Portsmouth of 1905 … that South Sakhalin became also Japanese territory. とあり，アの記述と一致する。
イ．正文。資料 5 で，サンフランシスコ平和条約で日本が主権を放棄した千島列島（クリル・アイランド）がどこを指すのか，という高倉委員の質問に対し，西村政府委員の答弁では「條約にある千島列島の範囲については，北千島と南千島の両者を含む」とあり，イの記述と一致する。

ウ．誤文。ソ連は，サンフランシスコ平和条約に調印しておらず，同条約の規定は適用されない。

エ．正文。資料4の最終段第2文に the islands of Habomai and Shikotan, constituting part of Hokkaido, つまり「（日本の本土である）北海道の一部を構成する歯舞群島と色丹島」と吉田茂首相は明言しており，エの記述と一致する。

オ．誤文。資料6に「ソヴィエト社会主義共和国連邦は…歯舞群島及び色丹島を日本国に引き渡すことに同意」とあるが，「日本固有の領土」とは認めていない。

カ．誤文。資料7からは，「日本は北方領土の帰属についてソ連の立場を一部認める」旨の内容は読み取れない。

キ．誤文。資料8の最終文に「日本国とソ連邦との間のすべての条約…は日本国とロシア連邦との間で引き続き適用される」とあり，日ソ共同宣言は無効とはなっていない。

ク．誤文。資料9の第67条第2.1項には，「隣国との…国境の画定…を除く」という留保が付されており，すべての領土割譲活動が憲法違反となるわけではない。

問3．日ソ中立条約が失効した年月日を資料1・2から読み取って選ぶ。資料1の日ソ中立条約は第三条で「右期間満了ノ一年前ニ本条約ノ廃棄ヲ通告セサルトキハ」5年間延長されると規定されているが，資料2の覚書で「日『ソ』中立条約ハ…存続ハ不可能」とし「明年四月期限満了後延長セサル意向」とある。よって，この覚書の明年つまり翌年（日ソ中立条約発効の5年後に当たる）1946年4月25日に満了，失効したと考えられる。④が適当。

問4．γに入る8文字の英単語を記述する。資料4の第1段では，日露両国人の混住の地であった千島と南樺太の扱いについて，平和的交渉を経て，1875年5月に合意に至った内容が述べられている。この合意とは樺太・千島交換条約のことである。一方，γを含む英文の構造に注目すると，South Sakhalin was made Russian territory とある。これに続く日本に関する記述も類似した形になると推測でき，the North Kuriles were [in γ] made Japanese territory と，[in γ] を熟語や句として捉えるのが自然である。第2段でも，under the name of "γ" をかたまりで捉えな

青山学院大-国際政治経済　　　　　　　　2022 年度　論述・総合問題〈解答〉　*99*

いと，文法上成立しない。γは前置詞の直後にあるため，名詞でなければ
ならない。以上のとおり，文脈，英文の構造，字数制限から，樺太・千島
交換条約の「交換」を意味する exchange が適当。

問 6．日本国民による北方領土への訪問が「無査証」で行われる理由を
16〜25 字で記述する。査証とはビザを指す。日本政府は「北方領土は日
本固有の領土」との立場をとっている。したがって，北方領土への訪問は
本来国内移動であって，ビザを取得しての訪問や北方領土内でのロシア法
に服する行為は，ロシアの主権を認めることにつながってしまう。

Ⅳ　**解答**　問 1．通商や投資等が活発で，経済的なつながりが深い
こと。（16 字以上 25 字以内）

旅行者や在留者が多く，人的交流が盛んであること。（16 字以上 25 字以
内）

問 2．①　【理由】様々な企業の工場があり，日系人を中心にブラジル人
労働者が多く居住しているから。（31 字以上 40 字以内）

問 3．②

問 4．⑤　【理由】県内各地に米軍基地があり，米軍関係者等の保護や情
報収集を行う必要があるため。（31 字以上 40 字以内）

問 5．①　問 6．③　問 7．②

━━━━━━◀解　説▶━━━━━━

≪総領事館≫

　総領事館は，異国の地で暮らす自国民の保護や事務サポート，通商問題
の処理，情報収集，文化活動などのために海外に設置される拠点である。
これらの役割は，受験生の多くには馴染みが薄いと思われるが，問題文の
資料〔領事関係に関するウィーン条約〕の第 5 条（領事任務）の(b)に明記
されている。なお，同じく在外公館と呼ばれる大使館が首都に置かれ，外
交を担うのに対し，領事館は主要都市に置かれ，自国民の保護や通商促進
などを主な任務とする。

問 1．C 国において，日本国総領事館の数が最多である理由を 16〜25 字
で 2 つ記述する。総領事館の設置は，その任務に鑑みれば，相手国の領域
内に自国民が多数滞在・居住していることが大前提である。したがって，
一国内に多数の日本総領事館が開設されているということは，当該国の幅

広い地域に多数の日本国民が存在するという事実を意味する。また，長年にわたり，経済的にも深い関係をもつ国家間でなければ実現しないと考えられる。なお，以上の理由から想像できるようにC国は米国である。

問2．f市に総領事館を開設している国を選び，その設置理由を31〜40字で記述する。国名は①「ブラジル」が適当。f市は静岡県の浜松市である。浜松市には楽器メーカーのヤマハやカワイ，自動車や二輪車のメーカーであるホンダやスズキが工場を構えており，多くのブラジル人が働いていることで知られている。ブラジルには日系人が多く，在留資格を得やすかったという事情もある。

問4．k市に総領事館を開設している国を選び，その設置理由を31〜40字で記述する。国名は⑤「米国」が適当。k市は沖縄県浦添市である（なお，名称は在那覇米国総領事館）。米軍基地が置かれている沖縄には，米国人が多く居住しており，この点が開設理由となっていることは想像しやすいだろう。

問5〜問7．領事関係に関するウィーン条約の空欄に補充すべき語句を選ぶ。文字通り，派遣国は派遣する側の国，接受国は受け入れる側の国である。具体的に考えればさほど難しくない。例えば，日本の領域内に米国が総領事館を設置する場合，日本の主権を侵害することは許されず，日本の同意が必要であるし，米国側は米国民の利益保護に努めるのが当然である。

青山学院大-国際政治経済　　　　　2022 年度　論述・総合問題〈解答〉　*101*

◀国際経済学科▶

Ⅰ 解答 問1．③　問2．④　問3．④

━━━━━━━ ◀解　説▶ ━━━━━━━

≪効率的な組織管理の方法≫

問1．空欄(a)に入る英単語を選ぶ。空欄の直前の部分では，テイラーが各労働者の生産性に違いが存在することに気づき，全員の作業をトップスピードに上げる最適な方法を模索している。空欄(a)にはその答えが入る。空欄の直後の文章で discover the "one best way" to do any given task とあり，続く文章でも the most efficient way を見出し，それをすべての労働者に確実に実践させるとある。これは，最も効率的な方法で統一化，画一化するという意味なので，③Standardization が適当。日本語の「業務標準化」や「手続きの標準化」などの言葉を想起したい。なお課題文のキーワードでもある科学的管理法（scientific management）は，第1段に記載のとおりフレデリック゠テイラーが提唱した組織管理の方法であり，現代経営学の原点でもある。

問2．空欄(b)に入る英単語を選ぶ。空欄(b)を含む文章の前の段落からヒントを探す。問1と関連するが，テイラーが考えた科学的管理法とは，労働者の作業を最も効率的な1つの方法で統一することにある。つまり，労働者の個々の能力に依存しない方法であり，労働者を置き換え可能な存在とみなしていることになる。よって「交換可能」という意味である④interchangeable が適当。②inconvertible「交換できない」は逆の意味であるし，①significant「重要な」や③intangible「無形の」も科学的管理法における労働者の存在を表すには適切ではない。

問3．④が適当。第3段第3文の Decisions on how to deploy organizational resources have to be based on information という部分が根拠となる。

①不適。問2で見たとおり，経営にとっては，労働者は替えがきく存在であることが重要である。

②不適。最終段第1文に … the facts and figures need to be distributed

to those who need them. とあり，情報は経営者のみに集中させるのではなく，必要な人に与えるべきとある。

③不適。最終段第4文に Top managers should occupy themselves with the larger strategic questions … とあり，「問題の大小にかかわらず意思決定を下すべき」とは書かれていない。

 解答 問1．④　問2．⑤　問3．②
問4．①　問5．②　問6．⑤

◀解　説▶

≪19世紀以降の国際情勢≫

いずれも基本事項なので確実に押さえておきたい。

問4．①が適当。征韓論（1873年）→壬午軍乱（1882年）→日清戦争（1894〜95年）→韓国併合（1910年）の順で起こった。

問6．⑤の「スペイン」が適当。G20 は G7 に中国やブラジルなどの新興国と EU を加えた集まり。スペインは EU 加盟国ではあるが，単独で G20 メンバーとなっているわけではない。G20 サミットは 2008 年のリーマンショックを機に開催されるようになった。

Ⅲ **解答** 再犯者率の増加は，①初犯者数が減少，再犯者数が増加または不変の場合だけでなく，②初犯者数と再犯者数が共に減少の場合にも起こり得る。特に②では，初犯者数の減少率よりも再犯者数の減少率が低い場合に再犯者率が増加する。図1では初犯者数と再犯者率しか注目していないが，再犯者数と減少率も考慮する必要がある。（150字以内）

◀解　説▶

≪再犯者率の分析≫

図1のように再犯者率が増加傾向にある理由について，「初犯者数の減少によって生じている」という説明が必ずしも十分ではない理由を 150 字以内で説明する。再犯者率の増加についての説明が不十分な点を考える際の手掛かりとして，図1と説明には描かれていない要素に着眼する必要がある。問題文で定義されている「再犯者率＝再犯者数／（初犯者数＋再犯者数）×100」のうち，欠けている要素は再犯者数である。再犯者率の増加

青山学院大-国際政治経済 2022 年度 論述・総合問題〈解答〉 103

につながる再犯者数の変化を挙げて, 字数内にまとめればよい。
　初犯者数が減少し, 再犯者数が増加する（または不変である）場合は当
然想像しやすいが,「再犯者数が減少してもそれ以上に初犯者数が減少す
れば, 再犯者率は増加する」という点に言及できるかがポイントとなる。
なお「初犯者数の減少」は事実であり, 論述の前提となっている。初犯者
数が増加するケースをあえて引き合いに出す必要はないだろう。

Ⅳ 解答

問１. ②
問２. 図２から読み取れるのは, 物価が高くなるほど失
業率が低くなるという傾向, すなわち負の相関関係にすぎず, 物価上昇率
と失業率のいずれか一方が原因となって他方という結果を引き起こすとい
う因果関係ではないから。（100 字以内）
問３. ①

◀解　説▶

≪物価上昇率と失業率の相関関係≫
問１・問２.「物価の上昇が失業率の下落を引き起こす」という命題が,
物価上昇率と失業率に関する図２の散布図と近似直線のみから正しいと言
えるか否かを判断し, その根拠を説明する。この命題は, 物価の上昇とい
う原因が, 失業率の下落という結果を生じさせる, ということを意味して
おり, 因果関係について述べたものである。一方, 図２は, 物価上昇率と
失業率の関係を表しているが, それは例えば, 散布図から読み取れるよう
な, 物価上昇率が高いときには失業率は低いといった関係, あるいは近似
直線から読み取れるような, 失業率が高くなると物価上昇率は低くなると
いった関係などであり, 両者の関係性の大まかな傾向に過ぎない。こうし
た２つの事象の変化に連関が見られる関係性は, 相関関係と呼ばれ, ２つ
の変化の方向性が同じ場合を正の相関関係, 異なる場合を負の相関関係と
いう。つまり, 図２から読み取れる物価上昇率と失業率の関係性は負の相
関関係であり, 一方の変化が原因となって他方の変化を引き起こすという
因果関係までは読み取れない。したがって, 物価上昇率と失業率に関する
図２の散布図と近似直線のみから命題が正しいという証拠は得られない。
以上から, 問１は②「言えない。」が適当。なお, 相関関係と因果関係の
違いについては頻出事項なので, しっかりと理解しておきたい。

104 2022 年度　論述・総合問題〈解答〉　　　　　　青山学院大-国際政治経済

問 3．近似直線の式（$y = -0.2x + 0.8$）に具体的な数値を当てはめて計算
してみればわかる。たとえば失業率 x が 3 ％から 2 ％へと 1 パーセンテー
ジポイント下がったとする。$x = 3$ のときの物価上昇率は $y = -0.2 \times 3 +$
$0.8 = 0.2$，$x = 2$ のときは $y = -0.2 \times 2 + 0.8 = 0.4$ となるので，y は 0.4 -
0.2 = 0.2 パーセンテージポイント上昇する。よって①が適当。

$\boxed{V}$ 解答

問 1．③

問 2．1820 年頃を境に，イギリス産機械製綿布の価格
がインド産を下回っている。イギリス産綿布が同じ品質のインド産よりも
安くなれば，イギリスがインド産を大量輸入するメリットはなくなるため，
この時期だと考えられる。（100 字以内）

━━━━━━━◀解　説▶━━━━━━━

≪産業革命による英印綿布貿易の変化≫

　問 1・問 2．図 3 からイギリスがインド産綿布の大量輸入を事実上終了
した時期を推定し，その理由を説明する。問題文には，産業革命開始後，
イギリスはインド産綿布の輸入を終了し，安くなった自国産の機械製綿布
をインドに輸出するようになったとある。加えて，①イギリス産とインド
産の綿布の間に品質の差はなく，②輸出入にかかる輸送費などの費用も無
視できる（つまり綿布価格に上乗せされない）とあり，①と②の仮定から，
英印間の綿布貿易の動向は両国の綿布価格の格差のみによって決まる，と
議論を単純化できる。したがって，イギリス産機械製綿布の価格がインド
産綿布の価格を下回り，それが定着した時期がイギリスによるインド産綿
布の大量輸入が事実上終了した時期と考えられる。

　図 3 をみると，イギリス産機械製綿布の価格は 1780 年代から 1810 年代
を通じて，揺り戻しを繰り返しつつも急激に下落し，1820 年頃にインド
産を下回っている。1830 年代には一時両者の価格が同水準になる局面も
見られたが，1840 年代以降もイギリス産綿布の価格がインド産のそれを
下回る状況が続いた。よって，問 1 は③の「1820 年から 1840 年の間」が
適当。問 2 では，イギリスにとってのインド産綿布輸入のメリットを価格
の観点から字数内で説明すればよい。

青山学院大-国際政治経済　　　　　　　　　2022 年度　論述・総合問題〈解答〉　*105*

◀国際コミュニケーション学科▶

Ⅰ　**解答**　1－2　2－1　3－2　4－3　5－2　6－1
　　　　　　7－1　8－3　9－2　10－3

〰〰〰〰〰〰◆全　訳◆〰〰〰〰〰〰〰〰〰〰

A．≪交渉の手法とは≫

　交渉は人々が相違点を解決する手法である。それは，口論や争いを避けつつ妥協あるいは合意に達するプロセスである。あらゆる相違において，もっともなことであるが，人は自分たちの立場のために可能な限り最高の結果を成し遂げることを目指す。しかしながら公正の原理，お互いの利益を求めること，そして関係を維持することが成功といえる結果の鍵である。特定の交渉の形式が多くの状況において用いられる。国際問題，法制度，政府，産業における争い，家庭関係といったものが例である。双方に利益となる結果は，双方が交渉のプロセスを通じて何か建設的なものを得て，自分たちの視点が考慮されたと感じるものである。合意の達成が可能となるのは，双方の観点及び利益の理解が考慮されたときである。受け入れ可能な解決策を達成するため，関係者全員が心を開いた状態にしておくことが不可欠である。あらゆる合意は，双方が何が決められたのかを知っておけるよう，完全に明確にされる必要がある。もしも交渉のプロセスが決裂し，合意に達することができなければ，さらなる会合の再調整が求められる。後に続く会合では，あらゆる新しい考えもしくは利害が考慮され，状況があらためて検討されるべきである。他の代替となる解決策を検討する，及び（あるいは）別の仲裁者の参加も役に立つかもしれない。

B．≪WHO の主要な目的≫

　世界保健機関（WHO）は国際的な公衆衛生活動の陣頭指揮を任されている国連の機関である。その 70 年の歴史において，WHO は天然痘の根絶のような成功及び 2014 年のエボラの大流行の際の対応の遅れのような，失敗だと受け取られていることの両方を記録してきた。対して，WHO は将来の伝染病と戦う能力を改善し，今なお極度の貧困の中で暮らしている何億もの人々の健康を促進するため，改革に着手している。1948 年に国連の一部として創設された WHO は，国際的な医療政策を指導し，調整

するための幅広い権能を有している。その主要な活動には，他のグローバルな健康関係の取り組みとの提携を進展させることや，調査研究を行うこと，技術的な支援を提供すること，そして世界中の健康に関する傾向を監視することが含まれる。WHOの最も称賛されている成功の中には，1979年に天然痘を根絶し，最近数十年においてポリオの感染を99％減少させることに貢献した子供のワクチン接種プログラムや，2003年の重症急性呼吸器症候群（SARS）の世界的流行時におけるリーダーシップが含まれている。

C. ≪国民国家における単一言語≫

　国民国家（独立した国とその統治をまとめたものがそう見なされる）の建設の政治の歴史は，どのように言語収束（誰もが同じ言語を使うこと）の意識的な促進が国民国家の発展の一部であるかを明らかにする。公用語は国づくりの過程において数多くの重要な役割を担う。まず，実利的（役に立つ，実用的な）役割がある。公用語は，とりわけ民主主義が発達するにつれ，政治的・経済的な生活において国家が効率的に機能できるようにするコミュニケーションの伝達手段になる。次に，統合された言語は団結（人々がすぐ近くに一緒にいると感じること）を促進するために維持され，その国家が共通の文化を発達させるようにする。このことには象徴的な側面がある。公用語を知り使用することは，その国家に属しているという定義の一部なのだ。3つ目に，もしもある集団の言語が，その近隣の集団と異なり，かつある程度内部的な結束をもつことが立証されうるなら，このことは独立した国として取り扱われることを目指す根拠の1つとして利用されうる。それゆえ，国家主義者の時代における実際の国民国家と大望を抱いた（これからそうなろうとしている）国民国家の両方の政治的指導者は，単一の意思伝達の社会を奨励することが不可欠であると信じていた。

D. ≪「所有する」という人間の特質≫

　人文科学においては，所有物は窃盗，暴力，世界の戦争と不和の原因である。生物学者にとって，所有物とは，食料，仲間，あるいは縄張りを持っていること，あるいは守ることである。その説明によれば，多くの動物が所有物を持っていることになる。しかし，所有物は本質的に悪ではない。そして実際のところ，定義上「あなたのもの」は「私のもの」ではありえないことを進んで尊重するという意思を示している。この特質を認識する

青山学院大-国際政治経済　　　　　　　　2022 年度　論述・総合問題〈解答〉　*107*

ことが，ホモ・サピエンスを動物界の他の動物から分けるのである。人間に所有という慣習があるのは，私たちの身体が物質的な世界を見たり聞いたり触れたりするとき，あるものを「私のもの」と分類することによってある人間をある特定のものに結びつけるからである。ホモ・サピエンスは，その意識があるものを「私のもの」であると分類する唯一の動物である。霊長類学者（類人猿，猿，人などを研究する科学者）には，チンパンジーが「私はこれが欲しい」といったことを考えていると信じる十分な理由があるが，「私はこれが欲しい」は，人間という動物（生物学的な動物界の一員としての人間）の「これは私のものである」と同じことを意味しない。私のものであるということは私のものであるということを意味し，それはすべての人間の集団における所有という慣習の核としての役割を果たす。すべての言語において，誰かが「これは私のものだ」と言い得るのである。

E．≪メディア・バイアスの原因≫

　メディア・バイアス（メディアの偏見）はマス・メディア内のジャーナリストとニュースのプロデューサーの偏見であり，レポートされた出来事や物語の取捨選択とそれらをどのように報道するかに関するものである。「メディア・バイアス」という用語は，個別の人や記事の視点というよりもむしろ，ジャーナリズムの基準に違反する幅広く蔓延する偏見を意味する。さまざまな国におけるメディア・バイアスの程度とその方向は広範囲にわたる争点となっている。メディアの中立性に対する実際的な限界には，ジャーナリストがすべての入手できる物語や事実を報告することができないということ，そして選ばれた事実を首尾一貫した語り口に結び付けることが求められるということが含まれる。すべてを報告することが不可能なのだから，選択性は不可欠である。公然または非公然の（あからさまな，あるいは内密の）検閲を含む政府の影響がメディアにバイアスをかけている国々もある。バイアスのかかった発表という結果になる市場の力には，ニュースの情報源の持ち主，メディアの所有権の集中，スタッフの選定，ある意図された視聴者の嗜好，それから広告主からの圧力といったものが含まれる。

━━━━━━━◀解　説▶━━━━━━━

A．1．「他者と交渉する際，必要不可欠なことは何か」

　第 4 文（However, the principles …）参照。公正の原理，双方の利益

を求める，関係の維持が成功の鍵とある。よって2の「互いに公平であり，双方に利益となる解決策を見つけ，良い関係を続けることが不可欠である」が正解となる。1の「自分の立場にとって可能な限り最高の結果を成し遂げるということを確実にすることにより，口論や争いを避けることが不可欠である」は本文に記述がない。第2文（It is a …）と第3文（In any disagreement, …）の一部をつなげただけの選択肢である。3の「あらゆる新たな考えや利益が考慮され，別の解決策が提案されうるように将来の会合を再調整することが不可欠である」も本文に記述はない。さらなる会合の調整が行われるのは，第10文（If the process …）以降にある「交渉が上手くいかなかった場合」である。

2．「あなたと友人は一緒にレストランに行きたい。あなたは中華が食べたい。友人はイタリア料理が食べたい。本文で『双方に利益となる結果』と描写されているものを最も上手く表現しているのは以下のどれか」

第6文（A win-win outcome …）及び第7文（Agreement can be …）参照。「交渉を通じて双方が肯定的なものを得る」ことと「互いの観点が考慮されること」が必要とある。これに当てはまるのは1の「より多くの話し合いをし，双方ともインド料理が好きだということが分かったので，2人はインド料理店に行くことを決める」である。2の「あなたたちはともに家にいることに合意をする。なぜならあなたも友人も相手の意見に屈しようとせず，口論をすることを避けるのにそれが最もよい方法だからである」は「双方が肯定的なものを得る」ことをしていないので不適。3の「あなたたちは仲介してくれる別の人を見つけ，その人にあなたたち2人が中華料理店に行くか，イタリア料理店に行くかどうかの最終決定をしてもらう」の「別の人」という表現は，最終文（It may also …）に「別の仲裁者」として出てくるものの，これは交渉が上手くいかなかった場合の手段であり「最終決定をしてもらう」という表現も本文にない。

B．3．「世界保健機関の主要な目的は何か」

第4文（Created in 1948…）及び第5文（Its primary activities …）の記述と一致する2の「WHO の主要な目的は，調査や世界中の健康に関する動向の監視といった活動を通じて国際的な医療政策を指導し，調整することである」が正解。1の「WHO の主要な目的は，将来の伝染病と戦う能力を向上させ，今なお極度の貧困で暮らす人々の健康を向上させる改

革に着手することである」は，第3文（In response,…）に改革の記述は
あるものの，WHO の過去の失敗に対する対応としてのものであり，主要
な目的とはいえない。3の「WHO の主要な目的は，もしも SARS のさら
なる大流行が起こった場合にリーダーシップをとることのみならず，天然
痘の根絶及びポリオの感染を減少させることである」も WHO の主要な
目的とはいえない。最終文（Some of the …）において天然痘などの該当
する例が WHO の活動の成功例として述べられているのみである。

4．「WHO の国際的な健康問題への対応はどのくらい効果的であるか」

第2文（In its seventy-year …）の「成功も失敗も記録してきた」がポ
イントとなる。よって3の「記録は賛否入り混じるものである。WHO は
多くの高く評価される成功を残しているが，2014 年のエボラの大流行に
対する対応が遅すぎたと考える人もいる」が正解となる。1の「その業績
は完璧である。WHO は 1948 年の創設以来，世界で起こってきたすべて
の主要な健康問題に上手く対応してきた」，2の「失敗が成功をはるかに
上回る。改革を試みてはいるが，WHO は国際的な公衆衛生活動の陣頭指
揮をとる任務をまだまっとうしてはいない」はそれぞれ，「業績は完璧」
「失敗が成功を上回る」とあるのが不適切である。

C．5．「以下の文章のうち，本文に支持されるものはどれか」

第1文（The history of …），第4文（It becomes the …）及び最終文
（Thus the political …）の記述に一致する2の「国家主義時代の政治的指
導者たちは，国民たちが効果的にコミュニケーションをとることができる
ように統一された言語をもつ努力を行うが，それは国家建設の過程におい
て重要である」が正解となる。1の「国家主義時代の政治的な指導者たち
は，国際的な政治的議論を促進するため，他国と共有する言語をもつこと
を求めるが，それは国家建設の過程において重要な部分である」と3の
「国家主義時代の政治的な指導者たちは，他国の指導者たちが彼らを単一
の意思伝達を行う社会を推奨する国際的な組織に入れるよう，自国におい
て単一の認識された言語を持つ努力をする」は，共に本文に記述がない。

6．「以下の政策のうち，さまざまな地域的言語を持つ国における国家主
義的な政治指導者におそらくは支持されるものはどれか」

最終文（Thus the political …）の後半部分参照。「単一の意思伝達の社
会を奨励することが不可欠であると信じていた」とあることから，1の

110 2022 年度　論述・総合問題〈解答〉　　　　　　青山学院大-国際政治経済

「その国全体の唯一の言語となるべき地域的な言語を 1 つ選ぶ」が適切である。2 の「英語のような国際言語をその国家全体の単一の言語にすべく選ぶ」は本文に記述なし。3 の「さまざまな地域的言語を大切にし，それらすべてを公用語として採用する」は上述の最終文の内容と矛盾する。

D．7．「本文によれば，以下のどの記述が正しいか」

選択肢中の ownership は本文中の property とほぼ同意だと考えられる。第 6 文（Humans have the …）及び第 7 文（Homo sapiens is …）の記述に一致するので，1 の「人間は『所有』という概念をもつ唯一の動物である」が正解となる。2 の「すべての動物が『所有』という概念をもつ」は上述の第 7 文と矛盾。3 の「チンパンジーは人間よりも強い『所有』という概念をもつ」は本文に記述がない。

8．「以下のどれが本文において与えられている情報から推測することができないか」

第 1 文（In the humanities, …）に人文科学の観点から，第 2 文（To biologists, property …）に生物学の観点から「所有」について説明がされているが，それぞれの定義は異なるので，3 の「『所有』の概念は人文科学と生物学において同一である」ということは本文から推測できない。よって，3 が正解となる。1 の「物体を『私』に属するものと『あなた』に属するものに分類する能力は，人間に独特な特性である」は，第 4 文（But property is …）及び第 5 文（Recognizing this trait …）に一致するため不適。2 の「霊長類学者は，チンパンジーが物体に対してもつ欲求は，それ自体ではチンパンジーが何かが自分たちに属しているという感覚をもっていることを意味しないと考えている」は，第 8 文（Primatologists〔scientist who …）と一致するため不適。

E．9．「以下のどれが文章の主題をもっともよく表しているか」

第 4 文（Practical limitations to …），第 6 文（Government influence, including …）及び最終文（Market forces that …）などを参照。「メディアの中立性に対する実際的な限界」や「政府の影響」，各種の「市場の力」などがメディア・バイアスの原因として挙げられている。よって 2 の「メディア・バイアスのさまざまな要因」が正解となる。1 の「ジャーナリストたちがどのように選別した事実を首尾一貫した語り口に結び付けるのか」は第 4 文（Practical limitations to …）に関連する記述があるが，

青山学院大-国際政治経済　　　　　　2022 年度　論述・総合問題〈解答〉　*111*

「どのように」にあたる記述が本文にないため不適。3 の「どのような種類の否定的な影響をメディア・バイアスがもたらすか」については本文に記述がない。

10.「以下のどれが本文において言及されているようなメディアの中立性の実際的な限界の例か」

　第 4 文（Practical limitations to …）及び第 5 文（Because it is …）と 3 の「世界で起こっていることすべてを報告できないこと」が一致する。1 の「政府による検閲と市場からの圧力」は第 6 文（Government influence, including …）及び最終文（Market forces that …）に，2 の「個人のジャーナリストの視点」は第 2 文（The term …）に登場するが，共にメディアの中立性の限界の例としては記述されていない。

Ⅱ **解答**　1．〈解答例〉Advantages and Disadvantages of Free Trade Agreements

2．自由貿易協定は，交易の増加を目的として，国々が，輸出入に課す関税，税金，義務を規制するものである。経済成長の促進，外国からの直接投資による資本の増加，専門的な知識の習得，技術の移転といった利点もあるが，外部委託に伴う国内の仕事の減少，知的財産の盗難，環境破壊といった問題も生み出す。これらの問題を解決するためには，保護主義の採用ではなく，協定内で不利な点から守る規制を盛り込むことが望まれる。（150 字以上 200 字以内）

3．〈解答例〉In my opinion, Free Trade Agreements should be encouraged on the condition that regulations are implemented. Currently, the world is so closely connected that local industries face severe competition with foreign companies. Since some local industries are falling behind in the global market, they should learn from foreign companies how to be more competitive. It may not be easy for small local businesses to compete globally, but some regulations can help them compete with companies from abroad.（80 語以内）

112 2022 年度　論述・総合問題〈解答〉　　　　　　青山学院大-国際政治経済

◆**全　訳**◆

≪自由貿易協定の利点と欠点≫

　自由貿易協定（FTA）とは国々が輸出入に課している関税，税金，義務を規制する条約である。もっともよく知られているアメリカの地域的な自由貿易協定は，北米自由貿易協定（NAFTA，最近アメリカ・メキシコ・カナダ協定として再交渉された）である。自由貿易協定の利点，不利益な点は仕事，ビジネスの成長，そして生活水準に影響を与える。カギとなる重要な点（主要な点のいくつか）：

　自由貿易協定は，国家間で市場へのアクセスを許可する契約である。FTA は現地の産業がより競争力をもち，政府の助成金（財政的な支援）に頼らないようにすることを強いる。FTA は新しい市場を開き，GDP（国内総生産）を増加させ，新たな投資を呼び込むことができる。しかしながら，FTA はまた，ある国に天然資源の零落（悪化），伝統的な生活の喪失，そしてその地方の雇用の問題といったものの影響を受けやすくする。国々は自由貿易協定の国内における利点とそれがもたらす結果とを秤にかけなければならない。

　自由貿易協定は，2つもしくはそれ以上の国々の交易の増加を目的とするものである。国際貿易の増加には以下の6つの主な利点がある。

　⑴経済成長の増加：アメリカ国際貿易委員会は，NAFTA（現在はUSMCA）はアメリカの経済成長を1年当たり 0.1% から 0.5% 増加させうると見積もった。

　⑵より力強いビジネス環境：自由貿易協定がなければ，国々はしばしば自国の産業とビジネスを保護する。この保護のために産業やビジネスはしばしば停滞し（成長をしない），グローバルな市場において競争力をもたない。保護が取り除かれた状態であれば，産業やビジネスは真のグローバルな競争企業になるという意欲が生まれる。

　⑶政府の支出の低下：多くの政府は地元企業に助成金を払う。貿易協定が結ばれた後は助成金が撤廃され，これらの資金はより有効に活用される。

　⑷外国の直接投資：投資家がその国に群がるだろう。このことが，地域の産業が拡大し，国内のビジネスを促進するための資本をもたらす。また，多くの以前は孤立していた国々にアメリカドルをもたらす。

　⑸専門技能：グローバルな企業には，地方の資源を開発するための専門

技能が国内企業よりも多くある。このことは鉱物，石油の採掘，そして製造業においてとりわけ当てはまる。自由貿易協定のおかげでグローバルな企業がこれらのビジネスの機会にアクセスできる。多国籍企業が資源を開発するために地元企業と提携すると，多国籍企業が最も効率のよい技法で地元企業を訓練する。このことは，地元企業にこれらの新しい手法に対するアクセスを与える。

　(6)技術移転：地元企業はまた，多国籍企業のパートナーから最新の科学技術に対するアクセスを受ける。地元経済が成長するにつれ，就業機会も増える。多国籍企業が地元の被雇用者に職業訓練を与えるのである。

　自由貿易協定への最も大きな批判は，それらが仕事の外部委託の原因となることである。合計7つの不利益な点がある。

　(1)仕事の外部委託の増加：これはなぜ起こるのだろう？　輸入に対する減税のおかげで企業は他国へと進出することができる。関税がなくなれば，生活コストの低い国々からの輸入には費用がよりかからない。このため，それらと同じ産業におけるアメリカ企業が競争することが難しくなり，そのため，それらの企業は労働力を削減する。多くのアメリカの製造業が実際のところ，NAFTA の結果として一時解雇を実施した。NAFTA への最も大きな批判の1つは「アメリカ人の」仕事をメキシコへと送ったということである。

　(2)知的財産の盗難：多くの発展途上国には特許権，発明，そして新しい過程を保護する法律がない。実際に法律があっても，それらは常に厳密に施行されているというわけではない。その結果，企業はしばしばアイディアを盗まれてしまう。それから，盗用された企業はその国内で生産された低価格の模造品（偽物）と競わなければならない。

　(3)国内産業の締め出し：多くの新興市場はほとんどの雇用を農業に頼っている伝統的な経済である。これらの小規模な家族経営の農場は，助成を受けた先進国の農業関連産業に太刀打ちできない。その結果として，それらの農場は農地を失い，都市部で仕事を探さざるを得なくなる。このことが失業，犯罪，そして貧困に追い打ちをかける（悪化させる）。

　(4)劣悪な労働環境：多国籍企業は，新興市場国に十分な労働者の保護を行わないまま仕事を委託する可能性がある。結果として，女性と子供がしばしば標準以下の環境での過酷な（非常に困難な）工場労働にさらされる。

114 2022 年度 論述・総合問題〈解答〉　　青山学院大-国際政治経済

(5)天然資源の零落：新興市場国は，あまり環境保護政策を有していない
ことがよくある。自由貿易は木材や鉱物，そして他の天然資源の枯渇につ
ながる。森林伐採や露天掘りは密林や田畑を荒れ地にしてしまう。

(6)土着の文化の破壊：開発が隔絶した地域へと進んでいくにつれ，土着
文化が破壊されうる。地元の人々は追い払われる。資源が汚染されると，
多くの人々が疾病や死を被ることになる。

(7)税収の減少：多くの小規模な国々は，関税や手数料から失われた歳入
の穴を埋めるのに苦労する。

　保護貿易主義がその答えになることはめったにない。高い関税は短期的
に自国産業を保護するにすぎない。長期的には，グローバル企業がより高
い利益を生むために世界のどこであれ最も安い労働者を雇うだろう。

　保護主義よりも良い解決策としては，協定内で不利な点から守る規制を
盛り込むことである。環境保護条項は天然資源と文化の破壊を防ぎうる。
労働法は劣悪な労働条件を防ぐ。世界貿易機関は自由貿易協定の規制を実
行している。

　先進経済は農業関連産業の助成を減らし，新興市場の農家たちの操業を
保つ。先進経済は地域の農家たちが持続可能な営業を発達させる手助けが
できる。それからそういった農家を，それを評価する消費者たちにそのよ
うなものとして売り込むことができる。各国は外国企業が合意の一部とし
て，地元に工場を建設することを主張できる。これらの企業に技術を共有
し，地元の労働者たちを訓練するように要求することもできるのである。

■■■■■■■ ◀解　説▶ ■■■■■■■

1．第1〜3段でFTAの概要が説明された後，第4段以降でFTAの6
つの利点と7つの欠点が具体的に説明されている。よって「FTAの利点
と欠点」といったタイトルをつければよいだろう。ちなみに本文の出典と
考えられる記事の原題は Pros and Cons of Free Trade Agreements と
なっている。Pros and Cons は「よい点と悪い点，長所と短所」といっ
た意味をもつ表現である。あわせて覚えておきたい。

2．英語の文章は抽象→具体例という形で展開されることが多い。要約を
する際は，この抽象的な部分をまとめ，具体例は文字数の調整といった意
識をもつとよい。この文章の場合は，第1段の冒頭で述べられる自由貿易
協定の説明を記述した後，第4段以降で述べられている利点及び欠点を抜

青山学院大-国際政治経済　　　　　　　　2022 年度　論述・総合問題〈解答〉　*115*

粋し，その後に記述されている解決策，改善策をまとめるという形にすればよいだろう。

3．自由貿易協定に賛成か反対かについてのテーマ英作文である。FTAの利点・欠点については本文に具体的に示してあるものを用いてもよいし，自分の考え，経験などをもとにして書いてもよいだろう。利点・欠点の双方が数多く示されているので，どちらの立場で書くにせよ，反対の立場についても触れてみるとよいかもしれない。その際は譲歩構文などをうまく使うとよいだろう。

2021年度

問題と解答

青山学院大-法   2021 年度　問題　*3*

■一般選抜（個別学部日程）：法学部

問題編

▶試験科目・配点

方式	テスト区分	教　科	科目（出題範囲）	配点
A方式	大学入学共通テスト	外国語	英語（リーディング，リスニング），ドイツ語，フランス語，中国語，韓国語のうち１科目選択	100 点
		国　語	国語	150 点
		地歴・公民・数学	日本史A，日本史B，世界史A，世界史B，地理A，地理B，現代社会，倫理，政治・経済，「倫理，政治・経済」，数学Ⅰ，「数学Ⅰ・A」，数学Ⅱ，「数学Ⅱ・B」のうち１科目選択	50 点
	独自問題	総合問題	国語総合と，「世界史B」（17 世紀以降），「日本史B」（17 世紀以降），「政治・経済」との総合問題とする。	200 点
B方式	大学入学共通テスト	外国語	英語（リーディング，リスニング），ドイツ語，フランス語，中国語，韓国語のうち１科目選択	150 点
		国　語	国語	100 点
		地歴・公民・数学	日本史A，日本史B，世界史A，世界史B，地理A，地理B，現代社会，倫理，政治・経済，「倫理，政治・経済」，数学Ⅰ，「数学Ⅰ・A」，数学Ⅱ，「数学Ⅱ・B」のうち１科目選択	50 点
	独自問題	総合問題	英語（コミュニケーション英語Ⅰ・Ⅱ・Ⅲ，英語表現Ⅰ・Ⅱ）と，「世界史B」（17 世紀以降），「日本史B」（17 世紀以降），「政治・経済」との総合問題とする。	200 点

▶備　考

・合否判定は総合点による。ただし，場合により特定科目の成績・調査書を考慮することもある。

・大学入学共通テストの得点を上記の配点に換算する。英語の得点を扱う場合には，リーディング 100 点，リスニング 100 点の配点比率を変えず

にそのまま合計して 200 点満点としたうえで，上記の配点に換算する。

• 大学入学共通テストの選択科目のうち複数を受験している場合は，高得点の 1 科目を合否判定に使用する。

• 試験日が異なる学部・学科・方式は併願ができ，さらに同一日に実施する試験であっても「AM」と「PM」の各々で実施される場合は併願ができる。

• 試験時間帯が同じ学部・学科・方式は併願できない。

試験日	試験時間帯	学　部	学科（方式）
2 月 18 日	AM	法	法（A）
	PM	法	法（B）

■■■総合問題■■■

◀ A 方 式 ▶

（90分）

Ⅰ 次の文章を読み，以下の設問に答えなさい。

　仙台市の目貫き通りのコンクリート舗装道路を第二種原動機付自転車で走ってい
て，穴ボコに落ち，操縦不能となって横顛し頭蓋底骨を折って死亡した者の両親か
ら，道路管理者仙台市を相手に損害賠償を請求した。仙台地裁は六〇万円の請求を認
めた。

　このことを一般の素人に話してその感想を聞くと，いろいろの反応がある。そのう
　　　　　　　①
ちには，われわれ法律家にとって考えさせられるものを含んでいる。その一つは，相
手は市という「公のもの」なのに，それに対して私人が「損害賠償の請求」などというこ
とができるのか，という感じが案外根を張っていること。もう一つは，相手に過失が
あるからといって損害賠償の請求などと開き直ることは，君子の態度としていささか
ちゅうちょされる，という感情も心の底にあるということ。
②
　これを別な言葉でいうと，前者は，国とか地方公共団体のようなものに対しては，
私人は，その誠意と恩恵にこそ頼るべきで，対等の者として権利を主張することはで
きないのではないか，という権威思想に通じるように思われる。後者は，社会の共同
生活は，権利だ義務だといわずに，誠意と寛容とで解決すべきだという，いわば東洋
的な精神主義ともいうべきものと共通な思想であろう。いずれも，近代的合理性以前
の非合理性といってよさそうである。

　「法の支配」は，本来は，行政権の広汎な自由裁量に法の枠をはめて，個人の基本権
―― 自由と平等 ―― を確保しようとする理想である。道路管理者の責任を追及する
際に，「公のもの」に対しては，善意と恩恵を望むより他に途はない，と考える思想
は，正にこの意味での法の支配の思想の不徹底を示す，といえるであろう。

6 2021 年度　総合問題　　　　　　　　　　　　　　　青山学院大-法

　しかし,「公のもの」に対してだけではない。地主に対しても, 雇主に対しても, 土木建設の注文主に対してさえ, いわば恩恵を中核とする広汎な自由裁量の権限を与え, その正当な行使を善意と誠意によって保障しようとする態度は, わが国の国民の中に, まだまだその<u>残滓</u>を保っている。
　　　　　　　③

　こうした社会状態の下で権威の善意と誠意が求められなかったときに, いかなる結果を導くであろうか。力によって権威を圧倒する以外にゆくべき道はない。百姓一揆がその例を示す。そして, 戦後, 国も, 家長も, 地主も, 雇主も, すべて従来の権威を失ったとき, 人々は, 合理的な解決の途を進むべき術を知らず, 力による主張の貫徹に走る。下地はすでにでき上っている。いや, 新しい下地はできていないのである。

　「権利のための戦」こそ近代人の義務であることをイェーリング＊は強調した。その権利は, 個人の平等と自由を守るものとして, 法によって認められ, 法によって維持されるものである。だから, 権利のための戦は「法の支配」のための戦となる。そうであってこそ,「法の目的は平和である, それに達成する手段は戦である」という銘題も成立する。

　　　(a)　, わが国では,「権利のための戦」は, あらゆる社会的な力を動員して, 法の支配の土俵の外で戦いとるものだと考えられ易い。それは決して正しい意味での権利のための戦ではない。というのは, すべて権利は法によって認められる観念だという論理的概念的関係を指すのではない。われわれの社会生活関係はすべて合理的な規準の上に載せるべきもの, 各人の立場はその規準の上で認められるもの, そして, その主張はその規準の強制的実現であるべきもの, という一連の基礎条件が未熟であることを指摘しようとするのである。

　人はしばしばいう。現在の法は個人の自由と平等を保護するに十分ではない。だから, 法の支配という土俵の上では, 個人の自由と平等は十分にえられない, と。現在の法について, 私は必ずしもそうだとは思わない。しかし, 仮にそうだとしたところで, 向うべき道は, 法の秩序を自由と平等を保護するに十分なものに改めることでなければなるまい。特定の主権者の命令を法とし, 主権者の権威で圧伏するのが法だという時代は去った。法は国民の創るものである。国民が主権者だということは, 法の秩序を設定することそのことが国民の手に委ねられたということであろう。<u>その任務</u>
　　　　　　　　　　　　　　　　　　　　　　　　　　　　　　　　　　　　④
<u>の第一課</u>を等閑にして, 土俵の外で, 暴力によって, 権利(と考えるもの)の主張を貫
　⑤
こうとすることは, <u>国民主権の観念</u>からは, およそ遠いものである。
　　　　　　　⑥

青山学院大-法　　　　　　　　　　　　　　　2021 年度　総合問題　7

　わが国の法が戦前にまとっていた権威は棄て去られることになった。それは，近代
⑦
法の下では権威をもつに値しないものであったから，その破れたのも当然であろう。
そこに社会の進歩がある。しかし，戦後に国民に与えられた主権は，法をして権威を
もつに値するものたらしめる力である。法を無視する力であるべきいわれはない。こ
の自明の理が，ともすると忘れられようとする。その原因は，そもそもわれわれの社
会生活関係を意思の支配による合理性によって規律し実現しようとする基本的な精神
が欠けていることに由来する，と私はいいたいのである。

　「法の支配」の理想を実現するためには，国民主権は不可欠の条件であろう。法の下
の自由と平等，したがって各自の基本権の尊重もまた不可欠の条件であろう。無政府
状態をおそれて法秩序による平和を志向する精神も必要であろう。しかし，これらの
すべてを通じて，われわれの社会生活関係を，身分と財産の些細な関係＊＊に至るま
で，意思の規律による合理的なものとしようとする精神が，本能とみられるほどまで
に浸透していることが，さらにその基礎として要請される。この精神を培わない限
り，「法の支配」は砂上の楼閣に終わるであろう。

＊　　　19 世紀後半のドイツの法学者。

＊＊　　婚姻・親子関係などの身分関係と財産の関係。この 2 つが市民間で生じる法的
　　　な関係である。

——我妻栄「『法の支配』の基礎にあるもの」『民法研究／Ⅸ—1』(有斐閣，1970)をもとに作成

問 1　下線部①の類義語として最も適当なものを，次の選択肢の中から 1 つ選び，解
　　　答用紙(その 1)の解答番号 $\boxed{1}$ にマークしなさい。
　　　1　技巧家　　　　　2　本職　　　　　　3　群僚　　　　　4　門外漢

問 2　下線部②の類義語として最も適当なものを，次の選択肢の中から 1 つ選び，解
　　　答用紙(その 1)の解答番号 $\boxed{2}$ にマークしなさい。
　　　1　逡巡する　　　　　　　　　　　2　猪突猛進する
　　　3　客気にかられる　　　　　　　　4　鋭意努力する

問 3　下線部③の読み仮名として正しいものを，次の選択肢の中から 1 つ選び，解答
　　　用紙(その 1)の解答番号 $\boxed{3}$ にマークしなさい。

8 2021 年度　総合問題　　　　　　　　　　　　　　　　　　青山学院大-法

　　　　1　ざんしょ　　　2　ざんぞう　　　3　ざんごう　　　4　ざんし

問4　　(a)　　に当てはまるものとして最も適当なものを，次の選択肢の中から1
　　つ選び，解答用紙(その1)の解答番号　4　にマークしなさい。
　　　1　ところが　　　　　　　　　　2　同様に
　　　3　そうであるから　　　　　　　4　というのは

問5　下線部④の内容として最も適当なものを，次の選択肢の中から1つ選び，解答
　　用紙(その1)の解答番号　5　にマークしなさい。
　　　1　社会の秩序を維持するため，犯罪等に対する罰則を設けること
　　　2　現在の法が個人の基本権を維持するのに十分なものとなっていないならば，
　　　　そのようなものとなるよう法秩序を改めること
　　　3　国家を維持するため，国民の義務を適切に定めること
　　　4　法網を潜ることのないよう適切な法を定めること

問6　下線部⑤の類義語として最も適当なものを，次の選択肢の中から1つ選び，解
　　答用紙(その1)の解答番号　6　にマークしなさい。
　　　1　粗雑　　　　　2　値千金　　　　3　象徴　　　　　4　崇敬

問7　下線部⑥に関連する記述として**誤っているもの**を，次の選択肢の中から1つ選
　　び，解答用紙(その1)の解答番号　7　にマークしなさい。
　　　1　日本国憲法では，天皇の象徴としての地位は，主権の存する国民の総意に基
　　　　づくものとされている。
　　　2　高野岩三郎らは憲法研究会を組織して憲法草案要綱を発表した。この要綱で
　　　　は，国民に主権があると定められていた。
　　　3　松本案と呼ばれる，日本政府の憲法改正の草案でも，国民主権に改めるもの
　　　　とされていた。
　　　4　国民主権は，日本国憲法の三大原則の1つであるとされている。

問8　下線部⑦に関連して，戦前の法の持っていた権威の由来として最も適当なもの
　　を，次の選択肢の中から1つ選び，解答用紙(その1)の解答番号　8　にマーク
　　しなさい。

青山学院大-法 　　　　　　　　　　　　　　　　2021 年度　総合問題　*9*

　　1　大審院　　　　2　枢密院　　　　3　天皇　　　　4　衆議院

問 9　この文章を 400 字程度で要約しなさい。解答用紙（その 2）を使用しなさい。

Ⅱ　次の文章を読み，以下の設問に答えなさい。

　日本の国会では二院制が採用され，衆議院議員も参議院議員も国民からの直接選挙
①
によって選出されている。両院の選挙制度をめぐっては，これまでにさまざまな改革
が行われてきたが，制度の不十分さを指摘する声は少なくなく，今後も改革論議を継
続的に進めていくことが求められる。

　衆議院の選挙制度は，現在の制度が導入される前は，中選挙区制が採用されてい
②
た。中選挙区制は，各選挙区から複数名（3〜5 名）の議員を選出する選挙制度であ
る。中選挙区制による選挙が繰り返されていく中で，政治に対する国民の不信感が深
刻化し，政策本位・政党本位の選挙の実現への要求が強まっていった。そこで，1994
年に小選挙区比例代表並立制に改革され，今日に至っている。

　この小選挙区比例代表並立制は，各選挙区から 1 名を選出する小選挙区制（289 議
席）と，政党に投票し，政党の得票の割合に応じて政党に議席を配分する比例代表制
（176 議席）とを組み合わせた選挙制度であり，有権者は小選挙区選挙と比例代表選挙
でそれぞれ一票を投じる。異なる 2 つの選挙制度を組み合わせることで，多様な議員
③
が選出されることが期待されている。

　現在の小選挙区比例代表並立制が抱える問題点の 1 つとして指摘されるのが，一票
の格差の問題である。これは，選挙区間における議員 1 人当たりの人口の格差であ
④
り，その格差が日本国憲法の投票価値の平等の要求に反する状態にあるのではないか
という論点である。最高裁判所による判断が示される中で，一票の格差の縮小を図る
ため，これまでに定数是正等が実施されてきてはいるものの，一票の格差をめぐる選
挙無効訴訟がたびたび提起されている。

　参議院では，衆議院の選挙制度と同様に，2 つの異なる選挙を並立させた選挙制度
が採用されている。1 つは比例代表制に基づく選挙（100 議席）であるが，衆議院の比
例代表制とは異なる特徴を有している。もう 1 つは，原則都道府県を選挙区とし，各
⑤
選挙区の定数として 2 人から 12 人を配分する選挙区選挙（148 議席）である。

参議院の選挙制度においても，一票の格差の問題が関心を集めている。2015年と2018年には一票の格差を縮小するための改正が行われた。しかしながら，一票の格差が解消されたかについては，社会的な合意に到達しているとはいいがたい状況である。

一票の格差の問題と関連する両院の選挙制度上の論点として，議員定数をめぐる問題が挙げられる。具体的には，議員定数を削減するべきかという論点である。2014年に衆議院に，有識者による議長の諮問機関として「衆議院選挙制度に関する調査会」が設置され，衆議院の選挙制度に関する調査・検討等が進められた。2016年にまとめられた調査会答申では，議員の定数を何人にすべきかについての絶対的な基準があるわけではない中で，大幅な定数の削減と選挙区間の一票の格差の縮小を同時に達成することは容易でないことが指摘されている。

選挙の実態に目を向けると，近年，投票率の低下が顕著になっているといわれている。2019年の参議院議員通常選挙では投票率が48.80％となり，半数以上の有権者が投票に行かなかったことが明らかになった。投票を棄権した理由としては，3回の国政選挙(2016年参議院議員通常選挙，2017年衆議院議員総選挙，2019年参議院議員通常選挙)での調査によると，次のページの表に示されているように，いずれの選挙においても同じ4つの理由が，順位に違いはあるものの，回答数の上位4位を占めた。こうした状況を踏まえ，期日前投票制度を創設して，選挙期日前であっても選挙期日と同じく投票ができるようにしたり，学校等で提供される主権者教育を通じて，民主主義の主権者としての姿勢や知識を身につけるための政策を展開したりして，投票率の向上を目指したさまざまな対策が取られている。

選挙を通じて政治と国民の生活とが有機的に結びつくために求められるのは，議員の選出方法という選挙の制度的側面への着眼にとどまらない。一人ひとりの国民が主権者として選挙にどのように臨むかといった市民性の習得も重要な鍵となる。その意味で，選挙制度の改善に向けた論点は多岐に渡るものであり，多面的な検討が欠かせないのである。

青山学院大-法　　　　　　　　　　　　　　　　　　　　　　2021 年度　総合問題　*11*

表　国政選挙の棄権の主たる理由（数字は各調査での回答選択率順位（複数回答））

棄権の理由（上位 4 つ）	2016年 参院通常選挙	2017年 衆院総選挙	2019年 参院通常選挙
選挙にあまり関心がなかったから	①	①	①
政党の政策や候補者の人物像など，違いがよくわからなかったから	③	④	②
適当な候補者も政党もなかったから	④	②	③
仕事があったから	②	③	④

出典：公益財団法人明るい選挙推進協会「第 48 回衆議院議員総選挙全国意識調査」および「第 25 回参議院議員通常選挙
　　全国意識調査」をもとに作成

──── 総務省，衆議院，参議院，公益財団法人明るい選挙推進協会のウェブサイト掲載内容をもとに作成

問 1　下線部①に関連して，アメリカは，日本と同様に，二院制を採用し，上下両院
　　とも議員を国民が直接選挙で選ぶ仕組みとなっている。アメリカの上院の選挙制
　　度に関連する記述として**適当でないもの**を，次の選択肢の中から 1 つ選び，解答
　　用紙（その 1 ）の解答番号　9　にマークしなさい。

　　1　上院議員選挙の結果最も多くの議席を獲得した政党が，同時に行われた大統
　　　領選挙では他の政党に勝利できないことが起こり得る。

　　2　上院議員選挙の結果最も多くの議席を獲得した政党が，同時に行われた下院
　　　議員選挙では最も多くの議席を獲得できないことが起こり得る。

　　3　上院議員の 1 期の任期は，下院議員や大統領の 1 期の任期よりも長い。

　　4　上院の各選挙区の定数は，多くの人口を抱えている州のほうが大きい。

問 2　下線部②のもとでの政党の戦略と日本の政治の状況として最も適当なものを，
　　次の選択肢の中から 1 つ選び，解答用紙（その 1 ）の解答番号　10　にマークしな
　　さい。

　　1　議会での過半数の議席の獲得を目指す政党は，どこかの選挙区で複数の候補
　　　者を擁立しなければならない。

　　2　議会での過半数の議席の獲得を目指す政党は，どこかの選挙区でその政党の
　　　候補者が最多得票で当選しなければならない。

　　3　日本では，中選挙区制のもとで，政党の数は 2 つに収斂していった。

　　4　日本では，中選挙区制のもとで，選挙による政権交代は常態化していった。

12 2021 年度 総合問題 青山学院大-法

問 3 下線部③に関連して，下の表は，2017 年の衆議院議員総選挙で議席を獲得し
た各政党（政党に所属しない〔無所属の〕候補者を含む）の総獲得議席数および小選
挙区選挙と比例代表選挙それぞれでの獲得議席数，各政党（無所属を含む）の小選
挙区選挙と比例代表選挙それぞれでの全国得票率を表している。この表について
の記述として**適当でないもの**を，次の選択肢の中から 1 つ選び，解答用紙（その
1）の解答番号 11 にマークしなさい。

党派	総獲得議席数 （合計465）	小選挙区 獲得議席数 （合計289）	比例代表 獲得議席数 （合計176）	小選挙区 全国得票率 （％）	比例代表 全国得票率 （％）
自由民主党	281	215	66	47.82	33.28
立憲民主党	54	17	37	8.53	19.88
希望の党	50	18	32	20.64	17.36
公明党	29	8	21	1.50	12.51
日本共産党	12	1	11	9.02	7.90
日本維新の会	11	3	8	3.18	6.07
社会民主党	2	1	1	1.15	1.69
無所属	26	26	–	7.79	–

出典：総務省自治行政局選挙部「平成 29 年 10 月 22 日執行衆議院議員総選挙・最高裁判所裁判官国民
審査結果調」をもとに作成

1 小選挙区選挙でも比例代表選挙でも，最も多くの議席を獲得した政党の全国
得票率は，最も高くなっている。

2 小選挙区選挙でも比例代表選挙でも，最も多くの議席を獲得した政党の全国
での得票は，全体の半数未満になっている。

3 小選挙区選挙において獲得議席数の党派別順位（無所属を除く）と全国得票率
の党派別順位は一致するが，比例代表選挙では一致しない。

4 小選挙区選挙において過半数の議席を獲得した政党は存在するが，比例代表
選挙では存在しない。

問 4 下線部④に関連して，一票の格差の縮小に寄与する選挙制度改革として**適当で
ないもの**を，次の選択肢の中から 1 つ選び，解答用紙（その 1）の解答番号 12
にマークしなさい。

1 全国を 1 つの選挙区として，全議席を選出する選挙制度にする。

2 各都道府県を選挙区として，各選挙区の定数を同数とする選挙制度にする。

3　人口の少ない選挙区を変更して，それらの選挙区の定数を他の地域の選挙区の定数よりも小さくする。

4　人口の多い選挙区を変更して，それらの選挙区の定数を他の地域の選挙区の定数よりも大きくする。

問5　下線部⑤に関連して，参議院では3年ごとに議員の半数が改選される仕組みが採用されている。したがって，1回の選挙区選挙で選出される議員の数で選挙区を分類すると，当選者が1人の選挙区（1人区），2人の選挙区（2人区），3人の選挙区（3人区），4人の選挙区（4人区），6人の選挙区（6人区）の5つに分けられる。下の表は，2019年の参議院議員通常選挙において比例代表選挙で議席を獲得した政党が選挙区選挙で獲得した議席数と，政党に所属しない（無所属の）選挙区選挙候補者が当選した人数を，上記5分類の選挙区ごとに表している。この表についての記述として**適当でないもの**を，次の選択肢の中から1つ選び，解答用紙（その1）の解答番号 **13** にマークしなさい。

	1人区 (全32選挙区)	2人区 (全4選挙区)	3人区 (全4選挙区)	4人区 (全4選挙区)	6人区 (全1選挙区)	合計
自由民主党	22	4	6	4	2	38
立憲民主党	1	1	3	3	1	9
国民民主党	1	1		1		3
公明党			2	4	1	7
日本維新の会			1	3	1	5
日本共産党		1		1	1	3
社会民主党						0
れいわ新撰組						0
NHKから国民を守る党						0
無所属	8	1				9

出典：総務省自治行政局選挙部「令和元年7月21日執行第25回衆議院議員通常選挙結果調」をもとに作成

1　1人区に比べて，当選者が2人以上となる選挙区のほうが多様な政党の候補者が当選している。

2　選挙区制の選挙に比べて，比例代表制の選挙のほうが多様な政党の候補者が当選している。

3　選挙区制で2番目に多くの議席を獲得した政党（無所属を除く）の議席数の中で，1人区で獲得した議席が占める割合が最も高い。

14 2021 年度　総合問題　　　　　　　　　　　　　　　　　青山学院大-法

4　選挙区制で最も多くの議席を獲得した政党(無所属を除く)の議席数の中
　で，1人区で獲得した議席が占める割合が最も高い。

問 6　下線部⑥の改正の内容として**誤っているもの**を，次の選択肢の中から1つ選
　び，解答用紙(その1)の解答番号 |14| にマークしなさい。

1　人口が少ない複数の選挙区を1つの選挙区に統合する選挙区区域の変更

2　人口が多い1つの選挙区を複数の選挙区に分割する選挙区区域の変更

3　人口が少ない選挙区の定数の減員

4　人口が多い選挙区の定数の増員

問 7　下線部⑦において「諮問」をめぐる関係性の記述として最も適当なものを，次の
　選択肢の中から1つ選び，解答用紙(その1)の解答番号 |15| にマークしなさ
　い。

1　衆議院議長が調査会に諮問する。

2　衆議院議長に調査会が諮問する。

3　衆議院本会議に衆議院議長と調査会が諮問する。

4　衆議院本会議が衆議院議長と調査会に諮問する。

問 8　下線部⑧の対義語として最も適当なものを，次の選択肢の中から1つ選び，解
　答用紙(その1)の解答番号 |16| にマークしなさい。

1　客観的　　　　　2　硬直的　　　　　3　相対的　　　　　4　平均的

問 9　下線部⑨に関連して，低い投票率がもたらす問題点の1つとして，例えば，あ
　る小選挙区で投票率が50％であり，当選者の得票率が60％であったとき，「そ
　の当選者はその選挙区の有権者全体(投票に参加した有権者と棄権した有権者を
　合わせた全体)の30％の支持しか得られていない」ことを指摘し，当選について
　の民主的正当性を疑問視する主張がしばしば見受けられる。この指摘が論理的に
　成立するための必要条件として最も適当なものを，次の選択肢の中から1つ選
　び，解答用紙(その1)の解答番号 |17| にマークしなさい。

1　棄権した有権者は全て，当選した候補者を支持している。

2　棄権した有権者は全て，当選しなかった候補者を支持している。

青山学院大-法   2021年度　総合問題　*15*

　　3　棄権した有権者の60％は，当選した候補者を支持している。

　　4　棄権した有権者の60％は，当選しなかった候補者を支持している。

問10　下線部⑩が効果的に機能する有権者として最も適当なものを，次の選択肢の中
　　から1つ選び，解答用紙（その1）の解答番号 18 にマークしなさい。

　　1　選挙にあまり関心がなかったから投票を棄権した有権者

　　2　政党や候補者などの違いがよくわからなかったから投票を棄権した有権者

　　3　適当な候補者も政党もなかったから投票を棄権した有権者

　　4　仕事があって投票に行けなかったから投票を棄権した有権者

問11　下線部⑪に関連して，棄権の理由の1つに，「私一人が投票してもしなくても
　　同じだから」がしばしば挙げられる。この理由の背景には，自分が投票に参加し
　　ても棄権しても，選挙結果は変わらないから，投票への参加の手間をかけたくな
　　いという認識があると考えられる。こうした認識のみに基づいて投票を棄権して
　　いる有権者に対して投票への参加を効果的に促すための方策として最も適当なも
　　のを，次の選択肢の中から1つ選び，解答用紙（その1）の解答番号 19 にマー
　　クしなさい。

　　1　国民の投票への参加を義務化する制度変更を行う。

　　2　期日前投票の投票期間を延長する制度変更を行う。

　　3　投票所の設置について，投票所の数を減らす。

　　4　選挙区の区割りについて，1つの選挙区あたりの人口を増やす。

問12　下線部⑫について，選挙制度の改善に向けて，本文で直接的に言及されていた
　　論点として**適当でないもの**を，次の選択肢の中から1つ選び，解答用紙（その1）
　　の解答番号 20 にマークしなさい。

　　1　国家間の比較の徹底化

　　2　一票の価値の平等化

　　3　国民の政治参加の促進

　　4　国民の政治不信の払拭

16 2021 年度　総合問題　　　　　　　　　　　　　　　　青山学院大-法

Ⅲ　次の文章を読み，以下の設問に答えなさい。

　近代議会制度の源流となったのが，イギリスの議会（Parliament，「話す場所」）です。議会には 2 つの制度がありました。1 つは，身分に基づく特権によって国政に参与する諸侯が構成員の中心となり，国王の専制的政治を抑制する集会です。もう 1 つは，地域代表が中央に召し出されて国王による統治に協力する制度としての集会です。1295 年に開催された議会は「模範議会」と呼ばれ，大貴族，高位聖職者に加え，各州より騎士 2 名，各都市より市民 2 名が召集されました。これが中世の身分制議会の典型で，近代の議会制度の母体となりました。

　その後 14 世紀半ばから，上院と下院とに分離されました。重要なことは，当初から，議会は，国王の専制を抑止すると同時に，統治に資する機関であったことです。イギリス議会は，国家の力を強大にする諸改革を議会制定法によって実現し，王権に協力しながら地位を確立していきました。こうしたことから，議会とともにいる国王が至上の権力を行使できるという意味で，「議会の国王」に主権があると考えられるようになりました。しかし一連の経過を経て，イギリスの政治制度は徐々に議会君主政に変化していきました。その仕組みは，政府は 1 人の首相をいただく内閣によって担われ，首相も内閣も議会の支持（信任）を得ているときのみ支持されるというものです。首相こそが国王に代わって行政の真の長となり，かくして責任内閣制が確立されました。
①
②
③

　ところで，15 世紀には下院議員は選挙で選ばれるようになっていましたが，選挙人は土地所有者（地主）に限られており，18 世紀末になっても，下院議員の有権者は，成年男子の 5 分の 1 にも満たなかったのです。このような選挙で選ばれた議会は，国王に対しても，選挙人に対しても，自ら決定を行う権限をもつことを主張しました。イギリスの保守政治家エドマンド・バークが，1774 年に行った演説の次の 1 節は，こうした事情を物語っています。「議会は 1 つの利害つまり全成員の利害を代表する 1 つの国民の審議集会に他ならず，従ってここにおいては地方的目的や局地的偏見ではなくて，全体の普遍的理性から結果する普遍的な利益こそが指針となるべきものである」。これはいわば，議会の選挙人に対する独立宣言です。良識と知識のゆえに選ばれた議会のメンバーが，選挙区民の利害や偏見にわずらわされることなく法律を作り，統治するのです。
④

　このようなイギリスの状況に対して，啓蒙主義の時代に活躍した思想家ジャン＝
⑤

ジャック・ルソーが『社会契約論』で「イギリスの人民は自由だと思っているが，それは大きな間違いだ。彼らが自由なのは，議員を選挙する間だけのことで，議員が選ばれるやいなや，イギリス人民は奴隷となり，無に帰してしまう」と揶揄したことは，よく知られています。ルソーは，各人が全員と結合しながら「自分自身にしか服従せず，以前と同じように自由である」政治体制を求め，各人が市民として参加する全員集会という形式で，人民のみが法律を制定することができる直接民主制を理想としました。この体制を正当化するために，政策決定に加わる人々の個別的な利害関心である「特殊意思」とは区別される，共通の利益あるいは共通善を志向することで生まれる「一般意思」という概念を提唱しました。一般意思とは，国家を設立する社会契約によって成立した集合である主権者の意思で，一般意思の表明は主権の行為であり，法律となりますから，主権は立法権として定義されます。そして「立法権は人民に属し，また人民以外のものに属しえない」とされます。

議会制と民主制を対置させていたのは，ルソーだけではありません。ルソーより少し前に活躍したシャルル・ド・モンテスキューも両者を対置させています。モンテスキューは，民主主義というより自由に関心があり，1730年前後のイギリス滞在の経験をふまえ，『法の精神』の「イギリスの国制について」で，立憲君主政の権力分立論を展開しました。まず権力を立法権，行政権，司法権に分け，立法権に君主と議会を参与させ権力が相互に抑制・均衡する体制を描き出しました。彼は，三権のうち，2つ以上が1つの機関によって独占されると，専制政治，つまり人々の自由の抑圧をもたらすと考えました。

モンテスキューは，「自由な国家においては，…人民が一団となって立法権力をもつべきだ」としつつも，それは「強大な諸国家では不可能であり，弱小の諸国家では多くの不都合を免れないので，人民は自分自身でなしえないことを全てその代表者を通じて行わなければならない」として，代議制を推奨しました。「代表者たちのもつ大きな利点は，彼らが諸案件を討議できることである。人民は全くそれに適しない。これは民主制の重大な不都合の一つをなしている」からです。こうして，人民の代表者たちが選挙され，一団を形成します。他方，「国家には常に，出生，富，名誉によって際だった人がいて，大多数の決議は彼らの利益に反するであろうから」，「彼らが人民の企てを阻止する権利をもつ一団を構成する」ために，立法権力は，貴族の団体にも委ねられるとされました。こうして二院制議会が好ましいとされました。

このように，近代の出発において，議会制と民主制は正反対のものと捉えられてい

ました。民主制が議会制より優れているとするルソー的な見解と，議会制が民主制よ
り優れているとするモンテスキュー的な見解の対立があったことが確認できます。実
際の歴史過程で勝利を収めたのは，後者でした。この構想の下に，身分制議会は近代
議会へと転身することになります。ルソー的な見解は，制度化された議会制の「民主
化」を求める運動の理念となり，その後も脈々と伝わっていきます。
⑫

―― 糠塚康江『議会制民主主義の活かし方 ―― 未来を学ぶために』(岩波書店，2020年)第Ⅰ部
「歴史から学ぶ議会制民主主義」第1章「生成」の一部をもとに作成

問1　下線部①に関連して，イギリス議会の上院と下院の名称の組み合わせとして正
　　しいものを，次の選択肢の中から1つ選び，解答用紙(その1)の解答番号 $\boxed{21}$
　　にマークしなさい。
　　　1　上院：貴族院と下院：衆議院　　　2　上院：元老院と下院：代議院
　　　3　上院：貴族院と下院：庶民院　　　4　上院：枢密院と下院：庶民院
　　　5　上記の選択肢の中に正答はない。

問2　下線部②に関連して，イギリス革命(ピューリタン革命から王政復古を経て，
　　名誉革命までの過程を指すものとする)期，議会派が，国王の専制を抑止するた
　　めにしたこととして**適当でないもの**を，次の選択肢の中から1つ選び，解答用紙
　　(その1)の解答番号 $\boxed{22}$ にマークしなさい。
　　　1　カトリック以外の非国教徒に対して，信仰の自由を与える寛容法を制定し
　　　　た。
　　　2　チャールズ1世を処刑した。
　　　3　人身保護法を制定した。
　　　4　王に対し，議会の認めない課税や，不当な逮捕などの停止を求める文書を提
　　　　出した。
　　　5　上記の選択肢の中に正答はない。

問3　下線部③に関連して，イギリスで責任内閣制が確立された時期に，他国で起
　　こっていたこととして**適当でないもの**を，次の選択肢の中から1つ選び，解答用
　　紙(その1)の解答番号 $\boxed{23}$ にマークしなさい。

1　ドイツはボヘミアの反乱に端を発した宗教戦争の真っ只中であり，そこにヨーロッパ諸国が介入することにより，以後30年にも及ぶ国際的な戦争となってゆく。

2　日本では，享保の改革が行われていた。

3　ロシア，スウェーデン，ポーランド，デンマーク間の戦争の結果，ロシアがスウェーデンを破り，以後バルト海の覇権はロシアに渡った。

4　フランスはブルボン朝最盛期であり，ルイ14世の死を受けルイ15世が摂政政治を行っていた。

5　上記の選択肢の中に正答はない。

問4　下線部④に関連して，1774年に日本で起こったこととして正しいものを，次の選択肢の中から1つ選び，解答用紙（その1）の解答番号 24 にマークしなさい。

1　伊能忠敬が幕命で全国の沿岸を測量した成果である「大日本沿海輿地全図」が，彼の死後3年目にして完成した。

2　天草で，全文ポルトガル系ローマ字で記述されたイソップ物語『天草版伊曽保物語』が刊行された。

3　杉田玄白が前野良沢らと，ドイツ人クルムスの「解剖図譜」のオランダ語訳『ターヘル＝アナトミア』を翻訳して刊行した。

4　吉田松陰が謹慎中に，叔父が開いていた松下村塾を受け継いだ。

5　上記の選択肢の中に正答はない。

問5　下線部⑤に関連して，啓蒙主義についての言明として**適当でないもの**を，次の選択肢の中から1つ選び，解答用紙（その1）の解答番号 25 にマークしなさい。

1　啓蒙主義とは，17世紀後半から18世紀にヨーロッパで広まった，理性によって伝統的な因習・迷信・偏見・無知から人間を解放する思想運動のことである。

2　啓蒙思想に基づいて社会契約論を唱えた論者達は共通して，議会制民主主義と抵抗権を認めた。

3　啓蒙主義においても，国王主導による近代化を目指すという理由で，専制政

治が行われた。農奴負担の軽減や宗教寛容策などが行われ，国王主導の近代化が目指された。

4　啓蒙思想では，宗教を理性の光によって合理的に捉え直すことによって，神の存在は証明できないと無神論を唱えた者もあった。

5　上記の選択肢の中に正答はない。

問6　下線部⑥の語を言い換えた表現として**適当でないもの**を，次の選択肢の中から1つ選び，解答用紙（その1）の解答番号 $\boxed{26}$ にマークしなさい。

1　風刺した　　　　　2　比喩した　　　　　3　非難した

4　嘲笑した　　　　　5　愚弄した

問7　下線部⑦に関連して，社会契約論についての説明として正しいものを，次の選択肢の中から1つ選び，解答用紙（その1）の解答番号 $\boxed{27}$ にマークしなさい。

1　社会契約論は，17〜18世紀のイギリスやフランスで，絶対王政を正当化する王権神授説を否定し，市民革命を推進する指導的思想となった。

2　社会契約論者は共通して，個人がもつ財産権を保障する国家を構想した。

3　社会契約論者は共通して，国家は個人の自然権の保障を目的として樹立されると考えて，専制国家を否定した。

4　社会契約論者の1人ジョン・ロックは王権神授説を否定するので，無神論者であった。

5　上記の選択肢の中に正答はない。

問8　下線部⑧に関連して，1730年に日本で行われていた政策として最も適当なものを，次の選択肢の中から1つ選び，解答用紙（その1）の解答番号 $\boxed{28}$ にマークしなさい。

1　正徳の治　　　　　2　寛政の改革　　　　　3　天保の改革

4　生類憐れみの令　　5　上記の選択肢の中に正答はない。

問9　下線部⑨に関連して，立憲政治についての言明として**適当でないもの**を，次の選択肢の中から1つ選び，解答用紙（その1）の解答番号 $\boxed{29}$ にマークしなさい。

1　大日本帝国憲法が施行されていた戦前の日本も，形式的には立憲政治であった。

2　立憲政治を行うためには，成文憲法が不可欠である。

3　近代憲法では，人権保障と権力の制限が取り入れられている必要がある。

4　モンテスキューよりも先に，三権分立を唱えた人物がいた。

5　上記の選択肢の中に正答はない。

問10　下線部⑩に関連して，専制政治についての言明として正しいものを，次の選択肢の中から1つ選び，解答用紙（その1）の解答番号 30 にマークしなさい。

1　専制政治では，国民の政治参加は否定される。

2　専制政治と対立する概念は，民主政治である。

3　専制政治と絶対主義とは同義である。

4　専制政治と独裁政治とは同義である。

5　上記の選択肢の中に正答はない。

問11　下線部⑪に関連して，代議制についての言明として正しいものを，次の選択肢の中から1つ選び，解答用紙（その1）の解答番号 31 にマークしなさい。

1　日本では，閣僚は国民が選んだ国会議員なので，内閣法に根拠をもつ閣議による決定にも法的拘束力が認められる。

2　民主主義においては，「最大多数の最大幸福」実現のため，議決はあくまでも多数決によってなされなければならない。

3　国家の規模が巨大になっている現代，直接民主制を採用している国家は存在しない。

4　日本では，議員は公職選挙法違反で逮捕・起訴された場合には，直ちに議員としての資格を失う。

5　上記の選択肢の中に正答はない。

問12　下線部⑫に関連して，日本の明治期にルソーなどの思想が導入されたことをめぐる記述として適当でないものを，次の選択肢の中から1つ選び，解答用紙（その1）の解答番号 32 にマークしなさい。

1　自由民権運動は，征韓論に敗れて下野した板垣退助らが，民撰議院設立の建白書を提出したことに端を発した。

2 中江兆民はルソーの『社会契約論』を翻訳して出版し，自由・平等・友愛の3大原理に基づく民主共和制を理想として求め，自由民権運動に深い影響を及ぼした。

3 1873（明治6）年に森有礼の発議によって結成された明六社は，当時の西洋近代の啓蒙思想や文化を日本に紹介した日本初の学術団体である。

4 帝国大学総長を務めて大学教育の基礎を作った加藤弘之は，明六社に参加し，生涯，天賦人権論を主張し，自由民権運動を支持した。

5 上記の選択肢の中に正答はない。

青山学院大-法   2021 年度　総合問題　*23*

◀ B　方　式 ▶

(90 分)

I　(Questions 1〜5)：Read the following text and answer the questions. Choose the best answer for each question, and mark the number on your answer sheet.

When British voters decided to leave the European Union (EU) by a small margin in 2016, shockwaves resonated throughout Europe. It was the first time an EU member state had broken off from what is now one of the world's largest economic and political bodies — an organisation that was established to carve lasting peace from the wreckage of world war.

The EU has roots in the devastation of World War II. In 1945, Europe's economy was in shambles. Huge swathes of the population were homeless or displaced. And as European industries tried to get back on their feet, political tensions split East and West in a rising Cold War. Economic instability and the spectre of hyperinflation — the exact conditions that earlier had helped give rise to German fascism and pave the road to World War II — prompted post-war European leaders to act.

Officials banded together to avoid conflict through economic means. The steel and coal industries of West Germany, France, Belgium, Luxembourg and the Netherlands united, creating a common commodities market in an effort to both stabilise the economy and make it impossible for a single country to corner the market on materials used to wage war. The European Coal and Steel Community (ECSC) soon inspired other economic reforms. In 1957, as the Cold War raged, the six ECSC countries signed the Treaty of Rome, which created the European Economic Community (EEC). The EEC ensured a common market and aligned national economic, agricultural, transportation and other policies.

EEC countries flourished during the 1960s, and Western Europe transformed from hungry to prosperous. In 1973, three more member states, including the UK, joined. As communism collapsed in the 1980s and 1990s, more followed. In 1993, 12 member nations signed the Maastricht Treaty, and the European Union was born. The treaty created European citizenship, established common policies for foreign relations and national security, and paved the way for a common currency, the euro. Four freedoms still govern the union: free movement of people, goods, capital, and services.

The euro went into effect on January 1, 1999. By then, Schengen laws guaranteeing free movement of European citizens across national borders had come into effect in most European countries, and the union had grown into one of the world's largest political bodies.

Beginning in 2009, the now 27-member-state EU faced an economic crisis caused by newer member states' inability to pay their debts. Nevertheless, the union withstood the debt crisis and other controversies. Today, the EU covers over 1.5 million square miles and has 513 million inhabitants. It ensures fundamental rights including human dignity, equality, and the rights to life (which includes a ban on the death penalty), asylum, informed consent, and freedom of thought and expression.

The EU is no longer merely an economic union; over the years, it has created lasting peace and relative stability in Europe. It even won a Nobel Peace Prize in 2012. But how strong are the ties between member nations? Though some assert that a "European identity" exists, scholars debate its

青山学院大-法   2021 年度　総合問題　*25*

existence. Being European doesn't necessarily imply support for the European Union, and Brexit casts a cloud over the European experiment. The EU is once again in uncharted waters, and it's unclear if Britain's exit is a passing storm or a sign of worse weather to come.

1. What does the phrase "by a small margin" in Paragraph 1 refer to?
   ① A small majority of people in Britain voted to leave the European Union.
   ② British voters did not think leaving the European Union was a big deal.
   ③ It was the first time a small country had left the European Union.
   ④ The population of Britain is quite small compared to Europe.

2. Why were coal and steel regarded as such major products for Europeans?
   ① Because the market for these products has little to do with the economy.
   ② Because they could sell these products to Russia to ease the Cold War.
   ③ Because they were essential to any country planning to start a war.
   ④ Because they were used to build houses to help the homeless in Europe.

3. What is the best example of the free movement of capital?
   ① A European business consultant can easily advise any European company.
   ② A European company can open an HQ in any world capital.
   ③ A European investor can easily send money to any European bank account.
   ④ A European person can live easily in Berlin, Paris or any European capital.

出典追記：Erin Blakemore, How the European Union rose from the ruins of WWII, National Geographic.

4. What is true about the European Union?

    ① It is against the law for EU governments to borrow money.

    ② It has around 51,300,000 inhabitants.

    ③ It restricts its policies strictly to economic issues.

    ④ It takes a stand on human rights issues.

5. What is the writer's opinion about the future of the European Union?

    ① Brexit will help the European Union to flourish.

    ② The European Union is entering an unpredictable period in its history.

    ③ The European Union will surely not survive for much longer.

    ④ The future path of the European Union is now obvious to see.

II   (Questions 6~11)： Choose the most appropriate words (①~⑦) from the selection below to fill the gaps in the text (6~11), and mark the number on your answer sheet. One of the words (①~⑦) will not be used.

After the American Civil War most states in the South passed anti-African American legislation, which became known as Jim Crow laws. This included laws that discriminated (6) African Americans with regard to attendance in public schools and the use of facilities such as restaurants, theatres, hotels and public baths. Trains and buses were also segregated and in many states marriage (7) whites and African American people was prohibited.

Jim Crow laws were tested in 1896 by Homer Plessey when he was (8) in Louisiana for riding in a white-only railway car. Plessey took his case to the Supreme Court but the justices voted in favour of the Louisiana Court.

青山学院大-法 2021 年度 総合問題 *27*

In the early 1950s the National Association for the Advancement of Coloured People concentrated on bringing an end to segregation on buses and trains. In 1952 segregation on inter-state railways was declared （ 9 ） by the Supreme Court. However, states in the Deep South continued their own policy of transport segregation. This usually involved whites sitting in the front, and blacks sitting nearest to the front had to give up their seats to any whites that were standing.

African American people who （ 10 ） the state's transport segregation policies were arrested and fined. In 1956 African Americans, led by Martin Luther King and Rosa Parks, organised the successful Montgomery Bus Boycott.

In 1964, President Lyndon Baines Johnson managed to persuade Congress to pass the Civil Rights Act. This made racial discrimination in public places, such as theatres, restaurants and hotels, illegal. It also （ 11 ） employers to provide equal employment opportunities. Projects involving federal funds could now be cut off if there was evidence of discrimination based on colour, race or national origin.

① required　　　　　　　　② between
③ disobeyed　　　　　　　　④ made
⑤ unconstitutional　　　　　⑥ convicted
⑦ against

28 2021 年度 総合問題   青山学院大-法

III (Questions 12~21)： Choose the word or phrase that best fills the blank
( ), and mark the number (①~④) on your answer sheet.

12. Japanese women ( ) the right to vote until 1945.
    ① denied   ② were not granted
    ③ were lost   ④ wished

13. He no longer wanted to work as a ( ), so he sent his resignation
    letter to the President.
    ① figure   ② figurehead
    ③ figure of speech   ④ figurine

14. That politician is very popular, but I don't like her policies so I have
    decided to vote for ( ) candidate.
    ① other   ② others
    ③ the another   ④ the other

15. I was shocked to hear that the government gave ( ) to
    development that destroys Native American sacred land.
    ① a blinking light   ② a green light
    ③ a blue light   ④ a yellow light

16. In the Edo period, there was a strict class structure in Japan, ( )
    that Japanese society was far from free.
    ① causing   ② meaning
    ③ pointing   ④ resulting

17. The Meiji Era is ( ) period of Japanese history.
    ① a fascinated   ② a fascinating
    ③ an interested   ④ a interesting

青山学院大-法 2021 年度 総合問題 *29*

18. (　　　) you think about the company's new business plan?

① How do ② How does

③ What do ④ What does

19. In a constitutional monarchy, the Emperor has (　　　) political power.

① many ② little to no

③ none ④ somewhat

20. Moving to solar power would be an effective way to (　　　) greenhouse gas emissions.

① create ② increase

③ produce ④ reduce

21. Many historians (　　　) that the end of the Cold War was a turning point in world history.

① argue ② discuss about

③ dissent ④ insist on

IV Write a short essay (about 50 words) about the question below. Give reasons for your opinion. (別紙の解答用紙その2に記入しなさい。)

If you had a time machine and could go back in time and visit any period of history, which period would you like to visit, and why?

V (問題22～31): 次の(A)は, 母子世帯を支える現金給付施策に関する文章, それに続く(B)は, 母子世帯が支援から脱却して自立することに向けてそれらの現金給付施策がもたらす効果について, モデルをもとに検討した文章と図である。

なお, ┃ 22 ┃は2か所にあるが, 同じ語句が入る。

(A)母子世帯を支える施策のうち現金給付によるものは, 貸付制度を除けば主に3種類の扶助手当が挙げられる。「生活保護」と「児童扶養手当」「児童手当」である。「生活保護」は日本における公的扶助制度に対応する制度である。生活・教育・住宅・医療・介護・出産・生業・葬祭扶助の8種類の扶助があり, 毎月の経常経費にかかる現金給付は主に生活・教育・住宅扶助が対応し, 世帯構成(人数・年齢)や居住する地域により生活保護基準(＝最低生活費)が設定され, 他の制度による給付や, 就労による収入が保護基準に満たない場合に ┃ 22 ┃ に支給される。

「児童扶養手当」は社会手当の一種であり, 離別などによるひとり親家庭への生活安定を目的に給付される。手当額は全額支給の場合, 月額で4万円強となるが, 母の所得段階により支給制限が発生する。母一人子一人世帯の場合, 収入ベースで年収130万円以上となった場合, 支給制限が発生し, 年収の増加に伴い手当額が ┃ 23 ┃ するようになる。

「児童手当」もまた社会手当の一種であり, 民主党政権時期には「子ども手当」と呼ばれていた手当に該当する。ひとり親に限らず児童の育成の経済面における支援を目的としており, 子一人に対して月額1万～1.5万円支給される。児童扶養手当と同様に所得制限が定められており, 母一人子一人の世帯であれば収入ベー

スで年収833.3万円以上となっている。低所得世帯対策の児童扶養手当と異なり、 24 給付の性格が強いため、所得制限の額も一般世帯の大部分をカバーすべく 25 設定されている。なお、支給対象となる子の年齢は、児童扶養手当は子が18歳まで、児童手当は子が15歳到達時までとなっている（一部例外あり）。他にも死別により世帯の主な生計者を亡くした配偶者や子に支給される遺族年金や、障害のある児童を対象とした特別児童扶養手当などが存在するが、今回のモデルからは省略している。

（B）それでは肝心の制度脱却可能な所得、収入とはいったいどの程度の水準なのであろうか。図は、母子家庭の母の就労による収入を横軸に、就労収入と公的扶助・社会手当による給付を含めた世帯の総収入を縦軸にとった母子世帯の収入内訳のモデル図である（年収ベースであり税額控除などは考慮していない）。このモデルが想定しているのは、無収入あるいは低所得の大阪に住む母一人（30歳）子一人（4歳）の母子世帯で、親族や前夫などからの扶養援助を受けていない、かつ生活保護の申請時点では資産がほとんどない状態である（生活保護の利用には 26 が存在するため）。

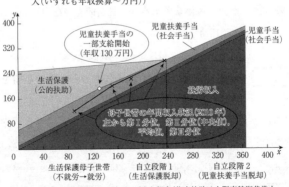

母子世帯の収入状況モデル図（横軸：就労収入，縦軸：総収入（いずれも年収換算～万円））

注：1）母子2人世帯（母30歳子4歳）を想定（住宅扶助は大阪府特別基準上限額）。
2）生活保護基準，児童扶養手当額は2012年度基準を参照。

母子家庭の母が就労していない場合、就労収入は0円となるため、世帯の収入は生活保護と社会手当（児童扶養手当＋児童手当）に限られ、この場合年収は246

32 2021 年度 総合問題　　　　　　　　　　　　　　　　　　　青山学院大-法

万円となる。生活保護は　22　給付の性格をもつため，就労収入の増加に伴い支給額は　27　する。ただし，生活保護制度には就労収入の一部を控除する勤労控除の制度があるため，就労収入の増加に伴い，世帯所得は緩やかな　28　を続ける(図参照。生活保護母子世帯　不就労→就労)。

　「生活保護」からの脱却(＝経済的自立)をここでは「自立段階１」とする。児童扶養手当受給世帯の脱却(＝経済的自立)は，生活保護制度よりも就労収入の所得制限が　29　設定されており，制度脱却には　30　就労収入が必要であることから，これを「自立段階２」とする。

　不就労の生活保護母子世帯(モデル０)の収入は246万円(以下，年収換算)。その内訳は，社会手当(児童扶養手当＋児童手当)が23.5％，生活保護は76.5％。生活保護脱却水準にある「自立段階１」(生活保護を脱却した児童扶養手当受給母子世帯：モデル１)の収入は282万円。その比率は，就労収入が84.2％，社会手当(児童扶養手当＋児童手当)が15.8％となっている。児童扶養手当脱却段階にあたる「自立段階２」の母子世帯(モデル２)の収入は377万円。その比率は，社会手当(　31　)3.2％，就労収入96.8％となる。それぞれの就労収入は，モデル０：０円，モデル１：237万円，モデル２：365万円となる。

[出典　桜井啓太「母子世帯の貧困と支援施策」埋橋孝文・大塩まゆみ・居神浩編著『子どもの貧困／不利／困難を考えるⅡ－社会的支援をめぐる政策的アプローチ』ミネルヴァ書房，2015年]

文中の　22　から　31　に入れるのにもっとも適切な語をそれぞれ選べ。

22. ① 普遍的　　　② 絶対的　　　③ 部分的　　　④ 補足的

23. ① 増加　　　② 減少　　　③ 停滞　　　④ 前後

24. ① 普遍的　　　② 絶対的　　　③ 部分的　　　④ 補足的

25. ① 高く　　　② 低く　　　③ 一定に　　　④ ゼロに

26. ① 離婚要件　　② 年収要件　　③ 貯蓄要件　　④ 資産要件

27. ① 増加　　　② 減少　　　③ 停滞　　　④ 前後

28. ① 上昇　　　② 下降　　　③ 平準化　　　④ 停滞

青山学院大-法 2021 年度　総合問題　*33*

29.　① 高く　　　　② 低く　　　　③ 厳密に　　　　④ 丁寧に

30.　① より多くの　② より少ない　③ 一定の　　　　④ まとまった

31.　① 生活保護　　　　　　　　　② 児童扶養手当＋児童手当

　　③ 児童手当　　　　　　　　　④ 生活保護＋児童手当

Ⅵ　セミナー等での議論で相手が次のように述べたと想定して，この発言に対する
　あなたの考えを 300 字以内の日本語にまとめよ。同意しても反駁してもよいが，
　具体例を出す，根拠を述べるなどして説得力ある意見となるようにすること。
　（別紙の解答用紙その 3 に記入しなさい。）

　「日本で，外国人に対する人種差別（受験差別や就職差別，入居差別など）の撤
　廃に向けて取り組むことは，日本人にとって受験や就職，入居が不利になる状況
　を作るはずだから，そんな取り組みを日本人がする意義はない。」

解答編

総合問題

◀A 方 式▶

I **解答** 問1. 4 問2. 1 問3. 4 問4. 1 問5. 2
問6. 1 問7. 3 問8. 3

問9. 市を相手にした損害賠償請求に対して，公の誠意と恩恵に頼るべき私人は権利を主張できない，社会生活は誠意と寛容で解決すべきだという感想が聞かれたが，どちらも近代以前の非合理的な発想だ。「法の支配」は行政権の自由裁量に法の枠をはめ，個人の基本権を確保しようとする理想だからだ。しかし日本には様々な場面で，法ではなく善意と誠意で問題を解決しようとする態度が残り，それができないと合理的解決ではなく力で解決しようとする。権利のための戦いは近代人の義務であり，法の外で戦うという考えは権利のための戦いではない。現在の法では個人が保護されないという人もいるが，もしそうなら主権者である国民が法を改めるべきであり，暴力による権利主張は国民主権から外れている。法の支配の理想を実現するためには，国民主権，法の下の自由と平等，基本権の尊重も不可欠だが，すべてを通じて社会生活を意思の規律による合理的なものにしようとする精神が国民全体に浸透することが求められる。(400字程度)

◀解 説▶

≪「法の支配」の理想を実現するために≫

問1.「素人」は，あることの専門ではない人のこと。

問4. 接続語を補充する問題は，空所前後の展開が読み取れているかが問われている。空所前は，ドイツのイェーリングの示す「権利のための戦」こそ近代人の義務であり，権利は法によって認められ，維持されるという前提から，これは「『法の支配』のための戦」だという内容。空所後では，

わが国では「権利のための戦」が法の支配の外での戦だと考えられやすいと述べられている。すなわち，ドイツと日本の「権利のための戦」は全く異なっているので，逆接の接続詞「ところが」が入る。

問5．「その任務」の内容は，下線部直前の文脈を読み取ればつかめる。すなわち，「向うべき道は，法の秩序を自由と平等を保護するに十分なものに改めること」であり，そのために国民自身が法を創り法の秩序を設定するということである。この内容を説明しているのは，個人の基本権を維持するものとなっていないなら法秩序を改める，という2である。1の「罰則を設ける」，3の「国家を維持するため」，4の「法網を潜ることのないよう…法を定める」は，下線部分の〈国民が法を創る〉という任務の説明にはなっていない。

問6．「等閑」は「とうかん，なおざり」と読み，ものごとをいい加減にあつかうこと。

問7．3．誤文。松本案は天皇主権を維持するものとしていた。

問8．3．適切。大日本帝国憲法第5条は「天皇ハ帝国議会ノ協賛ヲ以テ立法権ヲ行フ」として，天皇に立法権があることを定めていた。

問9．要約では文章全体を縮小するが，筆者の主張を把握し，そこに至る論理を示すことが重要。社会生活を合理的なものにする精神が大切で，それがなければ法の支配は不可能だというのが筆者の主張。法の支配は合理性により国民自らが努力して実現すべきなのに，日本では「誠意」という近代以前の非合理的な発想が残り，合理的な解決の努力がされていないと述べ，結論に至る。この文章は今から50年以上前に発表されたもので，古い関係性の残る日本の社会に対して警鐘を鳴らしている。

Ⅱ 解答

問1．4　問2．1　問3．3　問4．2　問5．3
問6．2　問7．1　問8．3　問9．2　問10．4
問11．1　問12．1

◀解　説▶

≪選挙制度≫

問1．4．誤文。米国の上院議員の定数は，人口に関係なく各州2名である。

問2．1．正文。中選挙区制では各選挙区から3～5名の議員が選出され

るので，いずれの選挙区でも1人しか候補者を立てなかった場合，擁立した候補者全員が当選したとしても$\frac{1}{5}$～$\frac{1}{3}$の議席しか獲得できず，過半数には届かない。よって，議会での過半数の議席獲得には，同一選挙区における候補者の複数擁立は必須である。そのため，中選挙区制の下では自民党が複数の候補を擁立するのが常であり，自民党内の派閥争いが激化した。

問3．3．誤文。獲得議席数と全国得票率の党派別順位が一致するのは，小選挙区選挙ではなく，比例代表選挙である。

問4．2．誤文。一票の格差とは一票の重みの格差を指し，一票の重みは選挙区ごとに人口（有権者数）を議員定数で割って求める。したがって，人口にかかわらず選挙区の定数を同じにしてしまうと，一票の格差が拡大する。

問5．3．誤文。獲得議席数が2位であった立憲民主党は，3人区と4人区での獲得議席の全体に占める割合が同率で最も高い。

問6．2．誤り。公職選挙法の改正により，2015年には鳥取・島根両県，徳島・高知両県をそれぞれ1つの選挙区とする「合区」と人口を考慮した選挙区定数の「10増10減」が，2018年には定数増員と比例区の「特定枠制度」の導入が行われた。よって，改正内容として誤っているのは，1つの選挙区の分割である。

問9．2が適切。問題文から，当選の民主的正当性への疑問の根拠は，棄権者が投票していたら落選した候補者の方がより多くの支持を集めた可能性に求められる。この点に留意して各選択肢を検討すると，棄権者を考慮した場合の支持率は，当選者を①，落選者を②とすると，1では①50×0.6＋50＝80＞②50×0.4＝20，3では①50×0.6＋50×0.6＝60＞②50×0.4＋50×0.4＝40，4では①50×0.6＋50×0.4＝50，②50×0.4＋50×0.6＝50で①＝②となり，いずれも当選者は落選者と同等かそれ以上の支持を得ている。これに対し，2では①50×0.6＝30＜②50×0.4＋50＝70となり，当選者への支持は落選者のそれに及ばない。よって，当選の正当性への疑問が論理的に成立するための必要条件は，2である。

問10．4が適切。期日前投票制度は，投票の機会を増やすことで投票率の向上を目指す施策である。そのため，選挙への無関心（1）や投票したいと思う政党・候補者を見出せなかったこと（2・3）を理由とする，そ

もそも投票の意志がないか弱い棄権者に対しては，あまり効果を期待できない。これに対し，仕事を理由とする棄権者（4）であれば，他と異なり投票の意志が明確であるため，期日前投票制度は効果的に機能すると考えられる。

問11．1が適切。自分の一票は選挙結果を変えないから投票という手間をかけたくない，という認識のみに基づく棄権者にとり，1つの選挙区あたりの人口増加（4）は，議員定数も応分に増やさない限り一票の重みをより軽くするので，投票をいっそうためらう要因となる。また，2・3は投票制度の利便性の変更であって棄権理由とは関わりがないので，投票行動に直接影響を与えないと考えられる。これらに対し，投票の義務化（1）は規範的な次元での働きかけを意味するので，上記のような功利的な次元の理由のみに基づく棄権に対しては，効果があると考えられる。

問12．1．誤り。2の「一票の価値の平等化」はリード文の第4〜6段落で，3の「国民の政治参加の促進」は第8段落で，4の「国民の政治不信の払拭」は第2段落で，それぞれ言及されている。

問1．3　問2．4　問3．1　問4．3　問5．2
問6．2　問7．1　問8．5　問9．2　問10．1
問11．5　問12．4

◀解　説▶

≪議会制民主主義≫

問2．4．誤文。イギリス国民の権利を確立した過程である権利請願から権利章典に至る流れの中で，議会派が国王に突き付けたのは，議会の認めない課税や不当な逮捕などの「停止」ではなく，「禁止」である。「停止」では王権の制限は一時的であり，それらを行う権限が本来は国王にあることになってしまう。「禁止」によってそれらの権限が国王にないことを明確にして初めて，専制の抑止による人権保障の確立と評価できる。

問3．イギリスで責任内閣制が確立されたのはウォルポール内閣の時代とされているので，18世紀前半のことである。

1．誤文。ドイツの宗教戦争に各国が介入して30年にも及んだ国際的な戦争は三十年戦争（1618〜1648年）なので，同時期の出来事ではない。

2の享保の改革は徳川吉宗が8代将軍（在職1716〜45年）として主導し

た。3のロシアがバルト海の覇権を握った北方戦争は1700〜1721年の出来事。4のルイ15世の治世は1715〜1774年。よって，2〜4はいずれも18世紀の出来事の記述である。

問4．3が適切。1．誤文。「大日本沿海輿地全図」は1821年に完成した。2．誤文。『天草版伊曽保物語』は1593年に刊行された。4．誤文。吉田松陰は松下村塾を1857年に受け継いだ。

問5．2．誤文。社会契約論を唱えたルソーは，議会制民主主義のような間接民主制を批判し，抵抗権についても認めなかった。

問6．「揶揄」は2「比喩した」のような"たとえる"という意味をもたない。

問7．1．正文。2．誤文。社会契約論者が設定する自然権はそれぞれ異なっており，共通して財産権を保障する国家を構想したとはいえない。3．誤文。ホッブズは，結果的に絶対王政を擁護したとされる。4．誤文。ロックが無神論者か否かには議論があるが，少なくとも王権神授説を否定することが無神論に直結するわけではない。

問8．5が適切。
1730年は問3の享保の改革の時期であるので，2の寛政の改革と3の天保の改革は明らかに誤りとわかる。また，1の正徳の治は6・7代将軍家宣・家継に仕えた新井白石が推進したこと，4の生類憐れみの令は5代将軍綱吉の政策であることから，ともに適切ではない。

問9．2．誤文。イギリスは不文憲法の国だが，立憲政治が行われている。

問11．5が適切。
1．誤文。日本国憲法第68条1項により，国務大臣はその過半数が国会議員であればよい。よって，閣僚はすべて国会議員であるとは限らない。2．誤文。熟議民主主義などのように話し合いによる解決も考えられるため，必ずしも多数決によって議決しなければならないということはない。3．誤文。スイスなどでは直接民主制が採用されている。4．誤文。公職選挙法違反で逮捕・起訴されても，裁判で有罪が確定しなければ，議員としての資格は失われない。

問12．4．誤文。加藤弘之は天賦人権論を主張していたが，のちに社会進化論の立場をとって国権論に転じ，天賦人権論を否定した。

青山学院大-法　　　　　　　　　　　　　　2021 年度　総合問題〈解答〉　*39*

◀ B　方　式 ▶

Ⅰ　解答　1 ―① 2 ―③ 3 ―③ 4 ―④ 5 ―②

◆━━━◆全　訳◆━━━━━━━━━━━━━━━━━━━━━

≪これまでの EU の歩みとその未来≫

　英国の有権者たちが 2016 年に僅差でヨーロッパ連合（EU）を離脱することを決めたとき，ヨーロッパ中に衝撃が響き渡った。現在世界で最も大きな経済的，政治的な団体の 1 つで，世界大戦の残骸から恒久平和を刻むために設立された組織から，EU 加盟国が離脱するのは初めてのことだった。

　EU は第二次世界大戦の荒廃に起源をもつ。1945 年，ヨーロッパの経済は最悪の状態だった。人口の多くがホームレスになったり，住む場所を追われたりしていた。そしてヨーロッパの産業が立ち直ろうとする際，冷戦が広がりつつある中，政治的な緊張から東側と西側に分断された。経済的な不安定さと超インフレの不安が，それはまさに以前にドイツのファシズムが生まれる手助けをし，第二次世界大戦への道を開いた状況であったが，戦後のヨーロッパの指導者たちに行動を起こさせた。

　当局者たちは経済的な手段を通じて紛争を避けるために団結した。西ドイツ，フランス，ベルギー，ルクセンブルク，オランダの鉄鋼と石炭業は団結し，経済を安定させ，1 つの国だけが戦争を仕掛けるために使われる素材の市場を独占できないようにしようと共通の商品市場を創り出した。欧州石炭鉄鋼共同体（ECSC）はすぐに他の経済再生を触発した。1957 年，冷戦が猛威を振るう中，ECSC の 6 カ国はローマ条約に調印し，そしてそれはヨーロッパ経済共同体（EEC）を生み出した。EEC は共通の市場を保証し，国の経済，農業，輸出，その他の政策を連携させた。

　EEC 加盟国は 1960 年代に繁栄し，西ヨーロッパは飢えた状態から裕福な状態へと変わった。1973 年には英国を含む 3 つの加盟国が加わった。1980 年代と 1990 年代に共産主義が崩壊すると，さらに多くの国が続いた。1993 年，12 の加盟国がマーストリヒト条約に調印し，ヨーロッパ連合が生まれた。この条約はヨーロッパの市民を生み出し，外交および国家の安

全のための共通の政策を制定し，共通の通貨であるユーロの実現を可能にした。4つの自由が今なお連合を統治している。人，物，資本，サービスの自由な移動である。

ユーロは1999年1月に発効した。それまでに，ヨーロッパ市民が自由に国境を越えて移動することを保証するシェンゲン協定がほとんどのヨーロッパ諸国で発効し，連合は世界で最も大きな政治的団体の1つへと成長した。

2009年の初頭，現在27の加盟国からなるEUは，新規加盟国が借入金を支払うことができないことによって引き起こされた経済的な危機に直面した。しかしながら，連合は債務危機と他の論争を持ちこたえた。今日，EUは150万平方マイル以上の範囲に及び，5億1300万人の住民がいる。人間の尊厳，平等，生存権（それには死刑の禁止も含まれている），亡命，インフォームド・コンセント，そして思想と表現の自由を含む基本的な権利を保障している。

EUはもはや単なる経済的な連合ではない。長年にわたって，ヨーロッパにおける恒久平和と相対的な安定を創り出してきた。2012年にはノーベル平和賞も受賞した。しかし加盟国間の結びつきはどれくらい強いものなのだろうか？「ヨーロッパのアイデンティティ」が存在すると主張する者もいるが，学者たちはその存在を議論している。ヨーロッパ人であるということは，必ずしもヨーロッパ連合を支持するということを意味するわけではなく，ブレグジットはヨーロッパの実験に暗い影を落としている。EUはまたしても未知の水域に足を踏み入れており，イギリスの離脱は通過していく嵐なのか，あるいはこれから訪れるさらに悪い天気の予兆なのかは明らかでないのである。

■■■■■ ◀解　説▶ ■■■■■

1.「第1段において『僅差で』という表現は何を指しているか」

by a small margin はここでは「僅差で」といった意味である。よって①の「英国において過半数を少し超えた人々がヨーロッパ連合を離脱することに票を投じた」が正解となる。

2.「なぜ石炭と鉄鋼がヨーロッパ人にとってそのように主要な製品だとみなされたのか」

第3段第2文（The steel and …）参照。「戦争を仕掛けるために使わ

れる素材」とあるので，③「戦争を始めることを計画しているあらゆる国にとって不可欠であるから」が正解となる。①「これらの製品の市場は経済にほとんど関係がないから」，②「冷戦を緩和するためにこれらの製品をロシアに売ることができたから」，④「ヨーロッパのホームレスを救うため家の建築に使われたから」はいずれも本文に記述はない。

3．「資本の移動の自由の最もよい例はどれか」

ここでの capital は「資本」の意である。よって③「ヨーロッパの投資家はあらゆるヨーロッパの銀行口座に簡単に送金することができる」が正解となる。①の「ヨーロッパのビジネスコンサルタントはあらゆるヨーロッパの企業に気軽に助言ができる」はサービスの自由，④の「ヨーロッパの人は簡単にベルリンやパリ，あるいはあらゆるヨーロッパの首都に住むことができる」は人の移動の自由である。②の「ヨーロッパの企業はあらゆる世界の首都に本社を開くことができる」は EU の理念とは無関係である。ちなみに②・④の capital は「首都」の意で使われている。

4．「ヨーロッパ連合について正しいものはどれか」

第6段最終文（It ensures fundamental …）参照。生存権や思想，表現の自由を保障するとあることから，④「人権問題について立場を明確にしている」が適切である。①「EU 政府がお金を借りることは違法である」は本文に記述なし。②「5130 万人の人口がいる」は第 6 段第 3 文（Today, the EU …）と矛盾。人口は 5 億 1300 万人なので 1 桁少ない。③「経済問題に厳密に政策を制限している」は第 4 段第 5 文（The treaty created …）と矛盾。経済問題に厳密に政策が制限されてはいない。

5．「ヨーロッパ連合の未来についての筆者の意見はどれか」

最終段最終文（The EU is …）参照。未知の領域に入り，今後は不透明とあることから，②「ヨーロッパ連合は歴史上予測できない時期に入っている」が正解となる。①「ブレグジットはヨーロッパ連合が繁栄するのに役立つだろう」と④「ヨーロッパ連合の将来の道のりは現在明白である」は同文と矛盾。③「ヨーロッパ連合は確実にさほど長い期間生き残れないだろう」も本文に記述なし。

II **解答** 6 —⑦ 7 —② 8 —⑥ 9 —⑤ 10 —③ 11 —①

42 2021 年度　総合問題〈解答〉　　　　　　　　　　　　　　　青山学院大-法

◆全　訳◆

≪アフリカ系アメリカ人に対する差別的な法律との戦い≫

　南北戦争後，南部のほとんどの州が，ジム・クロウ法として知られるようになる反アフリカ系アメリカ人法を通過させた。これには公立学校への就学，レストランや劇場，ホテルや公衆浴場といった施設の使用に関して，アフリカ系アメリカ人を差別する法律が含まれていた。電車やバスもまた分離され，多くの州において白人とアフリカ系アメリカ人との間の結婚は禁止されていた。

　ジム・クロウ法は，1896 年にホーマー＝プレッシーがルイジアナで白人専用車両に乗車したことで有罪となった際に試された。プレッシーは事件を最高裁に持ち込んだが，裁判官たちはルイジアナ州地方裁判所を支持する票を投じた。

　1950 年代初頭，全米黒人地位向上協会はバスと列車における分離を終わらせることに集中した。1952 年，州間の鉄道における分離は最高裁によって違憲であると判断された。しかしながら，アメリカ最南部の州においては輸送分離に関して州ごとの政策を継続した。これは通常，白人が前の方に座り，前に近い場所に座っている黒人は立っている白人に自分たちの席を譲らなければならないということを含んでいた。

　州の輸送分離の政策に従わなかったアフリカ系アメリカ人は逮捕され，罰金を科された。1956 年，アフリカ系アメリカ人はマーティン＝ルーサー＝キングとローザ＝パークスに率いられ，成功を収めることになったモンゴメリー・バス・ボイコット事件を組織した。

　1964 年，リンドン＝ベインズ＝ジョンソン大統領は公民権法を通過させるよう何とか議会を説得した。このことにより，劇場やレストラン，ホテルのような公共の場所における人種差別が違法となった。この法律はまた，雇用者に平等な雇用機会を提供することを求めていた。連邦政府の資金が関わっている計画は，もし肌の色や人種，国籍に基づく差別の証拠があれば，現在では打ち切られる可能性がある。

◀解　説▶

6．discriminate against *A* で「*A* を差別する」という意味になる。

7．between *A* and *B* で「*A* と *B* との間の」の意である。「白人とアフリカ系アメリカ人との間の結婚」という文章を作る。

8．ホーマー゠プレッシーが白人専用車両に乗ったことに対してどうされたかを考えればよい。convict A for B で「A を B の罪で有罪とする」という意味になる。

9．直後の第3段第3文（However, states in …）で「しかしながら，最南部の州は輸送分離の政策を続けた」とあるので，輸送分離は unconstitutional「違憲である」と判断されたとなる。

10．直前に主格の関係代名詞 who があるので動詞が必要となる。「州の輸送分離の政策」という語句が続いているので，disobeyed「～に従わなかった」が適切である。

11．空所後の to provide に注目する。require A to do で「A に～するよう求める」という意味になるので，「雇用者たちに提供するよう求める」という文を作る。

　12―②　13―②　14―④　15―②　16―②　17―②
　18―③　19―②　20―④　21―①

◀解 説▶

12．「日本の女性は 1945 年まで選挙権が与えられていなかった」
　until 1945「1945 年まで」とあることから判断する。「～を与える」という意味の動詞 grant が否定の受動態として用いられている。英語の文法知識を問う問題というよりも社会的な知識から判断する問題といえるだろう。

13．「彼はもはや名目上の長として働きたくなかったので，辞表を大統領に送った」
　②の figurehead には「実際には権力のない名目上の長」という意味がある。①の figure は「形，姿」，③の figure of speech は「修辞的表現法，言葉のあや」，④の figurine は「小さな像」という意味である。

14．「その政治家はとても人気があるが，私は彼女の政策が好きではないので，もう一方の候補者に投票することを決めた」
　④の the other は「2つのうちのもう一方」の意になる。①の other は複数形もしくは不可算名詞とともに用いる。②の others ＋ 名詞という用法はない。③は another のみであれば可である。

15．「私は政府がネイティヴ・アメリカンの神聖な土地を破壊する開発に許可を出したことを聞いてショックを受けた」

44 2021 年度　総合問題〈解答〉 青山学院大-法

give a green light で「許可を出す」という意味のイディオムである。他の選択肢では意味が通らない。

16.「江戸時代，日本には厳しい身分制度があった。それは日本社会が決して自由ではなかったということを意味する」

①の cause，④の result は that 節をとらない。③の point は「指摘する」という意味で，point out that S V という形をとる。②の meaning that S V で「S が V するということを意味している」となる。

17.「明治時代は日本の歴史の魅力的な期間である」

fascinate「～を魅了する」や interest「～に興味をもたせる」という動詞は，原則として人が主語の場合は過去分詞，物が主語の場合は現在分詞と覚えればよい。「人を魅了させるような期間」となる②が正解となる。④は a ではなく an interesting となっていれば正解となる。

18.「その会社の新しいビジネスの計画をどう思いますか」

主語が you なので does を用いている②と④は不可。何かのやり方や程度などについて尋ねるときは，How do you think ～?「どのように～について思うか」という表現を用いることができるが，この場合は「どのように思考しているか」という意味になることに注意。相手の意見を聞く場合は what を用いる。

19.「立憲君主国において，皇帝の政治的な力は無きに等しい」

have little to no「ほとんどないかあるいはまったくない，あったとしても非常に少ない」という意味である。power は「権力」という意味では不可算名詞なので①many は不可。③none は代名詞または副詞，④somewhat は副詞なので原則として名詞を修飾できない。

20.「太陽光発電に移行することは温室効果ガス排出を減少させる効果的な方法だろう」

太陽光発電と温室効果ガスの関係を考えると「減少」という意味をもつ④の reduce が正解となる。①の create は「～を創り出す」，②の increase は「～を増加させる」，③の produce は「～を生み出す」という意味なので不適である。

21.「多くの歴史家たちが世界の歴史において，冷戦の終結が分岐点だったと論じている」

②の discuss は他動詞なので about は不要。③の dissent は自動詞であ

り，前置詞 from などと用いる。④の insist は on を用いると動名詞などを続ける。that 節をとる場合は insist that S（should）＋動詞の原形という形が一般的である。よって that 節をとることができる①の argue が正解となる。

Ⅳ　解答例　I'd like to visit the Showa era. There were many unsolved cases around 1950. I'm especially interested in the Shimoyama incident. Some say he killed himself, but others say someone killed him. I'd like to know what really happened. If I find the truth, I'm going to write a book about it. (about 50 words)

◀解　説▶

≪タイムマシーンがあったら戻りたい時代≫

　テーマは「タイムマシーンがあり，時をさかのぼって歴史上のあらゆる時代を訪れることができるなら，いつの時代を訪れたいか，それはなぜか」を理由とともに書くというものであった。

　語数が50語前後と決して多くないため，行きたい時代，その理由をコンパクトにまとめる必要がある。まず行きたい時代を挙げ，続いて理由として会ってみたい歴史上の人物，目撃してみたい歴史上の出来事などを挙げるとよいだろう。

Ⅴ　解答　22―④　23―②　24―①　25―①　26―④　27―②
28―①　29―①　30―①　31―③

◀解　説▶

≪社会保障制度≫

22. ④が適切。「生活保護」は，日本国憲法第25条1項の定める「健康で文化的な最低限度の生活を営む権利」の保障を目的とする制度であり，他の給付や就労等による収入が生活保護基準に満たない場合に，その差額を補うものである。したがって，その支給は「補足的」と形容できる。

24・25. 24は①，25は①が適切。生活の苦しいひとり親家庭への支援を目的とする「児童扶養手当」とは異なり，児童の健全な育成に資するための制度である「児童手当」は，給付が広く行き渡るよう，より多くの児童

46 2021 年度　総合問題〈解答〉　　　　　　　　　　　　　青山学院大-法

を対象とする普遍的な在り方が望ましい。そのため，所得制限は他の制度
に比べて緩やか，すなわち高く設定されている。

26．④が適切。一定の資産がある場合は，生活保護の給付対象とはならない。

28．①が適切。本文にあるとおり「勤労控除」の制度によって，就労収入
額の増加は，生活保護の支給額の減少を上回ることになるため，結果的に
世帯所得は緩やかな上昇を続けることとなる。

31．③が適切。社会手当は児童扶養手当と児童手当とから成るので，生活
保護を含む①・④は誤りとわかる。さらに，モデル2は児童扶養手当脱却
段階にあたるので，残る②・③のうち児童扶養手当を含む②も誤りとわか
る。以上から，モデル2が受給している社会手当は児童手当のみであり，
③が適切であると判断できる。

Ⅵ　解答例

私はあなたの意見に賛成できない。なぜなら，外国人
に対する人種差別が公然と行われる社会では，国籍以
外の差別も公然と行われるようになる危険性があるからである。あなたは，
外国人への差別が，日本人を守るために当然あるべきだと考えている。し
かし，このような差別が続けば，今後，国籍以外にも新たな線引きが行わ
れ，その線によってさらなる差別が生まれることも考えなければならない。
一般的に言われることだが，差別のない社会とは，「だれにとっても暮ら
しやすい社会」のはずである。国籍を理由にして，「だれにとっても暮ら
しやすい社会」をめざさない国は，結果として「だれにとっても暮らしに
くい国」になってしまうと考えられる。（300 字以内）

◀解　説▶

≪人種差別についての議論≫

　前提となる発言に対する自分の考えを述べる場合，まずは賛成か反対か
の立場を表明し，その理由について説明していくことが一般的である。相
手の発言の根拠である，外国人差別の撤廃が日本人にもたらす不利益につ
いて，正面から議論する際は，日本人が享受してきた利益に正当性や合理
性があるかが争点となる。それらを否定する場合は，日本国憲法第 14 条
1 項の規定（法の下の平等と人種差別の禁止）や人権規定の外国人への適
用可能性に言及したマクリーン事件判決などが手掛かりになる。肯定する

場合は，参政権の制限を国民主権の原理から正当化するなど，特定の「区別」に的を絞って論じることが考えられる。

　〔解答例〕では，相手の意見に対して反対し，その理由について人種差別以外の差別を引き起こす可能性について論じている。これ以外にも人種差別撤廃条約や，いわゆるヘイトスピーチに関する問題などを例に出し，文章を展開することも考えられる。また，一般的には相手の意見について賛成する立場での記述も不可能ではないが，本問に関しては，相手の意見に同意しつつ，意見の繰り返しにならずに説得力ある文章を 300 字以内で構成するのは難しいのではないか。

青山学院大-国際政治経済　2021 年度　問題　**49**

■一般選抜（個別学部日程）：国際政治経済学部

問題編

▶試験科目・配点

〔国際政治学科〕

方式	テスト区分	教科	科目（出題範囲）	配点
A方式	大学入学共通テスト	外国語	英語（リーディング，リスニング）	50 点
		国語	国語（近代以降の文章）	25 点
		地歴・公民・数学	日本史B，世界史B，地理B，現代社会，倫理，政治・経済，「倫理，政治・経済」，「数学Ⅰ・A」，「数学Ⅱ・B」のうち1科目選択	25 点
	独自問題	論述	【国際政治分野】を出題範囲とし，読解力・論述力・論理的思考力をみる。	50 点
		総合問題	出願時に以下のいずれかを選択。 総合問題1：【国際政治分野】+【国際経済分野】 総合問題3：【国際政治分野】+【国際コミュニケーション分野】	50 点
B方式	英語資格・検定試験		指定する英語資格・検定試験のスコア・級を「出願資格」とする。	—
	大学入学共通テスト	外国語	英語（リーディング，リスニング）	60 点
		国語	国語（近代以降の文章）	40 点
	独自問題	論述	【国際政治分野】を出題範囲とし，読解力・論述力・論理的思考力をみる。	50 点
		総合問題	出願時に以下のいずれかを選択。 総合問題1：【国際政治分野】+【国際経済分野】 総合問題3：【国際政治分野】+【国際コミュニケーション分野】	50 点

50 2021 年度　問題　　　　　　　　　　　　　　　青山学院大-国際政治経済

〔国際経済学科〕

テスト区分	教　科	科目（出題範囲）	配点
大学入学共通テスト	外国語	英語（リーディング，リスニング）	50 点
	国　語	国語（近代以降の文章）	25 点
	地歴・公民・数学	日本史 B，世界史 B，地理 B，現代社会，倫理，政治・経済，「倫理，政治・経済」，「数学 I・A」，「数学 II・B」のうち 1 科目選択	25 点
独自問題	論　述	【国際経済分野】を出題範囲とし，数量的理解および読解力・論述力・論理的思考力をみる。	50 点
	総合問題	出願時に以下のいずれかを選択。総合問題 1：【国際経済分野】＋【国際政治分野】総合問題 2：【国際経済分野】＋【国際コミュニケーション分野】	50 点

〔国際コミュニケーション学科〕

方式	テスト区分	教　科	科目（出題範囲）	配点
A 方式	大学入学共通テスト	外国語	英語（リーディング，リスニング）	50 点
		国　語	国語（近代以降の文章）	25 点
		地歴・公民・数学	日本史 B，世界史 B，地理 B，現代社会，倫理，政治・経済，「倫理，政治・経済」，「数学 I・A」，「数学 II・B」のうち 1 科目選択	25 点
	独自問題	論　述	【国際コミュニケーション分野】を出題範囲とし，読解力・論述力・論理的思考力をみる。	50 点
		総合問題	出願時に以下のいずれかを選択。総合問題 2：【国際コミュニケーション分野】＋【国際経済分野】総合問題 3：【国際コミュニケーション分野】＋【国際政治分野】	50 点

青山学院大-国際政治経済　　　　　　　　　　　　　　　　　　2021 年度　問題　*51*

B方式	英語資格・検定試験		指定する英語資格・検定試験のスコア・級を「出願資格」とする。	―
	大学入学共通テスト	外国語	英語（リーディング，リスニング）	60 点
		国 語	国語（近代以降の文章）	40 点
	独自問題	論 述	【国際コミュニケーション分野】を出題範囲とし，読解力・論述力・論理的思考力をみる。	50 点
		総合問題	出願時に以下のいずれかを選択。 総合問題 2：【国際コミュニケーション分野】＋【国際経済分野】 総合問題 3：【国際コミュニケーション分野】＋【国際政治分野】	50 点

「総合問題」に関して，出願学科の分野と他学科の分野を組み合わせた科目として，総合問題 1，総合問題 2，総合問題 3 の中からいずれかを出願時に選択する。

総合問題 1：【国際政治分野】＋【国際経済分野】（＝【国際経済分野】＋【国際政治分野】）

総合問題 2：【国際経済分野】＋【国際コミュニケーション分野】（＝【国際コミュニケーション分野】＋【国際経済分野】）

総合問題 3：【国際コミュニケーション分野】＋【国際政治分野】（＝【国際政治分野】＋【国際コミュニケーション分野】）

《例》国際政治学科に出願する場合：総合問題 1 または総合問題 3 のいずれかを選択。
　　　国際経済学科に出願する場合：総合問題 1 または総合問題 2 のいずれかを選択。
　　　国際コミュニケーション学科に出願する場合：総合問題 2 または総合問題 3 のいずれかを選択。

《各学科の分野の出題範囲》（いずれの分野も問題に英文を含む。）

【国際政治分野】「地理歴史，公民」（「政治・経済」，17 世紀以降の「世界史」，17 世紀以降の「日本史」），読解力・論理的思考力を問う問題

【国際経済分野】「地理歴史，公民」（「政治・経済」，17 世紀以降の「世界史」，17 世紀以降の「日本史」），数量的理解および読解力・論理的思考力を問う問題

【国際コミュニケーション分野】「英語」，読解力・論理的思考力を問う問題

▶備　考

・合否判定は総合点による。ただし，場合により特定科目の成績・調査書を考慮することもある。

・大学入学共通テストの得点を上記の配点に換算する。英語の得点を扱う場合には，リーディング 100 点，リスニング 100 点の配点比率を変えずにそのまま合計して 200 点満点としたうえで，上記の配点に換算する。

・大学入学共通テストの選択科目のうち複数を受験している場合は，高得

点の１科目を合否判定に使用する。

- 国際政治経済学部国際政治・国際コミュニケーション学科Ｂ方式の受験を希望する者は，以下のスコア・証明書等の提出が必要。なお，英語資格・検定試験のスコア・証明書等を複数有している場合は，１つ選んで提出する[※①]。

実用英語技能検定	従来型	準１級以上
	英検 CBT	
	英検 2020 1day S-CBT	
	英検 2020 2days S-Interview	
IELTS[※②]		5.0 以上
TOEFL iBT® [※③]		57 点以上

- [※①] 英語資格・検定試験のスコアおよび級は，合否判定では使用しない。
- [※②] Academic Module オーバーオール・バンド・スコアに限る。Computer-delivered IELTS を含む。
- [※③] Test Date Scores のスコアに限る。MyBest™ Scores は不可。
  ITP (Institutional Testing Program) は不可。
  TOEFL iBT® Special Home Edition についても有効とする。

- 試験日が異なる学部・学科・方式は併願ができ，さらに同一日に実施する試験であっても「AM」と「PM」の各々で実施される場合は併願ができる。
- 試験時間帯が同じ学部・学科・方式は併願できない。

試験日	試験時間帯	学 部	学科（方式）
２月17日	終　日	国際政治経済	国際政治（Ａ・Ｂ）・国際経済・国際コミュニケーション（Ａ・Ｂ）

(50分)

◀国際政治学科▶

Ⅰ 次の資料A〜Dを読んで問に答えなさい。

資料A

　Japan first applied for membership nearly five years ago. It has been a long
(a)
and anxious wait for us. But our people fully understand that the failure to be
admitted until today has been due to external reasons beyond our control. This
(b)
has given us all the more cause to receive with a deeper sense of gratitude the
words spoken by the Delegates of those friendly States which have so ardently
supported the membership of my country. I wish to avail myself of this
opportunity to express our sincere appreciation to the eminent Delegates of
those States which have endeavored unsparingly these long years to realize our
cherished hope. Let me also tender our heartfelt thanks to the Secretary-General
who has steadfastly supported our cause with his great wisdom from which we
have benefited enormously.

(略)

　In the effort to solve the Middle East crisis and thereby to relax
international tensions, the United Nations, with the overwhelming support of its
Members, has played a tremendous role, the effectiveness and importance of
which is indeed incalculable. It is epochal that it has created an International
Emergency Force and is effectively employing it as a new instrument in coping
with a most difficult situation. It is our earnest hope that the United Nations will
always command the widest possible power consonant with its mission as an
instrument of world peace. I feel it appropriate at this point to pay tribute to the

54 2021 年度　論述　　　　　　　　　　　　　　　　　　　　青山学院大-国際政治経済

Secretary-General who has played an effective role in implementing the decision
of the United Nations.

出典：外務省ホームページ（http://www.mofa.go.jp/policy/un/address5612.html）

資料B

1　日本国とソヴィエト社会主義共和国連邦との間の戦争状態は，この宣言が効力
　　を生ずる日に終了し，両国の間に平和及び友好善隣関係が回復される。
　　（略）

3　日本国及びソヴィエト社会主義共和国連邦は，相互の関係において，国際連合
　　憲章の諸原則，なかんずく同憲章第二条に掲げる次の原則を指針とすべきことを
　　確認する。

(a)　その国際紛争を，平和的手段によって，国際の平和及び安全並びに正義を危く
　　しないように，解決すること。

(b)　その国際関係において，武力による威嚇又は武力の行使は，いかなる国の領土
　　保全又は政治的独立に対するものも，また，国際連合の目的と両立しない他のい
　　かなる方法によるものも慎むこと。

　　　日本国及びソヴィエト社会主義共和国連邦は，それぞれ他方の国が国際連合憲
　　章第五十一条に掲げる個別的又は集団的自衛の固有の権利を有することを確認す
　　る。

　　　日本国及びソヴィエト社会主義共和国連邦は，経済的，政治的又は思想的のい
　　かなる理由であるとを問わず，直接間接に一方の国が他方の国の国内事項に干渉
　　しないことを，相互に，約束する。

4　ソヴィエト社会主義共和国連邦は，国際連合への加入に関する日本国の申請を
　　支持するものとする。

5　ソヴィエト社会主義共和国連邦において有罪の判決を受けたすべての日本人
　　は，この共同宣言の効力発生とともに釈放され，日本国へ送還されるものとす
　　る。

　　　また，ソヴィエト社会主義共和国連邦は，日本国の要請に基いて，消息不明の
　　日本人について引き続き調査を行うものとする。

　　（略）

9　日本国及びソヴィエト社会主義共和国連邦は，両国間に正常な外交関係が回復

青山学院大-国際政治経済 2021 年度 論述 *55*

された後，平和条約の締結に関する交渉を継続することに同意する。

ソヴィエト社会主義共和国連邦は，日本国の要望にこたえかつ日本国の利益を
考慮して，歯舞群島及び色丹島を日本国に引き渡すことに同意する。ただし，こ
れらの諸島は，日本国とソヴィエト社会主義共和国連邦との間の平和条約が締結
された後に現実に引き渡されるものとする。

10 この共同宣言は，批准されなければならない。この共同宣言は，批准書の交換
の日に効力を生ずる。批准書の交換は，できる限りすみやかに東京で行われなけ
ればならない。

資料C

I have the honour to state that Japan applies for membership in the United
Nations in accordance with Article 4 of the Charter of the United Nations.

The Treaty of Peace with Japan signed at San Francisco on September 8,
1951, has come into force as from April 28, 1952, and Japan as an independent
state has been restored to the comity of nations.

In the preamble of this treaty it is stated inter alia that "Japan for its part
declares its intention to apply for membership in the United Nations and in all
circumstances to conform to the principles of the Charter of the United Nations"
and that "the Allied Powers welcome the intention of Japan".

The Japanese people have an earnest desire to participate in the work of the
United Nations and to utilize the purposes and principles of the Charter as a
guide to the conduct of their affairs. There exists among the Japanese people
nation-wide sympathy with the objectives of the United Nations to foster
international peace and co-operation among nations. The Government of Japan is
eager to apply for membership in the United Nations therefore and will
undertake to fulfil the obligations of membership in the Organization by all
means at its disposal.

In these circumstances I have the honour to request that Your Excellency
be good enough to take necessary steps so that the present application of Japan
might be given due consideration by the competent organs of the United Nations.
A formal declaration that the Japanese Government accepts the obligations

56 2021 年度　論述　　　　　　　　　　　　　　　青山学院大-国際政治経済

contained in the Charter of the United Nations is hereby enclosed.

I avail myself of this opportunity to extend to Your Excellency the assurance of my highest consideration.

出典：UN Doc. S/2673

資料D

　連合国及び日本国は，両者の関係が，今後，共通の福祉を増進し且つ国際の平和及び安全を維持するために主権を有する対等のものとして友好的な連携の下に協力する国家の間の関係でなければならないことを決意し，よって，両者の間の戦争状態の存在の結果として今なお未決である問題を解決する平和条約を締結することを希望するので，

　日本国としては，国際連合への加盟を申請し且つあらゆる場合に国際連合憲章の原則を遵守し，世界人権宣言の目的を実現するために努力し，国際連合憲章第五十五条及び第五十六条に定められ且つ既に降伏後の日本国の法制によって作られはじめた安定及び福祉の条件を日本国内に創造するために努力し，並びに公私の貿易及び通商において国際的に承認された公正な慣行に従う意思を宣言するので，

　連合国は，前項に掲げた日本国の意思を歓迎するので，

　よって，連合国及び日本国は，この平和条約を締結することに決定し，これに応じて下名の全権委員を任命した。これらの全権委員は，その全権委任状を示し，それが良好妥当であると認められた後，次の規定を協定した。

（略）

　問 1　資料Aから資料Dを時期の古い順に並べなさい。文書の場合は作成日，演説の場合は実施日とする。

　問 2　資料Aの下線部(a)に関して，日本がこのような行動をとった背景としてある状況が整ったことを挙げることができる。その状況を 15 字以上 25 字以内で記述しなさい。

　問 3　資料Aの下線部(b)に関して，external reasons の具体的な内容を 20 字以上 30 字以内で記述しなさい。

Ⅱ 下の図は，第二次世界大戦後に設立された国際連合(国連)の加盟国数の推移を表している。これについて次の2つの問に答えなさい。

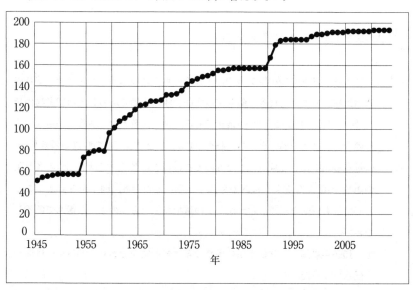

出典：国際連合ホームページ （https://www.un.org/）

問1 1960年ごろから1980年ごろまでの約20年間で，国連加盟国数は飛躍的に増えた。それは主にどのような理由によるものと考えられるか。この期間に最も多くの国が加盟した地域と新しく加盟した国を挙げて，その理由を20字以上30字以下で説明しなさい。

問2 1980年ごろに加盟国数の伸びはいったん止まったが，冷戦終結後の1990年代前半に大きく増加した。その背景に何があったかを10字以上15字以下で説明しなさい。

◀国際経済学科▶

I 次の図をよく見て問いに答えなさい。

問 1 図1は，日本の1970年から2019年までの年ごとの米類・パンのそれぞれの
物価指数，および消費者が購入する商品全体の物価をあらわす消費者物価指
数(図中ではＣＰＩと表記)の推移である。物価指数とは，消費者が購入する
ものやサービスの価格を，ある時点を100としたとき，他の時点の価格を100
に対する比率として数値化したものである。このグラフでは2015年の各対象
の指数が100となるように調整されている。このとき，図1から言えること
として最も適切な記述はどれか？次の選択肢①から⑤の中から選んで解答し
なさい。

① 1990年以降，パンと米類の価格の差は縮小傾向であり，2015年には同じ
価格になった。

② パンは他の消費者が購入する商品全体に比べて2007年末頃までは割安な
商品であった。

③ 米類は価格水準の最も高い年から2015年までに50パーセント以上下落し
ている。

④ 1970年から1975年までのパンの価格よりも1975年から1980年までの米類
の価格の上昇率の方が高い。

⑤ 上記の①から④の中に適当な選択肢はない。

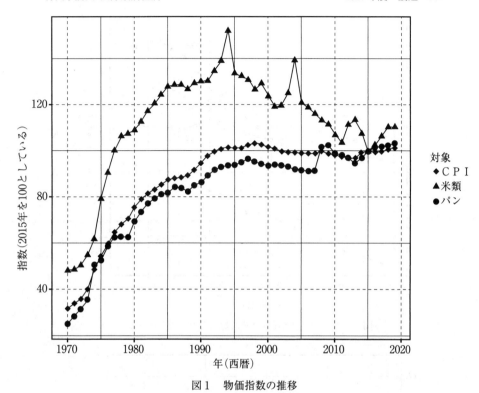

図1　物価指数の推移

問2　次の図2および図3は，1995年から2017年までの4カ国(日本(JPN)，韓国(KOR)，中国(CHN)，アメリカ(USA))の研究開発支出に関連するデータを用いて図示したものである。図2はGDP(国内総生産)に対する研究開発支出の比率，図3はそれぞれの国の2010年の研究開発支出を100に変換したときの研究開発支出の時間的な変化を描いたものである。これらのグラフから言えることとして最も適切な記述はどれか？次の選択肢①から⑤の中から選んで解答しなさい。

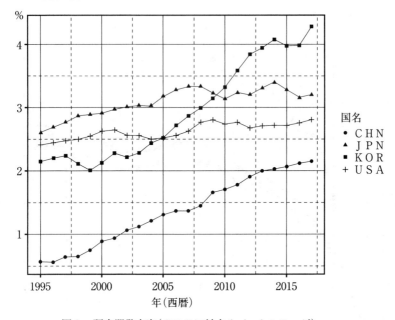

図2　研究開発支出（GDPに対するパーセンテージ）

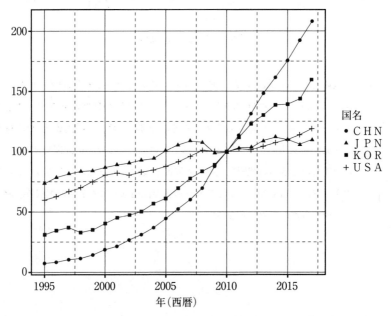

図3　研究開発支出の指数（2010年を100としている）

青山学院大-国際政治経済　　　　　　　　　　　　　　　　　　2021 年度　論述　*61*

① 2010年以降，中国が 4 カ国のうちでも最も研究開発費の支出額が大きい。

② 韓国の研究開発支出は2000年から10年の間に倍増している。

③ 日本の研究開発支出の国民一人当たりの増加率は 4 カ国のうち最も高い。

④ 図 3 のグラフが右上がりであれば，図 2 のグラフもまた右上がりになる。

⑤ 上記の①から④の中に適当な選択肢はない。

問 3　図 2 および図 3 からは「1995年から2017年にかけての研究開発支出額が最も増えたのは中国である」という主張が正しいとは断言できない。その理由について100字以内で説明しなさい。説明では，研究開発支出以外のどのようなデータがあれば上記の主張が正しいかどうか検証できるかについて必ず言及すること。

Ⅱ　次の図をよく見て問いに答えなさい。

　ある年の名目国内総生産（名目ＧＤＰ）とは，その年に国内で新たに生産されたもの・サービスの合計のことである。ある年の実質国内総生産（実質ＧＤＰ）とは，名目ＧＤＰから物価変動の影響を取り除いて得られるＧＤＰのことで，

$$実質ＧＤＰ = \frac{名目ＧＤＰ}{物価}$$

という式で計算される。

　次の図は，1991年の日本（ＪＰＮ）と米国（ＵＳＡ）の名目ＧＤＰと実質ＧＤＰそれぞれの大きさを100としたときの2019年までの推移をあらわしたものである。

　図 1 と図 2 から，1991年から2019年にかけての日本と米国の物価上昇率を比較したときにどちらが低かったと考えるのが妥当か？そのように考える理由も含めて120字以内で答えなさい。

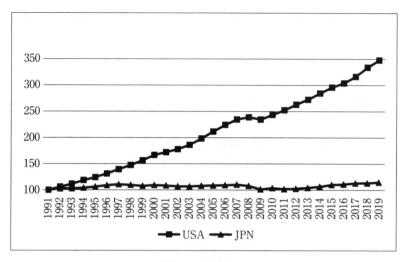

図1：名目GDP

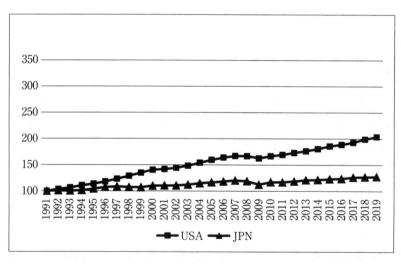

図2：実質GDP

青山学院大-国際政治経済 2021 年度 論述 63

Ⅲ 次の表を見て問いに答えなさい。

表1 年齢階級別等価可処分所得のジニ係数

	30歳代未満	30歳〜49歳	50歳〜64歳	65歳以上
ジニ係数	0.222	0.235	0.277	0.308

出典 総務省統計局(2002) 全国消費実態調査トピックス−日本の所得格差について−

表2 2人以上世帯の世帯主の年齢別世帯数の変化 （1万分比）。

世帯主の年齢	調査年	
	昭和60年	平成17年
34歳未満	1525	917
35−44	3084	1751
45−54	2563	2046
55−64	1774	2419
64歳以上	1054	2867

左端は世帯主の年齢階級を表している。数値は1万分比，すなわち各年合計がそれぞれ1万になるように調整してある。

出典：総務省統計局(2008) 「家計調査の結果を見る際のポイント　No.7」

　表1は年齢階級別等価可処分所得のジニ係数を表している。ジニ係数とは所得格差を示すもので，0から1の値をとる。格差が小さいほど0に近く，格差が大きくなるほど1に近づくものである。表2は世帯主の年齢階級別の世帯分布の変化を表している。まず検討する期間中，表1の傾向が日本の一般的な傾向として継続的なものであると仮定しなさい。次に昭和60年と平成17年とで景気や政策などの外部環境に変化がないと仮定しなさい。これらの仮定と二つの表から得られる情報のみをもとにして，昭和60年と比べて平成17年のジニ係数はどのように変化したと予想されるか。理由をつけて120字以内で論じなさい。

◀国際コミュニケーション学科▶

I 次の文章を読んで，下記の3つの設問に答えなさい。

The period from the end of World War II until about 1990 was known as the "Cold War." During this era there were two major groups of countries, or blocs, each of which aspired to create a single global system which all countries would join.

In the Western bloc were so-called *first-world* countries, such as the United States, Western Europe, and Japan, which advocated capitalism and liberal democracy as global economic and political systems. In the Eastern bloc were *second-world* countries, such as the former Soviet Union, Eastern Europe, and China, which supported the formation of an international system based on Marxism and communism. In between was a group consisting mainly of developing nations, referred to as *third-world* countries, which were uncommitted (non-aligned) to either the capitalist or the communist blocs.

Towards the end of the 1980s it became clear that communism was failing, both economically, since standards of living in capitalist countries were generally higher, and politically, since people enjoyed more freedoms in liberal democracies than in Marxist states. In 1989 the Berlin Wall fell, leading to the reunification of East and West Germany and the eventual demise of communism in the former Soviet Union and Eastern Europe.

Following these events, the international relations scholar, Francis Fukuyama, proclaimed that humanity had reached the "end of history." Capitalism and liberal democracy had won the Cold War, and should, therefore, be embraced by every country, with no need to consider other future alternatives. Globalization was bringing the world closer together and ushering in a new era of world peace.

An opposite opinion was expressed by another international relations scholar, Samuel P. Huntington, who argued that the world was moving not towards greater cooperation but rather towards more conflict, based not on disagreements about political and economic ideologies, but rather on cultural differences, leading to what

Huntington described as the "clash of civilizations."

Ongoing conflicts in the Middle East, including major wars in Iraq and Afghanistan, lent support to Huntington's thesis. Terrorist attacks in the United States on September 11, 2001 increased tensions between Western and Islamic cultures. The rise of religious fundamentalism (not only in Islamic countries, but also in Christian, Hindu, and Buddhist nations) led to further tensions both within and between countries.

Throughout the postwar period, however, economic integration was proceeding, with the goal of creating a "borderless" global market which every country in the world could participate in. Regional trading blocs, such as the Association of Southeast Asian Nations (ASEAN), the European Union (EU), and the United States-Mexico-Canada Agreement (USMCA, formerly NAFTA), were formed.

Following a capitalist policy known as *neoliberalism*, international institutions such as the World Bank and International Monetary Fund began to require developing countries receiving financial aid to commit themselves to reducing government spending, privatizing their industries, and opening their markets to multinational corporations. The World Trade Organization, established in 1995, correspondingly sought to reduce regulations and tariffs (taxes on imported goods) that restricted free trade.

Critics of globalization argued that its main beneficiaries were wealthy transnational companies, which would close factories in developed countries and reopen them in developing countries to take advantage of lower wages and less stringent regulations related to health and the environment, thereby increasing their own profits. Ordinary working people in the developed world began losing their jobs as a result, leading to growing discontent with the global economy.

One side of the anti-globalization movement, which arose in full force in the late 1990s, claimed that globalization should continue but that its institutions should be democratized and governed in a way that benefited the common people rather than simply the big corporations. An opposing side advocated abandoning globalization entirely and instituting more decentralized forms of political

66 2021 年度 論述　　　　　　　　　　青山学院大-国際政治経済

organization that would give local communities, rather than the nation-state, democratic control over their own economies. While still a minority perspective, this view has found supporters in both developed and developing countries, and is also endorsed by many indigenous peoples.

There has also been a populist turn in many countries away from internationalization towards nationalism, as exemplified by the United Kingdom's withdrawal from the EU (Brexit), as well as America's refusal to join the Trans-Pacific Partnership (TPP) and the Paris Agreement on climate change. While Donald Trump's campaign slogan, "America First," sought to shift attention away from international affairs towards domestic issues, the result has been that the United States is becoming increasingly isolated and losing its influence on the global stage. Other countries in the world are also experiencing a resurgence of nationalism, leading to further cracks in the international system.

The Cold War is often characterized as a *bipolar* system in which two blocs, capitalism and communism, sought to gain global influence. The attempt in the post-Cold War period to establish a single *unipolar* system based on global free trade has not been entirely successful, however. Some international relations scholars suggest that we are now moving towards a *multipolar* world in which no single political or economic system is dominant. This "new world order" may give countries greater control over their own destinies, but might also make it more difficult for them to cooperate with each other in solving international problems.

問 1　Write a title for this passage in English which clearly indicates its main topic.

問 2　上記の文章の要旨を 150 字以上 200 字以内（句読点を含む）の日本語でまとめてください。

問 3　Write a short essay of not more than 80 words in English in which you answer the following question: What is your opinion about globalization? Should we promote it or restrict it, as anti-globalization activists propose? State your opinion and give reasons to support it.

青山学院大-国際政治経済　　　　　　　　　　　2021 年度　総合問題　*67*

■■■総合問題■■■

（50 分）

【国際政治分野】

I 次の文章を読んで問に答えなさい。（解答番号 1 ～ 5 ）

　　From Stettin in the Baltic to Trieste in the Adriatic, [＿＿＿] curtain has descended across the Continent.　Behind <u>that line</u> lie all the capitals of the

(a)
ancient states of Central and Eastern Europe.　Warsaw, Berlin, Prague, Vienna, Budapest, Belgrade, Bucharest and Sofia, all these famous cities and the populations around them lie in what I must call the Soviet sphere, and all are subject in one form or another, not only to Soviet influence but to a very high and, in many cases, increasing measure of control from Moscow.　Athens alone — Greece with its immortal glories — is free to decide its future at an election under British, American and French observation.　The Russian-dominated Polish Government has been encouraged to make enormous and wrongful inroads upon Germany, and mass expulsions of millions of Germans on a scale grievous and undreamed-of are now taking place.　The Communist parties, which were very small in all these Eastern States of Europe, have been raised to pre-eminence and power far beyond their numbers and are seeking everywhere to obtain totalitarian control.　Police governments are prevailing in nearly every case, and so far, except in Czechoslovakia, there is no true democracy.

　　Turkey and Persia are both profoundly alarmed and disturbed at the claims which are being made upon them and at the pressure being exerted by the Moscow Government.　An attempt is being made by the Russians in Berlin to build up a quasi-Communist party in their zone of Occupied Germany by showing special favours to groups of left-wing German leaders. At the end of the fighting last June, the American and British Armies withdrew westwards, in accordance with an earlier agreement, to a depth at some points of 150 miles upon a front of nearly four hundred miles, in order to allow our Russian allies to occupy this vast expanse of territory which the Western Democracies had conquered.

問 1　空欄に入る語句として適切なものを次の選択肢のなかから一つ選び，マークしなさい。解答番号 [1]

① a black
② a cold
③ an electric
④ an iron
⑤ a transparent

問 2　下線部(a)の線を引いた地図（ただし，国境線は現在のものである）として最も適切なものを次の選択肢のなかから一つ選び，マークしなさい。解答番号 [2]

①

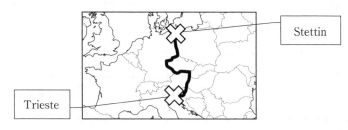

②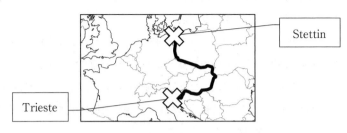

③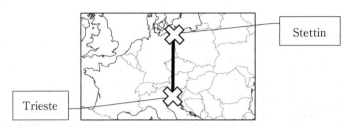

④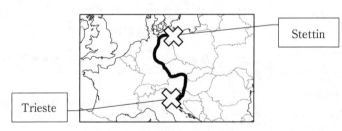

⑤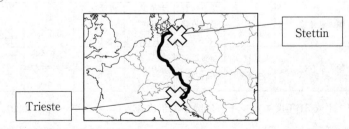

70 2021 年度 総合問題　　　　　　　　　　　青山学院大-国際政治経済

問 3　この文章から読み取れる内容として正しいものには①，誤っているものに
　　　は⓪を解答用紙にマークしなさい。

　　ア　ポーランドは多数のドイツ人を国外に追放した。解答番号　3

　　イ　ソ連圏諸国では，外国の監視下による選挙を通じて多数を占めた共産党
　　　　が政権を担い，全体主義的な支配体制をとるようになった。解答番号　4

　　ウ　ソ連がドイツ降伏後に統治したドイツ東部地域はすべてドイツ降伏前に
　　　　自ら占領した地域だった。解答番号　5

Ⅱ　　次の表は，2018 年の日本，米国，英国，フランス，ドイツ，韓国の原油輸入
　　に関して，チョークポイント比率(注)，輸入量の多い順に輸入先国を 1 位から 5
　　位まで並べてそのシェアを示したものである。この表を見て問に答えなさい。
　　(解答番号　6 ～ 10)

	A	B	C	D	E	F
チョークポイント比率	177.2	176.7	71.3	59.0	40.7	7.7
輸入量 1 位	G 40.0 %	G 28.6 %	カザフスタン 15.5 %	I 36.4 %	K 47.6 %	J 38.8 %
輸入量 2 位	アラブ首長国連邦 25.2 %	クウェート 14.5 %	G 14.9 %	J 11.8 %	G 11.2 %	E 17.2 %
輸入量 3 位	クウェート 7.4 %	H 12.5 %	I 14.4 %	リビア 8.5 %	メキシコ 8.6 %	アルジェリア 13.3 %
輸入量 4 位	カタール 7.0 %	アラブ首長国連邦 6.5 %	ナイジェリア 11.0 %	カザフスタン 8.0 %	H 6.7 %	ナイジェリア 12.9 %
輸入量 5 位	I 5.3 %	カタール 6.0 %	アルジェリア 9.2 %	F 7.9 %	ベネズエラ 6.5 %	I 5.1 %

参照：平成 31 年度エネルギーに関する年次報告(エネルギー白書 2020)，IEA
Oil Information 2019

注：「チョークポイント」とは，世界的に海上輸送のルートとして広く使われている狭い海域のことを指す。ここでは，下の地図に示されるように，原油の輸送が非常に多い海峡やタンカーの通過に支障をきたした実績のある海域として，デンマーク海峡，トルコ海峡，ホルムズ海峡，マラッカ海峡，バル・エル・マンデブ海峡，スエズ運河，パナマ運河の7つを「チョークポイント」とし，「チョークポイント」を通過する各国の輸入原油の総量が総輸入量に占める割合をチョークポイント比率として算出した。チョークポイントを複数回通過する場合は，100％を超えることがある。

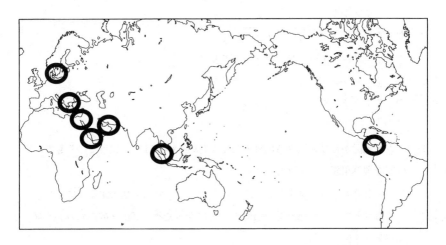

問1　A～Fの国名の組み合わせとして最も適切なものを次の選択肢のなかから一つ選び，マークしなさい。解答番号 6

① A：日本　B：米国　C：英国　D：フランス　E：ドイツ　F：韓国
② A：韓国　B：日本　C：フランス　D：米国　E：英国　F：ドイツ
③ A：日本　B：韓国　C：フランス　D：ドイツ　E：米国　F：英国
④ A：韓国　B：日本　C：ドイツ　D：フランス　E：英国　F：米国
⑤ A：韓国　B：日本　C：米国　D：ドイツ　E：フランス　F：英国

問2　G～Iの国名の組み合わせとして最も適切なものを次の選択肢のなかから一つ選び，マークしなさい。解答番号 7

72 2021 年度　総合問題　　　　　　　　　　青山学院大-国際政治経済

① 　G：イラク　　H：ロシア　　I：サウジアラビア

② 　G：ロシア　　H：サウジアラビア　　I：イラン

③ 　G：サウジアラビア　　H：イラン　　I：ロシア

④ 　G：ロシア　　H：イラン　　I：サウジアラビア

⑤ 　G：サウジアラビア　　H：イラク　　I：ロシア

問 3　JとKの国名の組み合わせとして最も適切なものを次の選択肢のなかから

一つ選び，マークしなさい。解答番号 8

① 　J：ノルウェー　　K：カナダ

② 　J：オランダ　　K：カナダ

③ 　J：ノルウェー　　K：オーストラリア

④ 　J：オランダ　　K：オーストラリア

⑤ 　J：オランダ　　K：ブラジル

問 4　表と地図から読み取れる内容として正しいものには①，誤っているものに

は⓪を解答用紙にマークしなさい。

ア　AとBのチョークポイント比率は，中東から原油を輸入する際にホルム

ズ海峡とマラッカ海峡を通過することになるため，100 を超えている。解

答番号 9

イ　D〜Fの3か国は，輸入量第1位の国から原油を輸入する際にいずれの

チョークポイントも通過しない。解答番号 10

青山学院大-国際政治経済　　　　　　　　　　　　　2021 年度　総合問題　*73*

【国際経済分野】

I 子供を預かる保育所のような施設である Day-Care Center に関する次の文章を読んで次の問に答えなさい。（解答番号 31 ～ 33 ）

Imagine for a moment that you are the manager of a day-care center. You have a clearly stated policy that children are supposed to be picked up by 4 p.m. But very often parents are late. The result: at day's end, you have some anxious children and at least one teacher who must wait around for the parents to arrive. What to do?

A pair of economists who heard of this dilemma — it turned out to be a rather common one — offered a solution: fine the tardy patents. Why, after all, should the day-care center take care of these kids for free?

The economists decided to test their solution by conducting a study of ten day-care centers in Haifa, Israel. The study lasted twenty weeks, but the fine was not introduced immediately. For the first four weeks, the economists simply kept track of the number of parents who came late; there were, on average, eight late pickups per week per day-care center. In the fifth week, the fine was enacted. It was announced that any parent arriving more than ten minutes late would pay $3 per child for each incident. The fee would be added to the parents' monthly bill, which was roughly $380.

After the fine was enacted, the number of late pickups promptly (a) . Before long there were twenty late pickups per week, more than double the original average. The incentive had plainly backfired.

Economics is, at root, the study of incentives: how people get what they want, or need, especially when other people want or need the same thing. Economists love incentives. They love to dream them up and enact them, study them and tinker with them. The typical economist believes the world has not yet invented a problem that he cannot fix if given a free hand to design the proper incentive scheme. His solution may not always be pretty —

74 2021 年度　総合問題　　　　　　　　　　　青山学院大-国際政治経済

it may involve coercion or exorbitant penalties or the violation of civil liberties
— but the original problem, rest assured, will be fixed.　An incentive is a bullet,
a lever, a key: an often tiny object with astonishing power to change a situa-
tion.

(中略)

So what was wrong with the incentive at the Israeli day-care centers?
(b)
　　You have probably already guessed that the ＄3 fine was simply too small.
For that price, a parent with one child could afford to be late every day and
only pay an extra ＄60 each month — just one-sixth of the base fee.　As
babysitting goes, that's pretty cheap.　What if the fine had been set at ＄100
instead of ＄3?　That would have likely put an end to the late pickups, though
it would have also engendered plenty of ill will.　(Any incentive is inherently a
trade-off: the trick is to balance the extremes.)

　　But there was another problem with the day-care center fine.　It
substituted an economic incentive (the ＄3 penalty) for a moral incentive (the
guilt that parents were supposed to feel when they came late).　For just a few
dollars each day, parents could buy off their guilt.　Furthermore, the small size
of the fine sent a signal to the parents that late pickups weren't such a big
problem.　If the day-care center suffers only ＄3 worth of pain for each late
pickup, why bother to cut short your tennis game?　Indeed, when the
economists eliminated the ＄3 fine in the seventeenth week of their study, the
number of late-arriving parents didn't change.　Now they could arrive late, pay
no fine, *and* feel no guilt.

出典：Levitt, S.D. and S. J. Dubner, (2005) "Freakonomics", Penguin Books,
　London.

問 1　空欄　(a)　にあてはまる語として最も適切なものを選択肢のなかから
　　一つ選び，マークしなさい。解答番号 31

青山学院大-国際政治経済　　　　　　　　　　　　　　2021 年度　総合問題　75

① went up

② went down

③ was unchanged

④ was unstable

問 2　下線(b)の理由として最も不適切なものを選択肢のなかから一つ選び，マークしなさい。解答番号 32

① The $ 3 fine was too small.

② Economic incentives are the only way of urging people to do something.

③ Economists underestimated the effects of moral incentives.

④ Parents were willing to pay the fines.

問 3　最終的に 3 ドルの罰金制度は廃止したと書かれています。廃止後，遅れてくる親の数は罰金がかかっていた時に比べてどうなりましたか？最も適切なものを選択肢のなかから一つ選び，マークしなさい。解答番号 33

① went up

② went down

③ was unchanged

④ was unstable

Ⅱ 次の問に答えなさい。（解答番号 34 ～ 35 ）

問 1 以下の文の空欄 (a) に入る名前として最も適当なものを次の選択肢
のなかから一つ選び，マークしなさい。解答番号 34

　　1980 年代，先進諸国では公的企業の非効率経営や財政赤字が問題とな
り，公的企業民営化や規制緩和が積極的に進められた。アメリカのレーガン
大統領，イギリスの (a) 首相，ドイツのコール首相，日本の中曽根首
相はこのような政策を推進した典型的な首脳である。

① カーター　　　　　　　　　② ウィルソン

③ サッチャー　　　　　　　　④ シュレーダー

⑤ メージャー

問 2 以下の空欄 (b) および空欄 (c) に入るものとして最も適当な
組み合わせを次の選択肢のなかから一つ選び，マークしなさい。解答番号
35

　　林則徐が行った麻薬の取締りに対して，イギリスは自由貿易の実現を唱え
て軍隊を派遣し， (b) が始まった。イギリスは広東から北上し南京に
迫り，1842 年に清と南京条約を結び，香港島の割譲などを認めさせた。こ
ののち，イギリスは香港島の対岸や周辺の島々も割譲・租借して行った。香
港については (c) とイギリス政府との間で 1984 年に返還の合意がな
され，1997 年に実際に返還された。

空欄 (b)	空欄 (c)
① 上海事変	江沢民
② 上海事変	胡錦濤
③ クリミア戦争	鄧小平
④ アヘン戦争	鄧小平
⑤ アヘン戦争	江沢民

青山学院大-国際政治経済　　　　　　　　　　　　　　　　　2021 年度　総合問題　77

Ⅲ　次の問に答えなさい。（解答番号 36 〜 37 ）

問 1　1967 年，欧州石炭鉄鋼共同体(ECSC)，欧州経済共同体(EEC)，欧州原子
　　　力共同体(EURATOM)の 3 つの組織を統合してつくった組織は以下のうち
　　　どれか。最も適切なものを次の選択肢のなかから一つ選び，マークしなさ
　　　い。解答番号 36

　　　①　欧州共同体(EC)

　　　②　欧州自由貿易連合(EFTA)

　　　③　欧州通貨同盟(EMU)

　　　④　欧州中央銀行(ECB)

　　　⑤　欧州安全保障協力機構(OSCE)

問 2　1985 年，G 5 (先進 5 カ国財務相・中央銀行総裁会議)のアメリカ，イギ
　　　リス，西ドイツ，フランス，日本は，為替市場への協調介入で，ドル高を是
　　　正することで合意した。このときの合意の名称は以下のうちどれか。最も適
　　　切なものを次の選択肢のなかから一つ選び，マークしなさい。解答番号 37

　　　①　プラザ合意　　　　　　　　　②　ルーブル合意

　　　③　キングストン合意　　　　　　④　スミソニアン協定

　　　⑤　ブレトン＝ウッズ協定

IV 戦後日本におけるインフレーションに関する次の記述を読んで問に答えなさい。（解答番号 $\boxed{38}$ ～ $\boxed{39}$ ）

　戦争によって国民の生活は徹底的に破壊された。極度の物不足に加えて，終戦処理などで通貨が増発されたため猛烈なインフレーションが発生した。1946年2月，幣原内閣は金融緊急措置を実施し貨幣流通量を減らそうとしたが効果は一時的であった。一方，同年12月に閣議決定された傾斜生産方式は生産再開の機動力になったが，　(b)　にともなって，ますますインフレーションが進行した。

問1　下線(a)の金融緊急措置の内容として不適切なものを次の選択肢のなかから一つ選び，マークしなさい。解答番号 $\boxed{38}$

　　① 旧円の流通禁止　　　　　　② 兌換紙幣の発行

　　③ 預金の封鎖　　　　　　　　④ 新円の引き出し制限

問2　空欄　(b)　にあてはまる最も適切なものを次の選択肢のなかから一つ選び，マークしなさい。解答番号 $\boxed{39}$

　　① 大規模な増税の実施

　　② 石炭，鉄鋼などの基幹産業以外の産業への重点的な資金投入

　　③ 赤字財政による巨額の資金投入

　　④ 賃金統制の実施

青山学院大-国際政治経済　　　　　　　　　　　　2021 年度　総合問題　*79*

$\boxed{\text{V}}$　次の問に答えなさい。（解答番号 $\boxed{40}$ ）

　2020 年 7 月，政府は感染症により経営が悪化した観光産業の需要を喚起するために，東京都民を除外した全国民を対象に GOTO トラベルキャンペーンをスタートした。これは旅行費用の最大 35 ％を割引き，同じく旅行費用の 15 ％を地元で利用可能なクーポンとして利用者に配布，計 50 ％の補助をするというものである。

　さてある人がこのキャンペーンを利用して旅行をしたとする。旅行費用の 35 ％の割引を受け，さらに受け取ったクーポン（15 ％）とちょうど同額の買い物をしたと仮定する。この人物が実際に支出した金額を 1 とすると，政府が支出した割引金額とクーポンを合計した補助金額は 1 に対していくらになるか。最も近いものを次の選択肢のなかから一つ選び，マークしなさい。解答番号 $\boxed{40}$

① 1.3　　　　② 1.2　　　　③ 1.1　　　　④ 1

⑤ 0.9　　　　⑥ 0.8　　　　⑦ 0.7

80 2021 年度　総合問題　　　　　　　　　　　　青山学院大-国際政治経済

【国際コミュニケーション分野】

Ⅰ　以下の問に答えなさい。(解答番号 61 〜 64)

A.　Bringing computers into the schoolroom is seen by experts as one way to improve the quality of education.　To assist educators, policymakers, and education experts understand how technology may boost the quality of education, the World Bank supported a two-year study of a program in Colombia that places computers in public schools.　The study failed to find that the computers led to any measurable increase in student test scores. Researchers suggested this could be because teachers and students mainly used the computers to learn how to use computers, instead of using them as a part of the teaching process.　The results do not mean that computers and other information and communications technologies cannot raise educational quality.　But it does offer a cautionary note to those seeking to increase the availability of such technology tools: being able to access technology is not always enough — people may also need training in how to use the technology to reach the stated educational goals.

問 1　What, in the author's opinion, is the first priority for introducing computers into schools?　次の選択肢のなかから一つ選び, マークしなさい。解答番号 61

①　The first priority is to increase the availability of computers in schoolrooms and ensure that all students have access to them.

②　The first priority is to help educators, policymakers, and education experts understand how technology may boost the quality of education by conducting further research on the use of computers in schoolrooms.

③　The first priority is to provide training so people know how to use computers effectively for educational purposes.

出典追記：Can Computers Help Students Learn?, The World Bank: from evidence to policy No.4

青山学院大-国際政治経済   2021 年度　総合問題　*81*

問 2　What do the results of the World Bank's study of computers in public schools in Colombia show?　次の選択肢のなかから一つ選び，マークしなさい。解答番号 62

①　They show that simply providing students with computers may not actually help students perform better on exams.

②　They show that it is important for students to learn how to operate computers first before teachers use them for other educational purposes.

③　They show that it is impossible to improve the quality of education by introducing students to new information and communications technologies.

B．A report on life in various countries put out by the Organization for Economic Cooperation and Development offers a great deal of insight into life in Japan in comparison with other countries.　Japan is relatively strong in many areas of well-being.　Average household disposable income is close to the OECD average, though overall financial wealth is among the highest.　Japanese employees continue to earn less than workers in other OECD countries.　However, they have much higher job security.　Thanks to the Japanese educational system, literacy and mathematics skills are among the highest in the OECD.　The well-being of Japanese children received rather mixed results — mostly bad.　Roughly 15 percent of Japanese children live in a household with disposable income less than half of the median.　That puts Japan in the bottom third of the OECD countries for child poverty.　Japanese students report a low sense of belonging in school, as well as spending much less time with their parents than the average child in the OECD countries.　Unfortunately, though, the survey also found that Japan's average voter turnout for elections fell from 67.5 percent to 52.7 percent over the past 10 years, one of the lowest in the OECD countries.　Political participation might be the first step to improving well-being.

出典追記：The Japan Times, November 7, 2015

問 1 What can be concluded when considering the statistics presented in this article as a whole? 次の選択肢のなかから一つ選び，マークしなさい。解答番号 63

① The statistics show that Japan is relatively higher than other OECD countries in each of the areas of well-being reported on.

② The statistics show that while Japan is relatively high in some areas of well-being compared to other OECD countries, it is relatively low in others.

③ The statistics show that Japan is below average in virtually all areas of well-being compared to other OECD countries.

問 2 Which of the following statements best expresses the author's opinion about Japan's current levels of well-being? 次の選択肢のなかから一つ選び，マークしなさい。解答番号 64

① Falling voter turnout for elections indicates that it will be impossible for Japan to improve its overall well-being in the future.

② Even though voter turnout for elections has fallen for the past 10 years, political participation will undoubtedly rise in the future.

③ If voter turnout for elections and political participation increases, Japan may be able to improve its well-being in the future.

青山学院大-国際政治経済　　　　　　　2021 年度　論述〈解答〉　83

解答編

■論述■

◀国際政治学科▶

Ⅰ **解答**
問1．D→C→B→A
問2．サンフランシスコ平和条約発効に伴う日本の主権
回復。（15 字以上 25 字以内）
問3．国連安全保障理事会でソ連が日本加盟案に拒否権を発動したこと。
（20 字以上 30 字以内）

━━━━◀解　説▶━━━━

≪日本の国連加盟≫
問1．難度の高い問題である。資料Aは，日本の国連加盟に際して重光葵
外務大臣が行った国連総会演説（1956 年 12 月），資料Bは日ソ共同宣言
（1956 年 10 月），資料Cは日本の国連加盟申請書（1952 年 6 月），資料D
はサンフランシスコ平和条約（1951 年 9 月）。

資料Dは，最終段落「連合国及び日本国は，この平和条約を締結」から
サンフランシスコ平和条約と特定できるだろう。資料Bは，1 項目に〈日
ソ間の戦争状態が終結，友好関係が回復〉とあるので，日ソ共同宣言と特
定したい。資料A・Cは大半の受験生にとってはなじみがない文書であり，
類推しながら英文を読む力が問われる。まず両文書で United Nations
「国連」が複数回見られることから，国連関連の文書であると推察したい。
Cの第 1 段第 1 文の applies「申請する」が現在時制になっている点に注
目である。また，Aの第 1 段第 3 文の the failure to be admitted until
today からも，日本が申請中で未加盟（未承認）の状態であることが読み
取れる。一方，Aでは下線部(a)の部分で applied と過去形になっており，
AとCの前後関係が判別できる。もっとも，Bを絡めると，AとBの間に

は約2カ月の違いしかなく（ともに1956年），正答するには，日ソ国交正常化→日本の国連加盟という流れを理解できていることが必須となる。

問2．資料Aの下線部(a)は「日本が最初に（国連に）加盟を申請してから5年近くになる」という意味である。この申請は，サンフランシスコ平和条約の発効（1952年4月）を受けて行われた。

問3．資料Aの下線部(b)は直訳すると「外的理由」であるが，その前後にthe failure to be admitted … beyond our controlと書かれている。つまり，日本の支配の及ばない事情によって，加盟できずにいた旨が述べられている。これは，日本の加盟に際してソ連が拒否権を発動したことを示しているとわかる。なお，その後，1956年10月に日ソ共同宣言が締結され，同年12月の国連総会で日本の加盟が承認されている。

問1．コンゴなど，植民地支配下にあったアフリカ諸国の独立。（20字以上30字以内）

問2．ソ連とユーゴスラビアの分裂。（10字以上15字以内）

◀解　説▶

≪国連加盟国数の推移≫

問1．アフリカ地域は，19世紀以降，ヨーロッパ列強によって植民地支配を受けていたが，第二次世界大戦後，アジア＝アフリカ会議（1955年）を経て，国家独立の機運が高まった。1960年には17カ国ものアフリカ諸国が独立を果たしたことから「アフリカの年」と呼ばれる。

問2．1989年以降，ソ連やユーゴスラビアといった社会主義体制が崩壊した結果，新たに独立した国が次々と国連加盟を果たした。

青山学院大-国際政治経済　　　　　　　2021 年度　論述〈解答〉　85

◀国際経済学科▶

Ⅰ **解答** 問1．⑤
　　　　　 問2．②

問3．図3で基準となっている 2010 年時点で中国の研究開発支出額が他国と比べ大幅に少ない場合，2017 年までの増加額が最大とは言い切れない。4カ国の GDP 額データがあれば，図2の支出比率から検証できる。（100 字以内）

━━━━━━━ ◀解　説▶ ━━━━━━━

≪指数化された統計データの読み取り≫

　まず，指数化されたグラフについて説明を補っておく。複数の項目の変化率や推移を比較したい場合，本来の実数の水準が大きく異なると，グラフ化した場合に正確な比較が困難となる。比率や変化率を変えずに，数字のレベルをそろえるよう調整したものが指数化されたデータである。たとえば，Ⅱのグラフをみると，本来なら米国と日本の GDP の額は大きく異なるはずであるが，比較するために，1991 年の値を 100 とし，他の年度の値を換算してある。

問1．①不適。パンと米類の価格が 2015 年に同じになったわけではなく，そもそも，2015 年の価格を基準に指数化したグラフとなっている。

②不適。パンの価格は 1975 年前後には商品全体の物価（CPI）と同程度の水準となっている。

③不適。米類の価格が最高であったのは，1994 年＝150 程度で，2015 年＝100 までの下落率は $\dfrac{150-100}{150}=0.333\cdots=$ 約 33％である。

④不適。1970〜1975 年のパンの価格変動は 25→52 程度で $\dfrac{52-25}{25}=1.08$ ＝約 108％の上昇率であるのに対し，1975〜1980 年の米類の価格変動は 80→110 程度で $\dfrac{110-80}{80}=0.375=$ 約 38％の上昇率であり，パンの価格の上昇率の方が高い。

問2．②が適当。図3の 2000 年と 2010 年の韓国の数値を比較すればよい。

①不適。各国の GDP 額や図 3 の基準年における支出額がわからない以上，中国の研究開発支出「額」が最大かどうかは判断できない（問 3 で詳述）。
③不適。各国の人口が不明であり，図 2・図 3 のみでは，国民一人当たりの研究開発支出額やその増加率を読み取ることはできない。
④不適。研究開発支出自体が増加すると図 3 のグラフは右上がりになるが，その増加率以上に GDP 額が増加した場合には，図 2 のグラフは右下がりになる（例：研究開発支出額が 5 兆から 5.5 兆に増える一方，GDP 額が500 兆から 600 兆に増える場合）。
問 3．「1995 年から 2017 年にかけての研究開発支出額が最も増えたのは中国である」という主張が正しいと断言できない理由を説明する。図 2 からは研究開発支出の対 GDP 比率，図 3 からは研究開発支出の増加率しかわからず，支出「額」自体は不明である。

この主張を検証するには，図 3 の基準年における支出額がわかればよいが，「研究開発支出以外」との条件がある。そこで，各国の GDP 額データがあれば，図 2 の比率からそれぞれの研究開発支出額を逆算し，比較することができ，検証可能となる。以上を 100 字以内にまとめる。

Ⅱ **解答** 　米国では名目 GDP の方が実質 GDP より上昇率が高く，物価の影響を強く受けており，物価上昇率が高いと推察できる。一方，日本は名目 GDP と実質 GDP の差が小さく，物価の上昇率は低いとみられるため，日本の物価上昇率の方が低かったと考えられる。（120 字以内）

◀解　説▶

≪GDP と物価上昇率≫

図 1 と図 2（1991〜2019 年の変化）を見ると，米国は，実質 GDP よりも名目 GDP の方が大幅に伸びている。つまり，米国は物価の影響を強く受けていることがわかり，この間の物価上昇率は高いプラス値と推察できる。一方日本は，実質 GDP と名目 GDP の差が小さく，物価の影響が弱いことがわかる。したがって，明らかに日本の物価上昇率の方が低い。この内容を，120 字以内にまとめればよい。実質 GDP，名目 GDP，物価の関係は頻出事項なので，本問のような公式が書かれていなくとも答えられるようにしておきたい。

青山学院大-国際政治経済 2021 年度 論述〈解答〉 87

Ⅲ **解答** 表1から，年齢とともに格差が広がる傾向が読み取れる。

表2では，昭和60年と比べ平成17年の世帯分布で格差が比較的小さい44歳未満の割合が大幅に減少し，格差が大きい55歳以上の割合が増えていることから，全体のジニ係数は上昇したと予想される。（120字以内）

━━━━━━━━━ ◀解　説▶ ━━━━━━━━━

≪ジニ係数と年齢別世帯構成の関係≫

外部要因は影響しないとの前提条件があるので，2つの表それぞれから観察できる情報を示したうえで，その2つの情報のみからジニ係数の変化を予想するという構成をとればよい。それを120字以内でまとめる。

まず表1の傾向は，年齢層が上がるにつれて，ジニ係数の値も上がる，つまり格差が拡大しているということである。また，「表1の傾向…継続的なものであると仮定」という前提条件が理解しにくい受験生もいるかもしれない。これは，表1は2002年発表の単年データであるが，昭和60年～平成17年の間も常に，年齢階級とジニ係数の間に正の比例関係があると想定せよ，という意味である。

次に表2をみると，世帯主の年齢が54歳までの3階級で（昭和60年対比で）世帯数が減少し，55歳以上の2階級は世帯数が増加している。注意すべきは，両年とも1万分比での数値であり，「構成比」の変化が読み取れるデータになっていることである。よって，表2の傾向としては，年齢別の世帯構成において高齢者層の比率が高まっているということである。以上から，平成17年の（全体における）ジニ係数は，昭和60年と比べて上昇したと推測できる。

◀国際コミュニケーション学科▶

問1．〈解答例〉Changes in the international system since the Cold War

問2．冷戦中，西側諸国と東側諸国は単一のグローバルな体制を作ろうとした。共産主義の崩壊により西側の資本主義が勝利したため，新しい時代が始まると思われたが，文化的な違いによる争いも生まれた。国境のない市場を目指した経済的融和も進んだが，グローバル化の恩恵を受けたのは大規模な多国籍企業であった。このような不満から国家主義が台頭するなど，単一の体制が支配力を持たない多極的な世界に向かっているという見方もある。(150字以上200字以内)

問3．〈解答例〉In this digital era, new technologies and innovative ideas are emerging everywhere in the world. These can lead to more new ideas. We have to keep up with this trend. Therefore, I think we should make the most of globalization rather than restrict it. Japan also has many small and mid-sized local businesses with world-leading technologies and ideas. I believe that globalization helps those local businesses to expand their international market share and, in turn, benefits them. (80語以内)

◆全　訳◆

≪国際的な体制の変遷≫

　第二次世界大戦の終わりから1990年ごろまでの期間は「冷戦」として知られていた。この時代の間，2つの主要な国々の集団，つまりブロックがあり，それぞれがすべての国々が加わる単一のグローバルな体制を作り上げたがっていた。

　西側諸国のブロックには，アメリカや西ヨーロッパ，日本といったいわゆる「第一世界」の国々があり，グローバルな経済的，政治的な体制として資本主義と自由民主主義を支持していた。東側諸国のブロックには，旧ソヴィエト連邦，東ヨーロッパ，そして中国のような「第二世界」の国々があり，マルクス主義と共産主義に基づいた国際的な体制の形成を支持していた。その間には「第三世界」と呼ばれる主に発展途上国からなる集団

があり，資本主義にも共産主義のブロックに対しても中立で（非同盟で）
あった。

1980年代の終わりに向けて，資本主義の国々における生活水準の方が
一般的に高く，自由民主主義国家の方がマルクス主義の国家よりも人々が
自由を享受していたため，経済的にも政治的にも共産主義は衰えつつある
ということが明らかになった。1989年にベルリンの壁が崩壊し，東西ド
イツの再統一，そして最終的な旧ソヴィエト連邦と東ヨーロッパにおける
共産主義の崩壊へとつながった。

これらの出来事を受けて，国際関係の学者であるフランシス＝フクヤマ
は，人類は「歴史の終焉」に到達したと主張した。資本主義と自由民主主
義が冷戦に勝利した。それゆえに，他の将来的な代替を考える必要がなく，
すべての国によって受け入れられるべきである。グローバル化が世界をよ
り密接に結び付け，世界平和の新時代を導いていた。

正反対の意見が別の国際関係学者であるサミュエル＝P.ハンチントン
により示された。彼は，世界はより大規模な協力へと向かうのではなく，
政治的，経済的なイデオロギーの不一致というより，むしろ文化的な違い
に基づいたより多くの紛争へと進み，ハンチントンが「文明の衝突」と表
現するものへとつながっていると論じた。

イラクとアフガニスタンの大規模な戦争を含む，継続中の中東における
紛争は，ハンチントンの主張を裏付けた。アメリカにおける2001年9月
11日のテロリストの攻撃は，西洋とイスラム文化の間の緊張を増大させ
た。宗教的な原理主義（イスラム教国家のみならず，キリスト教，ヒンズ
ー教，そして仏教の国家においても）の高まりは国家内および国家間のさ
らなる緊張へとつながった。

しかしながら，戦後の期間を通じて，世界のすべての国が参加すること
ができる「国境のない」グローバルな市場を創り出すことを目標に，経済
的な統合は進んでいった。東南アジア諸国連合（ASEAN）やヨーロッパ
連合（EU），米国・メキシコ・カナダ協定（USMCA，以前のNAFTA）
のような地域的な貿易圏が形成された。

「新自由主義」として知られる資本主義の方針に従い，世界銀行や国際
通貨基金のような国際的な組織が財政支援を受けている発展途上国に対し，
政府の支出の減少，産業の民営化，そして市場を多国籍企業に開くように

要求し始めた。1995年に設立された世界貿易機関は，それに同調して自由貿易を制限している規制および関税（輸入品にかかる税金）を削減するように努めた。

　グローバル化に対する批評家たちは，その主要な受益者が裕福な多国籍企業であり，そのような企業が先進国にある工場を閉鎖し，低賃金と健康および環境に関連した規制があまり厳しくないことを利用しようと発展途上国で工場を再開し，それによって自身の利益を増加させていると論じた。結果として先進国における一般の労働者たちは職を失い始め，グローバル経済に対する不満の増加につながっていった。

　1990年代後半に本格化した反グローバル化運動は，グローバル化は継続するべきであるが，その制度は民主化され，大企業のみではなく民衆が利益を受けるような方法で運営されるべきだと主張するものであった。ある反対陣営は完全にグローバル化を廃止し，国家ではなく地元の地域社会に自分たち自身の経済活動に対する民主的な管理を与える，より分散化された形式の政治的な組織を設けることを提唱した。まだ少数派の視点ではあるが，この考え方は先進国と発展途上国の両方において支持を集め，また多くの先住民族たちにも支持されている。

　国際化から離れて国家主義に向かう多くの国々において，英国のEU離脱（ブレグジット）やアメリカの環太平洋パートナーシップ協定（TPP）と気候変動についてのパリ協定への参加の拒絶に示されているように，ポピュリストの台頭もある。ドナルド＝トランプの選挙キャンペーンのスローガンである「アメリカ・ファースト」が国際情勢から離れて国内問題へと注意を向けようとする一方，結果としてアメリカはますます孤立し，国際的な舞台における影響力を失いつつある。世界の他の国々もまた，国家主義の復活を経験しており，国際的な体制のさらなる亀裂へとつながっている。

　しばしば冷戦は２つのブロック，資本主義と共産主義がグローバルな影響力を獲得しようとしていた二極体制だと特徴づけられる。しかしながら，グローバルな自由貿易に基づく唯一の一極体制を構築しようとする冷戦後の試みは，完全に成功してきたというわけではない。私たちは現在，単一の政治的，経済的な体制が支配力を持たない多極的な世界へと向かっていると示唆する国際関係学者もいる。この「新しい世界秩序」は各国に自国

青山学院大-国際政治経済　　　　　　　　　　　　　　2021 年度　論述〈解答〉　*91*

の運命に対してより大きな支配力を与えるかもしれないが，国際的な問題を解決する際，互いに協力することをより困難にもするかもしれない。

■■■■■ ◀解　説▶ ■■■■■

問1．全体を通して，第二次世界大戦後の冷戦から現在に至るまでの世界情勢の変化について，政治的，経済的な側面を中心に述べられている。第2段第1文（In the Western …）および第2文（In the Eastern …）において，西側，東側両諸国の考え方が system という語を用いてそれぞれ説明されている。この system という語は文章のまとめでもある最終段において，第2文（The attempt in …）などでも用いられているので，「冷戦以降の国際体制の変化」といったタイトルにすればよいだろう。

問2．英文は抽象部分→具体例という構成がとられることが多い。要約する場合，基本的には抽象部分をまとめ，具体例は字数調整に用いるとよい。

　この文章の抽象部分を中心にまとめると以下のようになる。

　「冷戦中に共産主義の東側，資本主義の西側に分かれていたが，共産主義が崩壊して資本主義の世界に入ると思われた」（第1〜4段）

　「政治的，経済的なイデオロギーによるものというよりはむしろ文化的な違いによる争いが生まれた」（第5・6段）

　「国境を越えて自由な貿易が促進された」（第7・8段）

　「グローバル化に対する不満とその具体的な動き」（第9〜11段）

　「上記のまとめと現在および今後の動き」（最終段）

　〔解答〕では，上記の抽象的な部分に「グローバル化に対する不満」の理由として「主に大規模な多国籍企業が利益を得ることになった」という点を，新しい世界の体制への動きにつながる一因として「国家主義の台頭」を例として挙げ，要約を組み立てた。

問3．グローバル化を促進すべきか制限すべきかについての意見を理由とともに 80 語以内でまとめる。〔解答例〕では，グローバル化のメリットを挙げたが，自身の主張のデメリットにも触れたい場合，譲歩構文を利用するとよい。「確かに〜ではあるが…」といった形でデメリットを認めたうえで，それを解消したり，それを超えるメリットを提示したりして文章を締めくくるとよいだろう。なお，本文中にグローバル化に対する不満，反グローバル化の動きなどが具体的に記されているので，こちらを支持する意見を書く場合は，本文中の表現を利用すればよい。

総合問題

【国際政治分野】

I 解答 問1．④ 問2．⑤
問3．ア―① イ―⓪ ウ―⓪

◀解　説▶

≪鉄のカーテン演説≫

問1．イギリス元首相チャーチルが1946年に行った「鉄のカーテン」演説（フルトン演説）の一部。「鉄のカーテン」とは社会主義圏の閉鎖性を批判的に表現したもので，東西冷戦の始まりを象徴する言葉として有名である。

問2．第1段第3文の首都名を手掛かりにする。Warsaw（ポーランドのワルシャワ），Berlin（東ドイツのベルリン），Prague（チェコスロバキアのプラハ），Vienna（オーストリアのウィーン），Budapest（ハンガリーのブダペスト），Belgrade（ユーゴスラビアのベオグラード）…がソ連圏にある旨が述べられている。選択肢の中では，まず東西ドイツの分断を目印に④・⑤に絞りやすいだろう。④・⑤での違いはオーストリアの扱いである。オーストリアは第二次世界大戦後，4カ国（米英仏ソ）によって分割占領されていた。本文でウィーンが東側と判断されていることを踏まえると，⑤が適当。細かい知識を要する問題である。

問3．ア．正文。第1段第5文（The Russian-dominated Polish …）の…and mass expulsions … taking place の部分が該当する。

II 解答 問1．③ 問2．⑤ 問3．①
問4．ア―① イ―①

◀解　説▶

≪各国の原油輸入先≫

問1．③が適切。日本の原油輸入は中東への依存度が高く，過去20年以

上にわたり，サウジアラビアとアラブ首長国連邦が第1位・2位を占めていることは覚えておきたい。このほか，ポイントとなるのはEである。Eのみ，輸入先国に中南米諸国が入っている。6カ国の中で最も中南米と関係が深い米国がEと考えられる。

問2．⑤が適切。日本の輸入先国第1位がサウジアラビアであることを知っていれば③か⑤に絞られるが，Eの米国がトランプ政権下で対イラン経済制裁を行ってきた事実を念頭に置けば，Hはイラクと推測できる。

問3．①が適切。J．天然資源に恵まれるノルウェーでは，原油生産が基幹産業の一つとなっており，近隣の欧州諸国にも原油輸出を行っている。

K．表の中ではEの米国の1位にのみランクインしている。米国と地政学的なつながりが深く，資源大国であるカナダと判断できる。

問4．ア．正文。日本や韓国などの東アジア諸国の場合，輸入原油の大半がマラッカ海峡を通過し，さらに中東産原油についてはホルムズ海峡も通過するため，チョークポイント比率が高い。

イ．正文。表D～Fの国とそれぞれの輸入量1位の国との位置関係を，問題文の地図で確認する。DのドイツとIのロシア，Eの米国とKのカナダは地続きであり，主に陸上パイプラインで輸送されている。Fの英国とJのノルウェーは，地理的に近く，北海油田を共有する関係にもあり，チョークポイントを通過する必要はない。

【国際経済分野】

I 解答 問1．①　問2．②　問3．③

■━━━━━━━━ ◀解　説▶ ━━━━━━━━■

≪インセンティブの効果≫

問1．空欄(a)直後の文章中に … more than double the original average とあり，遅刻者数が2倍以上に増加したと書かれているので，①が適切。

問2．最も不適切なものを選ぶ。この制度に関しては，②「経済的インセンティブは，人に何らかの行動を促す唯一の手段」とはならず，最終段に，道徳的インセンティブ（罪の意識）が経済的インセンティブに置き換わり，わずか3ドルで免罪符が買えてしまったことが問題だ，と書かれている。よって②が不適。

問3．最終段第6文（Indeed, when the …）の the number of late-arriving parents didn't change から，③が適切。

II 解答 問1．③　問2．④

■━━━━━━━━ ◀解　説▶ ━━━━━━━━■

≪イギリスの内政・外交≫

問1．③が適切。1980年代，先進各国で「小さな政府」への改革機運が高まった。英国のサッチャー政権では，それまでの手厚い福祉政策（「ゆりかごから墓場まで」がスローガン）による財政逼迫を打破すべく，社会保障支出の削減が進められた。

III 解答 問1．①　問2．①

■━━━━━━━━ ◀解　説▶ ━━━━━━━━■

≪国際協調の動き≫

問1・問2．いずれも基本事項なので確実に押さえておきたい。

解答 問1. ② 問2. ③

◀解 説▶

≪戦後日本のインフレ対応≫

問1. 最も不適切なものを選ぶ問題。幣原喜重郎内閣では,急激なインフレへの対応策として金融緊急措置令が発出され,①旧円の流通を禁止し,新円に切り替え,③旧円の預金を封鎖,④新円の引き出しも制限する等の措置が講じられた。詳細な知識がなくても,通貨量の削減(インフレ抑制)という観点から,②が不適と判断できる。

問2. ③が適切。生産復興のため,復興金融債を活用し,基幹産業に対して資金が投入された。

 解答 ⑥

◀解 説▶

≪GOTOトラベル≫

この人物が実際に支出した額は旅行代金のみで,1は旅行費用(販売額)の65%に相当する。旅行費用をXとすると,$0.65X=1$で,$X=1.538…$となる。政府の補助額は合計(旅行費用割引分+クーポン分)でXの50%相当なので,$1.538÷2≒0.8$で⑥が適当。

【国際コミュニケーション分野】

 解答　A．問1．③　問2．①
　　　　　　　B．問1．②　問2．③

◆全　訳◆

A．≪コンピュータを教育に利用する際の覚書≫

　コンピュータを教室に持ち込むことは，教育の質を改善する1つの方法であると専門家たちによってみなされている。教育者，政策担当者，教育の専門家が，どのように科学技術が教育の質を押し上げうるのかを理解する手助けをするため，世界銀行は公立の学校にコンピュータを設置するというコロンビアにおける2年間の研究プログラムを支援した。この研究では，コンピュータが学生たちのテストの点数が測定できるほどの上昇につながったということは発見できなかった。研究者たちは，これは教師と学生が指導のプロセスの一部としてではなく，主としてコンピュータの使い方を学ぶためにコンピュータを用いたための結果であり得ると述べた。この結果はコンピュータと他の情報伝達技術が教育の質を上げることができないということを意味しているのではない。しかし，そのような科学技術のツールの利用を増加させたがっている人々に警告を与えている。つまり，科学技術にアクセス可能であるということが常に十分であるというわけではない。一定の教育的な目標に到達するためには，人々はその科学技術の使い方も訓練される必要があるかもしれないのである。

B．≪日本の幸福度とその改善のヒント≫

　経済協力開発機構によって出された，様々な国々における生活についての報告書が，他の国と比較して日本での生活について多くの洞察を与えてくれる。日本は幸福に関する多くの分野で比較的強い。全体的な金融資産は最も高い部類に含まれているのだが，平均的な家庭の可処分所得はOECDの平均に近い。日本の労働者は他のOECD加盟国の労働者よりも収入が少ない状態が続いている。しかしながら，彼らにはずっと高い雇用の保証がある。日本の教育制度のおかげで，読み書きの能力と数学の技能はOECD加盟国の中で最上位にある。日本の子供たちの幸福度はかなり様々な結果がみられた。ほとんどは悪いものである。おおよそ15％の日

本人の子供たちが中央値の半分に満たない可処分所得の家庭で生活している。このことが子供の貧困に対して日本を OECD 加盟国の下から 3 番目に位置させている。日本の生徒は学校への帰属意識が低く，OECD 加盟国の平均的な子供よりも両親と過ごす時間がずっと少ないということも報告している。残念なことに，しかしながら，過去 10 年にわたって，日本の選挙の平均的な投票率は 67.5％から 52.7％へと落ち，OECD 加盟国の中で最も低いものの 1 つとなっていることもこの調査によって判明した。政治参加が幸福度の改善への最初の一歩なのかもしれない。

■━━━━━━◀解　説▶━━━━━━■

A．問 1．「筆者の意見では，学校にコンピュータを導入するうえで最優先となることは何か」

　最終文（But it does …）の後半参照。「一定の教育的な目標に到達するために科学技術の使い方も訓練を受ける必要があるかもしれない」とある。この部分が③「教育的な目的のため，コンピュータの効果的な使い方を理解するように訓練を提供する」と一致する。①「教室におけるコンピュータの使用を増加させ，すべての学生がアクセスできるようにする」は最終文の中ほどの「科学技術にアクセス可能であるということが常に十分とはいえない」という箇所と矛盾。②「教育者や政策担当者，教育の専門家が，科学技術がどのように教育の質を向上させるのかを理解することを手助けするため，教室におけるコンピュータの使用についてさらなる調査を行う」は「さらなる調査」という部分が誤り。調査結果は第 3 文（The study failed …）に述べられているが，「さらなる調査を行う」という記述はない。

問 2．「コロンビアの公立学校におけるコンピュータについての世界銀行の研究結果が示していることは何か」

　第 3 文（The study failed …）参照。「コンピュータが学生のテストの点数における目立った上昇につながるということは発見できなかった」とある。よって①「ただ単に学生にコンピュータを提供することは，実際に学生たちが試験でより良い成績を残すことには役に立たないかもしれないということを示している」が正解となる。②「教師が他の教育的な目的のためにコンピュータを使う前に，まず学生がコンピュータの使い方を学ぶことが重要であるということを示している」は最終文（But it does …）

において「コンピュータの使い方の訓練も教育的な目標のために必要とある」とあるが、「他の教育的な目的」についての記述はない。③「学生に新しい情報通信技術を導入することによって教育の質を向上させることは不可能であるということを示している」は第5文（The results do …）に「コンピュータなどが教育の質を上げられないということを示すものではない」とあるので不可。

B．問1．「この記事全体に提示されている統計のことを考える際，何が結論づけられるか」

第6文（Thanks to the …）や第7文（The well-being of …）などを参照。日本が幸福度で優れている部門もあれば、悪い評価の部門もある。よって②の「日本は他のOECDの国々と比べて，幸福度で比較的評価が高い部門もあれば低いものもある」が正解となる。①「報告されている幸福の各分野において，日本は他のOECD諸国よりも比較的高い」は第7文（The well-being of …）などと矛盾。幸福度が低い分野もある。③「他のOECD諸国と比べて，日本は実質的にすべての幸福の分野において平均よりも低い」は第2文（Japan is relatively …）と矛盾。「幸福に関する多くの分野で比較的強い」とある。

問2．「日本の現在の幸福度について，筆者の意見を最もよく表しているものは以下のどれか」

最終文（Political participation might …）参照。直前の第11文（Unfortunately, though, the …）の後半部分で日本の投票率が下がっていることを受け、「政治的な参加が幸福度を改善する最初のステップかもしれない」と述べられている。よって③「もし選挙の投票率と政治的な参加が増えれば，日本は将来，幸福度を改善することができるかもしれない」が正解となる。①「選挙の投票率の低下は，日本が全体的な幸福度を将来改善することが不可能だということを示している」はこの2つの文章と矛盾。上述のように「政治参加が幸福度を改善する第一歩かもしれない」のである。また②「選挙の投票率は過去10年間下がっているが，将来，政治参加が高まることに疑いはない」という記述は本文にない。

MEMO

MEMO

教学社 刊行一覧

2024年版 大学入試シリーズ(赤本)

国公立大学(都道府県順)

378大学555点 全都道府県を網羅

全国の書店で取り扱っています。店頭にない場合は、お取り寄せができます。

1 北海道大学(文系-前期日程)	62 新潟大学(人文・教育〈文系〉・法・経済・医〈看護〉・創生学部)	115 神戸大学(理系-前期日程) 医
2 北海道大学(理系-前期日程) 医	63 新潟大学(教育〈理系〉・理・医〈看護を除く〉・歯・工・農学部) 医	116 神戸大学(後期日程)
3 北海道大学(後期日程)		117 神戸市外国語大学 DL
4 旭川医科大学(医学部〈医学科〉) 医	64 新潟県立大学	118 兵庫県立大学(国際商経・社会情報科・看護学部)
5 小樽商科大学	65 富山大学(文系)	119 兵庫県立大学(工・理・環境人間学部)
6 帯広畜産大学	66 富山大学(理系) 医	120 奈良教育大学/奈良県立大学
7 北海道教育大学	67 富山県立大学	121 奈良女子大学
8 室蘭工業大学/北見工業大学	68 金沢大学(文系)	122 奈良県立医科大学(医学部〈医学科〉) 医
9 釧路公立大学	69 金沢大学(理系) 医	123 和歌山大学
10 公立千歳科学技術大学	70 福井大学(教育・医〈看護〉・工・国際地域学部)	124 和歌山県立医科大学(医・薬学部) 医
11 公立はこだて未来大学 総推		125 鳥取大学 医
12 札幌医科大学(医学部) 医	71 福井大学(医学部〈医学科〉) 医	126 公立鳥取環境大学
13 弘前大学 医	72 福井県立大学	127 島根大学 医
14 岩手大学	73 山梨大学(教育・医〈看護〉・工・生命環境学部)	128 岡山大学(文系)
15 岩手県立大学・盛岡短期大学部・宮古短期大学部	74 山梨大学(医学部〈医学科〉) 医	129 岡山大学(理系) 医
16 東北大学(文系-前期日程)	75 都留文科大学	130 岡山県立大学
17 東北大学(理系-前期日程) 医	76 信州大学(文系-前期日程)	131 広島大学(文系-前期日程)
18 東北大学(後期日程)	77 信州大学(理系-前期日程) 医	132 広島大学(理系-前期日程) 医
19 宮城教育大学	78 信州大学(後期日程)	133 広島大学(後期日程)
20 宮城大学	79 公立諏訪東京理科大学 総推	134 尾道市立大学 総推
21 秋田大学 医	80 岐阜大学(前期日程) 医	135 県立広島大学
22 秋田県立大学	81 岐阜大学(後期日程)	136 広島市立大学
23 国際教養大学 総推	82 岐阜薬科大学	137 福山市立大学 総推
24 山形大学 医	83 静岡大学(前期日程)	138 山口大学(人文・教育〈文系〉・経済・医〈看護〉・国際総合科学部)
25 福島大学	84 静岡大学(後期日程)	
26 会津大学	85 浜松医科大学(医学部〈医学科〉) 医	139 山口大学(教育〈理系〉・理・医〈看護を除く〉・工・農・共同獣医学部) 医
27 福島県立医科大学(医・保健科学部) 医	86 静岡県立大学	
28 茨城大学(文系)	87 静岡文化芸術大学	140 山陽小野田市立山口東京理科大学 総推
29 茨城大学(理系)	88 名古屋大学(文系)	141 下関市立大学/山口県立大学
30 筑波大学(推薦入試) 医 総推	89 名古屋大学(理系) 医	142 徳島大学 医
31 筑波大学(前期日程) 医	90 愛知教育大学	143 香川大学 医
32 筑波大学(後期日程)	91 名古屋工業大学	144 愛媛大学 医
33 宇都宮大学	92 愛知県立大学	145 高知大学 医
34 群馬大学 医	93 名古屋市立大学(経済・人文社会・芸術工・看護・総合生命理・データサイエンス学部)	146 高知工科大学
35 群馬県立女子大学		147 九州大学(文系-前期日程)
36 高崎経済大学		148 九州大学(理系-前期日程) 医
37 前橋工科大学	94 名古屋市立大学(医学部) 医	149 九州大学(後期日程)
38 埼玉大学(文系)	95 名古屋市立大学(薬学部)	150 九州工業大学
39 埼玉大学(理系)	96 三重大学(人文・教育・医〈看護〉学部)	151 福岡教育大学
40 千葉大学(文系-前期日程)	97 三重大学(医〈医〉・工・生物資源学部) 医	152 北九州市立大学
41 千葉大学(理系-前期日程) 医	98 滋賀大学	153 九州歯科大学
42 千葉大学(後期日程) 医	99 滋賀医科大学(医学部〈医学科〉) 医	154 福岡県立大学/福岡女子大学
43 東京大学(文科) DL	100 滋賀県立大学	155 佐賀大学 医
44 東京大学(理科) DL 医	101 京都大学(文系)	156 長崎大学(多文化社会・教育〈文系〉・経済・医〈保健〉・環境科〈文系〉学部)
45 お茶の水女子大学	102 京都大学(理系) 医	
46 電気通信大学	103 京都教育大学	157 長崎大学(教育〈理系〉・医〈医〉・歯・薬・情報データ科・工・環境科〈理系〉・水産学部) 医
47 東京医科歯科大学 医	104 京都工芸繊維大学	
48 東京外国語大学 DL	105 京都府立大学	158 長崎県立大学 総推
49 東京海洋大学	106 京都府立医科大学(医学部〈医学科〉) 医	159 熊本大学(文・教育・法・医〈看護〉学部)
50 東京学芸大学	107 大阪大学(文系) DL	160 熊本大学(理・医〈看護を除く〉・薬・工学部) 医
51 東京藝術大学	108 大阪大学(理系) 医	
52 東京工業大学	109 大阪教育大学	161 熊本県立大学
53 東京農工大学	110 大阪公立大学(現代システム科学域〈文系〉・文・法・経済・商・看護・生活科〈居住環境・人間福祉〉学部-前期日程)	162 大分大学(教育・経済・医〈看護〉・理工・福祉健康科学部)
54 一橋大学(前期日程) DL		
55 一橋大学(後期日程)		163 大分大学(医学部〈医学科〉) 医
56 東京都立大学(文系)	111 大阪公立大学(現代システム科学域〈理系〉・理・工・農・獣医・医・生活科〈食栄養〉学部-前期日程) 医	164 宮崎大学(教育・医〈看護〉・工・農・地域資源創成学部)
57 東京都立大学(理系)		
58 横浜国立大学(文系)		165 宮崎大学(医学部〈医学科〉) 医
59 横浜国立大学(理系)	112 大阪公立大学(中期日程)	166 鹿児島大学(文系)
60 横浜市立大学(国際教養・国際商・理・データサイエンス・医〈看護〉学部)	113 大阪公立大学(後期日程)	167 鹿児島大学(理系) 医
61 横浜市立大学(医学部〈医学科〉) 医	114 神戸大学(文系-前期日程)	168 琉球大学 医

2024年版　大学入試シリーズ（赤本）

国公立大学 その他

169	［国公立大］医学部医学科 総合型選抜・学校推薦型選抜 医推	
170	看護・医療系大学〈国公立 東日本〉	
171	看護・医療系大学〈国公立 中日本〉	
172	看護・医療系大学〈国公立 西日本〉	
173	海上保安大学校／気象大学校	
174	航空保安大学校	
175	国立看護大学校	
176	防衛大学校 総推	
177	防衛医科大学校（医学科） 医	
178	防衛医科大学校（看護学科）	

※No.169〜172の収載大学は赤本ウェブサイト（http://akahon.net/）でご確認ください。

私立大学①

北海道の大学（50音順）
- 201 札幌大学
- 202 札幌学院大学
- 203 北星学園大学・短期大学部
- 204 北海学園大学
- 205 北海道医療大学
- 206 北海道科学大学
- 207 北海道武蔵女子短期大学
- 208 酪農学園大学（獣医学群〈獣医学類〉）

東北の大学（50音順）
- 209 岩手医科大学（医・歯・薬学部） 医
- 210 仙台大学 総推
- 211 東北医科薬科大学（医・薬学部） 医
- 212 東北学院大学
- 213 東北工業大学
- 214 東北福祉大学
- 215 宮城学院女子大学 総推

関東の大学（50音順）

あ行（関東の大学）
- 216 青山学院大学（法・国際政治経済学部－個別学部日程）
- 217 青山学院大学（経済学部－個別学部日程）
- 218 青山学院大学（経営学部－個別学部日程）
- 219 青山学院大学（文・教育人間科学部－個別学部日程）
- 220 青山学院大学（総合文化政策・社会情報・地球社会共生・コミュニティ人間科学部－個別学部日程）
- 221 青山学院大学（理工学部－個別学部日程）
- 222 青山学院大学（全学部日程）
- 223 麻布大学（獣医、生命・環境科学部）
- 224 亜細亜大学
- 225 跡見学園女子大学
- 226 桜美林大学
- 227 大妻女子大学・短期大学部

か行（関東の大学）
- 228 学習院大学（法学部－コア試験）
- 229 学習院大学（経済学部－コア試験）
- 230 学習院大学（文学部－コア試験）
- 231 学習院大学（国際社会科学部－コア試験）
- 232 学習院大学（理学部－コア試験）
- 233 学習院女子大学
- 234 神奈川大学（給費生試験）
- 235 神奈川大学（一般入試）
- 236 神奈川工科大学
- 237 鎌倉女子大学・短期大学部
- 238 川村学園女子大学
- 239 神田外語大学
- 240 関東学院大学
- 241 北里大学（理学部）
- 242 北里大学（医学部） 医
- 243 北里大学（薬学部）
- 244 北里大学（看護・医療衛生学部）
- 245 北里大学（未来工・獣医・海洋生命科学部）
- 246 共立女子大学・短期大学
- 247 杏林大学（医学部） 医
- 248 杏林大学（保健学部）
- 249 群馬医療福祉大学 新
- 250 群馬パース大学 総推

- 251 慶應義塾大学（法学部）
- 252 慶應義塾大学（経済学部）
- 253 慶應義塾大学（商学部）
- 254 慶應義塾大学（スカラシップ・全国入試） 総推
- 255 慶應義塾大学（総合政策学部）
- 256 慶應義塾大学（環境情報学部）
- 257 慶應義塾大学（理工学部）
- 258 慶應義塾大学（医学部） 医
- 259 慶應義塾大学（薬学部）
- 260 慶應義塾大学（看護医療学部）
- 261 工学院大学
- 262 國學院大學
- 263 国際医療福祉大学 医
- 264 国際基督教大学
- 265 国士舘大学
- 266 駒澤大学（一般選抜T方式・S方式）
- 267 駒澤大学（全学部統一日程選抜）

さ行（関東の大学）
- 268 埼玉医科大学（医学部） 医
- 269 相模女子大学・短期大学部
- 270 産業能率大学
- 271 自治医科大学（医学部） 医
- 272 自治医科大学（看護学部）／東京慈恵会医科大学（医学部〈看護学科〉）
- 273 実践女子大学 総推
- 274 芝浦工業大学（前期日程〈英語資格・検定試験利用方式を含む〉）
- 275 芝浦工業大学（全学統一日程〈英語資格・検定試験利用方式を含む〉・後期日程）
- 276 十文字学園女子大学
- 277 淑徳大学
- 278 順天堂大学（医学部） 医
- 279 順天堂大学（スポーツ健康科・医療看護・保健看護・国際教養・保健医療・医療科・健康データサイエンス学部） 総推
- 280 城西国際大学 新
- 281 上智大学（神・文・総合人間科学部）
- 282 上智大学（法・経済学部）
- 283 上智大学（外国語・総合グローバル学部）
- 284 上智大学（理工学部）
- 285 上智大学（TEAPスコア利用方式）
- 286 湘南工科大学
- 287 昭和大学（医学部） 医
- 288 昭和大学（歯・薬・保健医療学部）
- 289 昭和女子大学
- 290 昭和薬科大学
- 291 女子栄養大学・短期大学部
- 292 白百合女子大学
- 293 成蹊大学（法学部－A方式）
- 294 成蹊大学（経済・経営学部－A方式）
- 295 成蹊大学（文学部－A方式）
- 296 成蹊大学（理工学部－A方式）
- 297 成蹊大学（E方式・G方式・P方式）
- 298 成城大学（経済・社会イノベーション学部－A方式）
- 299 成城大学（文芸・法学部－A方式）
- 300 成城大学（S方式〈全学部統一選抜〉）
- 301 聖心女子大学
- 302 清泉女子大学

- 303 聖徳大学・短期大学部
- 304 聖マリアンナ医科大学 医
- 305 聖路加国際大学（看護学部）
- 306 専修大学（スカラシップ・全国入試）
- 307 専修大学（学部個別入試）
- 308 専修大学（全学部統一入試）

た行（関東の大学）
- 309 大正大学
- 310 大東文化大学
- 311 高崎健康福祉大学 総推
- 312 拓殖大学
- 313 玉川大学
- 314 多摩美術大学
- 315 千葉工業大学
- 316 千葉商科大学
- 317 中央大学（法学部－学部別選抜）
- 318 中央大学（経済学部－学部別選抜）
- 319 中央大学（商学部－学部別選抜）
- 320 中央大学（文学部－学部別選抜）
- 321 中央大学（総合政策学部－学部別選抜）
- 322 中央大学（国際経営・国際情報学部－学部別選抜）
- 323 中央大学（理工学部－学部別選抜）
- 324 中央大学（6学部共通選抜）
- 325 中央学院大学
- 326 津田塾大学
- 327 帝京大学（薬・経済・法・文・外国語・教育・理工・医療技術・福岡医療技術学部）
- 328 帝京大学（医学部） 医
- 329 帝京科学大学 総推
- 330 帝京平成大学 総推
- 331 東海大学（医〈医〉学部を除く一般選抜）
- 332 東海大学（文系・理系学部統一選抜）
- 333 東海大学（医学部〈医学科〉） 医
- 334 東京医科大学（医学部〈医学科〉） 医
- 335 東京家政大学・短期大学部 総推
- 336 東京経済大学
- 337 東京工科大学
- 338 東京工芸大学
- 339 東京歯科大学
- 340 東京歯科大学
- 341 東京慈恵会医科大学（医学部〈医学科〉） 医
- 342 東京情報大学
- 343 東京女子大学
- 344 東京女子医科大学（医学部） 医
- 345 東京電機大学
- 346 東京都市大学
- 347 東京農業大学
- 348 東京薬科大学（薬学部） 総推
- 349 東京薬科大学（生命科学部） 総推
- 350 東京理科大学（理学部〈第一部〉－B方式）
- 351 東京理科大学（創域理工学部－B方式・S方式）
- 352 東京理科大学（工学部－B方式）
- 353 東京理科大学（先進工学部－B方式）
- 354 東京理科大学（薬学部－B方式）
- 355 東京理科大学（経営学部－B方式）
- 356 東京理科大学（C方式、グローバル方式、理学部〈第二部〉－B方式）

2024年版　大学入試シリーズ（赤本）
私立大学②

357 東邦大学（医学部）　医
358 東邦大学（薬学部）
359 東邦大学（理・看護・健康科学部）
360 東洋大学（文・経済・経営・法・社会・国際・国際観光学部）
361 東洋大学（情報連携・福祉社会デザイン・健康スポーツ科学・理工・総合情報・生命科・食環境科学部）
362 東洋大学（英語（3日程×3カ年））　新
363 東洋大学（国語（3日程×3カ年））　新
364 東洋大学（日本史・世界史（2日程×3カ年））　新
365 東洋英和女学院大学
366 常磐大学・短期大学　総推
367 獨協大学
368 獨協医科大学（医学部）　医

な行（関東の大学）
369 二松学舎大学
370 日本大学（法学部）
371 日本大学（経済学部）
372 日本大学（商学部）
373 日本大学（文理学部〈文系〉）
374 日本大学（文理学部〈理系〉）
375 日本大学（芸術学部）
376 日本大学（国際関係学部）
377 日本大学（危機管理・スポーツ科学部）
378 日本大学（理工学部）
379 日本大学（生産工・工学部）
380 日本大学（生物資源科学部）
381 日本大学（医学部）　医
382 日本大学（歯・松戸歯学部）
383 日本大学（薬学部）
384 日本大学（医学部を除く−N全学統一方式）　医
385 日本医科大学
386 日本工業大学
387 日本歯科大学
388 日本社会事業大学　新 総推
389 日本獣医生命科学大学
390 日本女子大学
391 日本体育大学

は行（関東の大学）
392 白鷗大学（学業特待選抜・一般選抜）
393 フェリス女学院大学
394 文教大学
395 法政大学（法〈法律・政治〉・国際文化・キャリアデザイン学部−A方式）
396 法政大学（法〈国際政治〉・文・経営・人間環境・グローバル教養学部−A方式）
397 法政大学（経済・社会・現代福祉・スポーツ健康学部−A方式）
398 法政大学（情報科・デザイン工・理工・生命科学部−A方式）
399 法政大学（T日程〈統一日程〉・英語外部試験利用入試）
400 星薬科大学　総推

ま行（関東の大学）
401 武蔵大学
402 武蔵野大学
403 武蔵野美術大学
404 明海大学
405 明治大学（法学部−学部別入試）
406 明治大学（政治経済学部−学部別入試）
407 明治大学（商学部−学部別入試）
408 明治大学（経営学部−学部別入試）
409 明治大学（文学部−学部別入試）
410 明治大学（国際日本学部−学部別入試）
411 明治大学（情報コミュニケーション学部−学部別入試）
412 明治大学（理工学部−学部別入試）

413 明治大学（総合数理学部−学部別入試）
414 明治大学（農学部−学部別入試）
415 明治大学（全学部統一入試）
416 明治大学（A日程）
417 明治学院大学（全学部日程）
418 明治薬科大学　総推
419 明星大学
420 目白大学・短期大学部

ら・わ行（関東の大学）
421 立教大学（文系学部−一般入試〈大学独自の英語を課さない日程〉）
422 立教大学（国語〈3日程×3カ年〉）
423 立教大学（日本史・世界史〈2日程×3カ年〉）
424 立教大学（文学部−一般入試〈大学独自の英語を課す日程〉）
425 立教大学（理学部−一般入試）
426 立正大学
427 早稲田大学（法学部）
428 早稲田大学（政治経済学部）
429 早稲田大学（商学部）
430 早稲田大学（社会科学部）
431 早稲田大学（文学部）
432 早稲田大学（文化構想学部）
433 早稲田大学（教育学部〈文科系〉）
434 早稲田大学（教育学部〈理科系〉）
435 早稲田大学（人間科・スポーツ科学部）
436 早稲田大学（国際教養学部）
437 早稲田大学（基幹理工・創造理工・先進理工学部）
438 和洋女子大学　総推

中部の大学（50音順）
439 愛知大学
440 愛知医科大学（医学部）　医
441 愛知学院大学・短期大学部
442 愛知工業大学
443 愛知淑徳大学
444 朝日大学
445 金沢医科大学（医学部）　医
446 金沢工業大学
447 岐阜聖徳学園大学・短期大学部　総推
448 金城学院大学
449 至学館大学　総推
450 静岡理工科大学
451 椙山女学園大学
452 大同大学
453 中京大学
454 中部大学
455 名古屋外国語大学　総推
456 名古屋学院大学　総推
457 名古屋学芸大学　総推
458 名古屋女子大学・短期大学部　総推
459 南山大学（外国語〈英米〉・法・総合政策・国際教養学部）
459 南山大学（人文・外国語〈英米を除く〉・経済・経営・理工学部）
461 新潟国際情報大学
462 日本福祉大学
463 福井工業大学
464 藤田医科大学（医学部）　医
465 藤田医科大学（医療科・保健衛生学部）
466 名城大学（法・経営・経済・外国語・人間・都市情報学部）
467 名城大学（情報工・理工・農・薬学部）
468 山梨学院大学

近畿の大学（50音順）
469 追手門学院大学　総推
470 大阪医科薬科大学（医学部）　医
471 大阪医科薬科大学（薬学部）　総推
472 大阪学院大学　総推

473 大阪経済大学　総推
474 大阪経済法科大学　総推
475 大阪工業大学　総推
476 大阪国際大学・短期大学部　総推
477 大阪産業大学　総推
478 大阪歯科大学（歯学部）
479 大阪商業大学　総推
481 大阪成蹊大学・短期大学　総推
482 大谷大学　総推
483 大手前大学・短期大学　総推
484 関西大学（文系）
485 関西大学（理系）
486 関西大学（英語〈3日程×3カ年〉）
487 関西大学（国語〈3日程×3カ年〉）
488 関西大学（文系選択科目〈2日程×3カ年〉）
489 関西医科大学（医学部）　医
490 関西医療大学　総推
491 関西外国語大学・短期大学部　総推
492 関西学院大学（文・法・社会・法学部−学部個別日程）
493 関西学院大学（経済・人間福祉・国際学部−学部個別日程）
494 関西学院大学（神・商・教育・総合政策学部−学部個別日程）
495 関西学院大学（全学部日程〈文系型〉）
496 関西学院大学（全学部日程〈理系型〉）
497 関西学院大学（共通テスト併用日程・英数日程）
498 畿央大学　総推
499 京都外国語大学・短期大学　総推
500 京都光華女子大学・短期大学部　総推
501 京都産業大学（公募推薦入試）　総推
502 京都産業大学（一般選抜入試〈前期日程〉）
503 京都女子大学
504 京都先端科学大学　総推
505 京都橘大学　総推
506 京都ノートルダム女子大学　総推
507 京都薬科大学
508 近畿大学・短期大学部（医学部を除く−推薦入試）　総推
509 近畿大学・短期大学部（医学部を除く−一般入試前期）
510 近畿大学（英語〈医学部を除く3日程×3カ年〉）　新
511 近畿大学（理系数学〈医学部を除く3日程×3カ年〉）　新
512 近畿大学（国語〈医学部を除く3日程×3カ年〉）　新
513 近畿大学（医学部−推薦入試・一般入試前期）　医 総推
514 近畿大学・短期大学部（一般入試後期）　医
515 皇學館大学　総推
516 甲南大学
517 神戸学院大学　総推
518 神戸国際大学　総推
519 神戸女学院大学　総推
520 神戸女子大学・短期大学　総推
521 神戸薬科大学　総推
522 四天王寺大学・短期大学部　総推
523 摂南大学（公募制推薦入試）　総推
524 摂南大学（一般選抜前期日程）
525 帝塚山学院大学　新 総推
526 同志社大学（法、グローバル・コミュニケーション学部−学部個別日程）
527 同志社大学（神・商・心理・グローバル地域文化学部−学部個別日程）
528 同志社大学（文・経済学部−学部個別日程）
529 同志社大学（社会学部−学部個別日程）

2024年版　大学入試シリーズ（赤本）

私立大学③

530	同志社大学〈政策・文化情報〈文系型〉・スポーツ健康科〈文系型〉学部－学部個別日程〉
531	同志社大学〈理工・生命医科・文化情報〈理系型〉・スポーツ健康科〈理系型〉学部－学部個別日程〉
532	同志社大学（全学部日程）
533	同志社女子大学　総推
534	奈良大学　総推
535	奈良学園大学　総推
536	阪南大学　総推
537	姫路獨協大学　総推
538	兵庫医科大学（医学部）　医
539	兵庫医科大学（薬・看護・リハビリテーション学部）　総推
540	佛教大学　総推
541	武庫川女子大学・短期大学　総推
542	桃山学院大学／桃山学院教育大学　総推
543	大和大学・大和大学白鳳短期大学　総推
544	立命館大学（文系－全学統一方式・学部個別配点方式）／立命館アジア太平洋大学（前期方式・英語重視方式）
545	立命館大学（理系－全学統一方式・学部個別配点方式・理系型3教科方式・薬学方式）
546	立命館大学〈英語〈全学統一方式3日程×3カ年〉〉
547	立命館大学〈国語〈全学統一方式3日程×3カ年〉〉
548	立命館大学〈文系選択科目〈全学統一方式2日程×3カ年〉〉
549	立命館大学〈IR方式〈英語資格試験利用型〉・共通テスト併用方式〉／立命館アジア太平洋大学〈共通テスト併用方式〉
550	立命館大学（後期分割方式・「経営学部で学ぶ感性＋共通テスト」方式）／立命館アジア太平洋大学（後期方式）
551	龍谷大学・短期大学部（公募推薦入試）　総推
552	龍谷大学・短期大学部（一般選抜入試）

中国の大学（50音順）

553	岡山商科大学　総推
554	岡山理科大学　総推
555	川崎医科大学　医
556	吉備国際大学　総推
557	就実大学　総推
558	広島経済大学
559	広島国際大学　総推
560	広島修道大学
561	広島文教大学　総推
562	福山大学／福山平成大学

564	安田女子大学・短期大学　総推

四国の大学（50音順）

565	徳島文理大学
566	松山大学

九州の大学（50音順）

567	九州産業大学
568	九州保健福祉大学　総推
569	熊本学園大学
570	久留米大学（文・人間健康・法・経済・商学部）
571	久留米大学（医学部〈医学科〉）　医
572	産業医科大学（医学部）　医
573	西南学院大学（商・経済・法・人間科学部－A日程）
574	西南学院大学（神・外国語・国際文化学部－A日程／全学部－F日程）
575	福岡大学（医学部医学科を除く－学校推薦型選抜・一般選抜系統別日程）　総推
576	福岡大学（医学部医学科を除く－一般選抜前期日程）
577	福岡大学（医学部〈医学科〉－学校推薦型選抜・一般選抜系統別日程）　医 総推
578	福岡工業大学
579	令和健康科学大学　総推

- 医　医学部医学科を含む
- 総推　総合型選抜または学校推薦型選抜を含む
- DL　リスニング音声配信　新　2023年 新刊・復刊

掲載している入試の種類や試験科目、収載年数などはそれぞれ異なります。詳細については、それぞれの本の目次や赤本ウェブサイトでご確認ください。

akahon.net

難関校過去問シリーズ

出題形式別・分野別に収録した「入試問題事典」
定価 2,310～2,530円（本体2,100～2,300円）
19大学 71点

61年, 全部載せ！
要約演習で、総合力を鍛える

東大の英語 要約問題 UNLIMITED

先輩合格者はこう使った！「難関校過去問シリーズの使い方」

国公立大学

- 東大の英語25カ年 [第11版]
- 東大の英語リスニング20カ年 [第8版] DL
- 東大の英語 要約問題 UNLIMITED
- 東大の文系数学25カ年 [第11版]
- 東大の理系数学25カ年 [第11版]
- 東大の現代文25カ年 [第11版]
- 東大の古典25カ年 [第11版]
- 東大の日本史25カ年 [第8版]
- 東大の世界史25カ年 [第8版]
- 東大の地理25カ年 [第8版]
- 東大の物理25カ年 [第8版]
- 東大の化学25カ年 [第8版]
- 東大の生物25カ年 [第8版]
- 東工大の英語20カ年 [第7版]
- 東工大の数学20カ年 [第9版]
- 東工大の物理20カ年 [第4版]
- 東工大の化学20カ年 [第4版]
- 一橋大の英語20カ年 [第9版]
- 一橋大の数学20カ年 [第9版]
- 一橋大の国語20カ年 [第5版]
- 一橋大の日本史20カ年 [第5版]
- 一橋大の世界史20カ年 [第5版]
- 京大の英語25カ年 [第12版]
- 京大の文系数学25カ年 [第12版]
- 京大の理系数学25カ年 [第12版]
- 京大の現代文25カ年 [第2版]
- 京大の古典25カ年 [第2版]
- 京大の日本史20カ年 [第3版]
- 京大の世界史20カ年 [第3版]
- 京大の物理25カ年 [第9版]
- 京大の化学25カ年 [第9版]
- 北大の英語15カ年 [第8版]
- 北大の理系数学15カ年 [第8版]
- 北大の物理15カ年 [第2版]
- 北大の化学15カ年 [第2版]
- 東北大の英語15カ年 [第8版]
- 東北大の理系数学15カ年 [第8版]
- 東北大の物理15カ年 [第2版]
- 東北大の化学15カ年 [第2版]
- 名古屋大の英語15カ年 [第8版]
- 名古屋大の理系数学15カ年 [第8版]
- 名古屋大の物理15カ年 [第2版]
- 名古屋大の化学15カ年 [第2版]
- 阪大の英語20カ年 [第9版]
- 阪大の文系数学20カ年 [第3版]
- 阪大の理系数学20カ年 [第9版]
- 阪大の国語15カ年 [第3版]
- 阪大の物理20カ年 [第8版]
- 阪大の化学20カ年 [第6版]
- 九大の英語15カ年 [第8版]
- 九大の理系数学15カ年 [第7版]
- 九大の物理15カ年 [第2版]
- 九大の化学15カ年 [第2版]
- 神戸大の英語15カ年 [第9版]
- 神戸大の数学15カ年 [第5版]
- 神戸大の国語15カ年 [第3版]

私立大学

- 早稲田の英語 [第10版]
- 早稲田の国語 [第8版]
- 早稲田の日本史 [第8版]
- 早稲田の世界史
- 慶應の英語 [第10版]
- 慶應の小論文 [第2版]
- 明治大の英語 [第8版]
- 明治大の国語
- 明治大の日本史
- 中央大の英語 [第8版]
- 法政大の英語 [第8版]
- 同志社大の英語 [第10版] 改
- 立命館大の英語 [第10版] 改
- 関西大の英語 [第10版] 改
- 関西学院大の英語 [第10版] 改

DL リスニングCDつき
改 2023年 改訂

共通テスト対策関連書籍

共通テスト対策 も 赤本で

❶ 過去問演習

2024年版 共通テスト 赤本シリーズ 全13点

A5判／定価1,210円（本体1,100円）

- これまでの共通テスト本試験 全日程収載!!＋プレテストも
- 英語・数学・国語には，本書オリジナル模試も収載！
- 英語はリスニングを11回分収載！ 赤本の音声サイトで本番さながらの対策！

- 英語 リスニング／リーディング※1 DL
- 数学Ⅰ・A／Ⅱ・B※2
- 国語※2
- 日本史B
- 世界史B
- 地理B
- 現代社会
- 倫理, 政治・経済／倫理
- 政治・経済
- 物理／物理基礎
- 化学／化学基礎
- 生物／生物基礎
- 地学基礎

付録：地学

DL 音声無料配信　※1 模試2回分収載　※2 模試1回分収載

❷ 自己分析

赤本ノートシリーズ 過去問演習の効果を最大化

▶共通テスト対策には

赤本ノート（共通テスト用）　赤本ルーズリーフ（共通テスト用）

共通テスト 赤本シリーズ
Smart Start シリーズ
全28点 に対応!!

▶二次・私大対策には

大学入試シリーズ
全555点 に対応!!

赤本ノート（二次・私大用）

❸ 重点対策

Smart Start シリーズ 共通テスト スマート対策 3訂版

基礎固め＆苦手克服のための**分野別対策問題集!!**

- 英語（リーディング）DL
- 英語（リスニング）DL
- 数学Ⅰ・A
- 数学Ⅱ・B
- 国語（現代文）
- 国語（古文・漢文）
- 日本史B
- 世界史B
- 地理B
- 現代社会
- 物理
- 化学
- 生物
- 化学基礎・生物基礎
- 生物基礎・地学基礎

共通テスト本番の内容を反映！
全15点 好評発売中!!

DL 音声無料配信

A5判／定価1,210円（本体1,100円）

手軽なサイズの実戦的参考書
目からウロコのコツが満載！
直前期にも！

満点のコツ シリーズ　　赤本ポケット

いつも受験生のそばに —— 赤本

大学入試シリーズ+α
入試対策も共通テスト対策も赤本で

入試対策
赤本プラス

赤本プラスとは、過去問演習の効果を最大にするためのシリーズです。「赤本」であぶり出された弱点を、赤本プラスで克服しましょう。

- 大学入試 すぐわかる英文法 DL
- 大学入試 ひと目でわかる英文読解
- 大学入試 絶対できる英語リスニング DL
- 大学入試 すぐ書ける自由英作文
- 大学入試 ぐんぐん読める英語長文(BASIC)
- 大学入試 ぐんぐん読める英語長文(STANDARD)
- 大学入試 ぐんぐん読める英語長文(ADVANCED)
- 大学入試 最短でマスターする 数学Ⅰ・Ⅱ・Ⅲ・A・B・C 新
- 大学入試 突破力を鍛える最難関の数学 新
- 大学入試 ちゃんと身につく物理 新
- 大学入試 もっと身につく物理問題集(①力学・波動) 新
- 大学入試 もっと身につく物理問題集(②熱力学・電磁気・原子) 新

入試対策
英検®赤本シリーズ

英検®(実用英語技能検定)の対策書。過去問題集と参考書で万全の対策ができます。

▶過去問集(2023年度版)
- 英検®準1級過去問集 DL
- 英検®2級過去問集 DL
- 英検®準2級過去問集 DL
- 英検®3級過去問集 DL

▶参考書
- 竹岡の英検®準1級マスター DL
- 竹岡の英検®2級マスター CD DL
- 竹岡の英検®準2級マスター CD DL
- 竹岡の英検®3級マスター CD DL

入試対策
赤本プレミアム

「これぞ京大!」という問題・テーマのみで構成したベストセレクションの決定版!

- 京大数学プレミアム[改訂版]
- 京大古典プレミアム

CD リスニングCDつき　DL 音声無料配信
新 2023年刊行　◎ 新課程版

入試対策
赤本メディカルシリーズ

過去問を徹底的に研究し、独自の出題傾向をもつメディカル系の入試に役立つ内容を精選した実戦的なシリーズ。

- [国公立大] 医学部の英語[3訂版]
- 私立医大の英語[長文読解編][3訂版]
- 私立医大の英語[文法・語法編][改訂版]
- 医学部の実戦小論文[3訂版]
- [国公立大] 医学部の数学
- 私立医大の数学
- 医歯薬系の英単語[4訂版]
- 医系小論文 最頻出論点20[3訂版]
- 医学部の面接[4訂版]

入試対策
体系シリーズ

国公立大二次・難関私大突破へ、自学自習に適したハイレベル問題集。

- 体系英語長文
- 体系英作文
- 体系数学Ⅰ・A
- 体系数学Ⅱ・B
- 体系現代文
- 体系古文
- 体系日本史
- 体系世界史
- 体系物理[第6版]
- 体系物理[第7版] 新 ◎
- 体系化学[第2版]
- 体系生物

入試対策
単行本

▶英語
- Q&A即決英語勉強法
- TEAP攻略問題集 CD
- 東大の英単語[新装版]
- 早慶上智の英単語[改訂版]

▶数学
- 稲荷の独習数学

▶国語・小論文
- 著者に注目!現代文問題集
- ブレない小論文の書き方 樋口式ワークノート

▶理科
- 折戸の独習物理

▶レシピ集
- 奥薗壽子の赤本合格レシピ

入試対策 / 共通テスト対策
赤本手帳

- 赤本手帳(2024年度受験用) プラムレッド
- 赤本手帳(2024年度受験用) インディゴブルー
- 赤本手帳(2024年度受験用) ナチュラルホワイト

入試対策
風呂で覚えるシリーズ

水をはじく特殊な紙を使用。いつでもどこでも読めるから、ちょっとした時間を有効に使える!

- 風呂で覚える英単語[4訂新装版]
- 風呂で覚える英熟語[改訂新装版]
- 風呂で覚える古文単語[改訂新装版]
- 風呂で覚える古文文法[改訂新装版]
- 風呂で覚える漢文[改訂新装版]
- 風呂で覚える日本史[年代][改訂新装版]
- 風呂で覚える世界史[年代][改訂新装版]
- 風呂で覚える倫理[改訂版]
- 風呂で覚える化学[3訂新装版]
- 風呂で覚える百人一首[改訂版]

共通テスト対策
満点のコツシリーズ

共通テストで満点を狙うための実戦的参考書。重要度の増したリスニング対策は「カリスマ講師」竹岡広信が一回読みにも対応できるコツを伝授!

- 共通テスト英語[リスニング]満点のコツ CD DL
- 共通テスト古文 満点のコツ
- 共通テスト漢文 満点のコツ
- 共通テスト化学基礎 満点のコツ
- 共通テスト生物基礎 満点のコツ

入試対策 / 共通テスト対策
赤本ポケットシリーズ

▶共通テスト対策
- 共通テスト日本史[文化史]

▶系統別進路ガイド
- デザイン系学科をめざすあなたへ
- 心理学科をめざすあなたへ[改訂版]